ENTERPRISE INNOVATION,

PRODUCT QUALITY UPGRADING
AND INTERNATIONAL TRADE

余淼杰 ◎ 著

企业创新
产品质量升级
与
国际贸易

北京大学出版社
PEKING UNIVERSITY PRESS

余淼杰，北京大学国家发展研究院副院长，北京大学博雅特聘教授，国家杰出青年基金获得者，教育部长江学者，国际中国研究联盟秘书长，黄廷芳/信和青年杰出学者，美国加利福尼亚大学戴维斯分校经济学博士，全球经济管理类前1%高引论文经济学家。被联合国、亚洲开发银行，中国财政部、商务部、国务院参事室和多个地方政府聘为专家顾问。曾被专门邀请到联合国总部做中国经济发展报告。主要研究领域为国际贸易和中国经济发展，曾在 *Economic Journal*、*Review of Economics & Statistics*、*Journal of International Economics*、*Journal of Development Economics*、《经济研究》、《管理世界》、《经济学》(季刊)等国内外顶级和一流学术期刊上发表论文百余篇，出版中英文专著、教材、时评随笔十部。独著论文曾被英国皇家经济学会评为年度最佳论文，并获英国皇家经济学会奖，是首位获得该奖的华人经济学家。曾获全国发展经济学研究最高奖——张培刚发展经济学奖、北京市第十四届哲学社会科学优秀成果奖；五次获得全国国际贸易研究最高奖——安子介国际贸易研究奖。著作《加工贸易与中国企业生产率：企业异质性理论和实证研究》获第七届吴玉章人文社会科学奖、第二届刘诗白经济学奖、第六届胡绳青年学术奖、第七届全国贸易发展研究奖。教学深得学生好评，曾获北京大学教学优秀奖。商务部官方学术期刊《国际贸易》执行主编，《长安大学学报(社会科学版)》执行主编，*China Economic Journal* 副主编，《人民日报》海外版专栏作家。时评著作《"贸"似如此》《余淼杰谈中美贸易：全球经贸新格局下的大国博弈》曾被评为当当、亚马逊最佳外贸畅销书。在北京大学百廿校庆中，作为北京大学中青年优秀教师代表受到习近平总书记的亲切接见。

前　　言

今年是改革开放的第 40 年,在过去的 40 年中,中国经济持续保持平均每年高达 8% 左右的经济增速,这在人类经济发展史上是比较罕见的。中国也从一个封闭落后的农业国家发展成为全球第二大经济体、第一大贸易国、第二大对外直接投资的开放大国。同时,中国也从最不发达国家提升为中高收入发展中国家。诚然,有不少因素可以在一定程度上解释中国经济高速发展,但归根结底,经济改革和对外开放这两项基本国策是最根本的原因。无论是 20 世纪最后 20 年的逐步对外开放,还是在 2001 年中国加入世界贸易组织之后,以开放促改革,甚至是以开放倒逼改革,对外开放都扮演着至关重要的作用。自 2017 年党的十九大召开之后,中国更是加快形成全面开放新格局的步伐。

不过,对外开放政策并非中国所独有。自第二次世界大战结束以来,经济全球化与贸易自由化已成为时代的大潮流、大趋势。许多国家特别是发展中国家都在进行着深入的贸易自由化,并逐步融入全球的经济一体化中。从这个角度来看,中国的对外开放政策并不独特,但为何中国能发展成为全球最大的商品贸易国?目前中国是全球最大的商品出口国,出口总额在 2 万亿美元左右,占了全球商品出口总额的 11% 以上,并成为全球当仁不让的"世界工厂"。那么,是什么因素导致中国的外贸发展如此迅速呢?

对这个问题,通常的答案是中国的低成本优势。中国是个劳力丰富的国家,人口抚养比低,劳工成本相对较低,因此中国在劳力密集型产品的生产上具有显著的比较优势。开放之后,中国能够大量地出口具有低价竞争力的劳力密集型产品。这一基于比较优势的经济学理论的确可以解释新世纪以前中国外贸的发展乃至经济体量的扩大、人均收入的提高。但是,进入新世纪以来,这一理论在解释中国不断增长的出口方面显得不够丰富。学术界通常认为,自 2004 年以后,中国已经超过"刘易斯拐点",工资不断上涨,人口红利逐渐消失,中国的劳工成本不断攀升,目前在亚太各国中已处于中上游。那么,在这种情况下,为什么中国还能保持强劲的出口势头?这正是本书力求回答的问题。

本书认为，中国之所以在新世纪依然保持着强劲的出口势头，除了相对于美欧各国仍存在一定的劳工低成本优势，制造业企业不断增长的研发投入和创新活动也是推动我国制造业企业出口增长的重要原因。随着"大众创业、万众创新"成为我国经济发展的一个基本理念，企业创新力度不断加强，我国工业品的产品质量也得以不断提升，国际竞争力得以增强。同时，产品附加值也稳步提升。目前，随着劳工成本的进一步上升，我国劳力密集型产品的低成本优势将越来越少，但如果企业能够加强研发投入，通过创新来提升企业全要素生产率，则依然可以在国际竞争中保持核心竞争力。简言之，中国制造业出口品的核心竞争优势将从"低价"转为"高质"。

事实上，本书是作者尝试理解、解释中国国际贸易开放与中国经济发展的第五本专著，但它与之前的四本专著《国际贸易的政治经济学分析》《加工贸易与企业生产率》《贸易开放与中国经济发展》和《人民币汇率、信贷约束与国际贸易》是相辅相成、一以贯之的。第一本专著《国际贸易的政治经济学分析》事实上是从笔者的博士论文发展而来的。自从 1994 年 WTO 的第八轮谈判——乌拉圭回合成功收官以来，关税减免、贸易自由化已成为全球不可逆转的潮流。从经济学理论上讲，自由贸易是最优的，是最有利于提升国民福利的（特别是对小国经济而言）。但为什么直到今天，任何国家哪怕小国经济也都没有实施完全的自由贸易政策呢？我们认为这种理论与现实的背离，正是因为没有考虑到政治的因素。所以，我们试图从政治经济学的角度去分析国际贸易的现象。由于政治因素影响贸易政策是全球共有的现象，所以书中的许多分析都是从全球各国的角度去展开的。当然，我们也特别地从政治经济学的角度分析了中国为什么需要花 15 年才能加入 WTO。

在笔者的第二本专著《加工贸易与企业生产率》中，我们观察到尽管中国是世界上最大的出口国，但平均而言，出口企业的生产率低于非出口企业，这与世界上其他出口大国都不一样。我们的研究发现，之所以会出现这种"中国企业生产率之谜"，主要是因为中国的出口企业大多是加工贸易企业，而加工贸易企业生产率较低，所以，才会造成中国出口企业的全要素生产率总体较低。第三本专著《贸易开放与中国经济发展》则可以看成是《加工贸易与企业生产率》的姊妹篇。中国近 40 年来的对外开放政策，可以概括为两点：一是关税和非关税壁垒的贸易深化政策；二是鼓励"两头在外"加工贸易的出口导向政策。所以，《贸易开放与中国经济发展》一书的论证正是沿着这两条主线展开的。更准确地说，该书是在考虑加工贸易的背景下，研究贸易自由化政策如何从不同的渠道微观影响企业的绩效从而宏观促进中国经济的发展的。

2017 年出版的第四本专著《人民币汇率、信贷约束与国际贸易》则观察到如下现象：自 2005 年 7 月开始，人民币放弃对美元长达十年的固定汇率，开始灵活变动，有升有降，但总体上，人民币对美元处在一个升值的梯队。同时，受 2008 年开始的全球金融危机的影响，中国的对外贸易也受到很大的负面冲击，一直到 2013 年，中国的外贸总额才恢复到本次金融危机之前的水平。所以，人民币升值、全球金融危机与之前各书讨论过的贸易自由化一样，对我国的国际贸易的影响是非常明显的。这正是该书所要研究的内容。同时，全球金融危机后，中国倡导的"一带一路"发展模式是促进各国共同发展的重要举措。"一带一路"的建设为人民币国际化创造了历史机遇，同时，人民币国际化则为"一带一路"提供了流动性支持。所以，在该书中，我们也使用引力模型估算了货币互换协议对双边贸易的影响。

与上述四本专著不同，在本书中，我们主要讨论新世纪以来，中国制造业企业特别是出口制造业企业的研发、专利等创新情况。国家宏观层面各项贸易政策、人民币汇率政策、相关产业政策如何影响微观制造业企业的创新情况？更进一步地，企业的创新又是否提升了企业产品的质量？是否提高了产品的出口附加值？是否提升了出口品的国家竞争力？如果是的话，那么力度有多大？是通过什么机制来实现的？这些都是本书的主要研究内容。

与之前几本专著一样，在研究方法上，本书仍然坚持立足于本国国情，运用当代经济学规范系统的一般均衡理论，融入新世纪以来国际贸易最前沿的企业异质性理论，力图通过理论建模得出可供实证检验的理论预测，再使用中国工业企业数据库、中国海关产品进出口全样本大数据及最新的微观企业—员工匹配数据进行严格的实证检验。

具体地，本书第一章描述分析了与中国企业参与国际贸易和创新活动相关的几个典型事实。我们发现，相对于非外贸企业，进出口企业有更积极的创新表现。进出口企业投入更多的研发费用，申请更多的产品专利，并更倾向于进口中间投入品和机械设备。第二章旨在研究中间品关税下降对进口企业研发的影响，中间品关税的下降明显提高了企业的研发水平。那么，企业研发水平的提升是否有利于企业的生产率提升呢？什么因素会影响出口的生产率效应？第三章的研究发现企业出口之前的研发投入可以通过增加企业的吸收能力来提高出口的生产率效应。事实上，人民币在 2005 年后的逐步升值给出口企业带来更大的国际竞争压力。为了应对与日俱增的国际竞争压力，出口企业更多地通过企业创新来保持产品竞争力，这是我们第四章研究的内容。

从第五章开始,我们着重研究国际贸易与中国制造业产品的质量关系。在第五章中,我们首先对国际贸易学中的产品质量研究前沿情况做了简短的综述。该章从理论和实证两个方面梳理了国际贸易研究中关于产品质量的相关研究。第六章则探讨了贸易自由化对于进口中间产品的质量的提升作用。在第七章,我们继续研究贸易自由化如何影响企业的绩效,特别是企业的成本加成。那么,归根到底,新世纪以来,中国制造业出口质量到底发生了什么变化? 回答这一问题,要求我们准确测算出口质量。这是第八章的研究重点。第九章进一步研究人民币升值如何影响企业出口品质量。第十章则从信息经济学的角度去考察:在一个不完全契约的环境下,一国或地区司法质量的好坏如何影响产品特别是出口品质量的高低。通常而言,企业出口品质量越高,其国内的附加值也越高。在最后一章中,我们通过理论建模和实证分析研究了汇率变动对加工贸易企业国内附加值比的影响。为便于读者更好地理解本书的内容梗概,下面逐一介绍各章的研究内容和主要发现。

第一章研究国际贸易如何促进企业创新。回答这一问题对于了解经济全球化如何影响一国的生产率增长至关重要。基于由武汉大学主导调查的中国雇主—雇员调查(CEES)数据,我们描述分析了与中国企业参与国际贸易和创新活动相关的几个典型化事实。我们的主要研究结论是,出口企业和进口企业在生产和创新方面都有着更加突出的表现,同时出口企业更倾向于进口中间投入品和机械设备,内资企业和私营企业则并未表现出在创新活动方面的显著优势。该章是与对外经济贸易大学田巍教授、北京大学国家发展研究院张睿博士合作的成果,英文原文已发表在 *China Economic Journal* 上。

第二章旨在研究中间品关税下降对进口企业研发的影响,发现中间品关税的下降提高了企业的研发水平。由于加工贸易零进口关税,所以不受进口中间品关税下降的影响。基于这一事实,我们利用中国加入 WTO 作为政策冲击,使用中国制造业企业的进出口数据和自然实验方法进行研究。中间品关税的下降一方面减少了企业的进口成本,增加了企业利润,提高了研发空间;另一方面因为企业可以进口更多核心技术产品,从而获得更多技术转移,这促进了企业对已有技术的模拟和吸收,提高了相应的研发。进一步,我们将研发投入分解为对已有产品生产过程的研发和对新产品的研发,分析发现,中间品贸易自由化对中国企业研发的影响主要体现在前一方面。这是因为作为一个发展中国家,相对于自主研发新产品,中国企业在吸收已有技术改善生产流程上更具有比较优势。该章的结论说明提高中间品贸易便利度,进一步促进贸易自由化,对企业转型升级,改善企业生产模式,促进经济可持续发展有显著推动作用,研究具有鲜明的现实意义。该章是与对外经济贸易大学田巍教授合作的成果,原文已发表在《世界经济》上。

如果说,中间品关税的下降提高了企业的研发水平;那么,企业研发水平的提升是否有利于企业的生产率提升呢?什么因素会影响出口的生产率效应?在第三章中,我们采用 2001—2007 年中国规模以上制造业企业调查数据估计了出口的即期和长期生产率效应。我们认为企业出口之前的研发投入可以通过增加企业的吸收能力来提高出口的生产率效应。通过采用倾向得分匹配的计量方法,我们发现,第一,平均看来,对于首次出口的企业,其出口当年企业生产率有 2% 的提升,然而在出口之后的几年中这种提升效应均不显著。第二,对于有出口前研发投入的企业,出口对生产率存在着持续且幅度较大的提升作用;但对于没有出口前研发投入的企业,出口对生产率没有显著的提升效应或提升效应短且较弱。第三,出口对生产率的提升效应随企业从事出口前研发年数的增加而提高。该章是与北京师范大学戴觅教授合作的成果,原文已发表在《经济学》(季刊)上。

第四章则讨论出口竞争如何影响企业的研发创新。我们研究了企业如何面对国际市场上与日俱增的竞争压力。特别地,人民币在 2005—2007 年的逐步升值给出口企业带来更大的国际竞争压力。出口因人民币的升值而相应减少,出口企业比非出口企业面临更大的竞争压力。为了应对与日俱增的国际竞争压力,出口企业更多地通过企业创新来保持产品竞争力。通过使用倍差法分析,我们发现,在升值期间,出口企业的研发支出相对于非出口企业要高出 11%。出口企业在同期也比非出口企业新产品上市多出 1.5 倍。该章是与北京师范大学戴觅教授、赵春明教授合作的成果,英文原文已发表在 *Review of Development Economics* 上。

从第五章开始,我们着重研究国际贸易与中国制造业产品的质量关系。在第五章中,我们首先对国际贸易学中的产品质量研究前沿情况做了简短的综述。该章从理论和实证两个方面梳理了国际贸易研究中关于产品质量的相关研究。理论上,产品质量既对消费者的消费决策产生影响,又是企业利润最大化决策的重要部分;实证上,利用理论模型,研究者通过将不可观测的产品质量表示为可观测变量的函数,利用贸易数据对贸易产品质量进行测算和推断,并研究识别贸易自由化等冲击对于进出口产品质量的影响。未来的相关研究应从理论和实证两方面,将企业微观层面产品质量的测算方法和影响因素与企业的特征联系起来。该章是与北京大学国家发展研究院张睿博士合作的成果,原文已发表在《宏观质量研究》上。

在第六章中,我们通过使用 2000—2005 年我国高度细化的海关全样本进口数据,探讨了贸易自由化对于进口中间产品质量的提升作用。为了准确地将质量从进口品价格信息中分离出来,我们运用了 Khandelwal(2010)的模型估计了来自 203 个国家的 3 714 种进口中间品的质量。我们首先发现,产品异质性程度越高、质量梯度越长,质量到价格的对应就越明显:质量更高,价格越低。但当质量梯度变短、产品同质性程度更高,价格并不是质量很好的度量指标。由于中间品质量的提升可能受到最终产品关税减免的影响,我们利用中国进口中间品关税豁免的特性,创新性地运用倍差法,选择受到关税免除保护的加工贸易为对照组。结果发现,相对于加工贸易,贸易自由化显著提升了一般贸易中进口中间品质量。该章是与美国马里兰大学李乐融博士合作的成果,原文已发表在《经济学》(季刊)上。

在第七章中,我们继续研究贸易自由化如何影响企业的绩效。在这一章,我们关注的研究重点是企业的成本加成,这个变量其实与企业产品质量高度相关:通常生产高质量产品的企业利润率较高,其成本加成也比较大。具体地,我们主要研究贸易自由化对企业成本加成的影响,并着重探讨了加工贸易在其中所起的作用。通过将我国制造业企业与海关数据进行合并,我们构建了三种企业层面的关税指标以较全面地衡量贸易自由化,包括外国关税、本国最终品关税和投入品关税。在控制住加工贸易自选择效应及潜在的关税内生性问题后,我们发现,外国关税和投入品关税的下降会带来企业成本加成的上升,而本国最终品关税的下降会促使企业成本加成降低,但关税带来的成本加成效应随着加工贸易份额的提升而减弱。平均来说,2000—2006 年,三种关税的下降促进我国制造业贸易企业成本加成上升了约 2.14%。该章是与北京大学国家发展研究院袁东博士合作的成果,原文已发表在《管理世界》上。

那么,新世纪以来,中国制造业出口质量到底发生了什么变化? 回答这一问题,要求我们准确测算出口质量。正如第五章所讨论的,目前广泛使用的出口质量测算方法在理论上,仅考虑需求面而忽略供给面,其实证的关键价格变量存在测量误差,且得到的测算值跨时、跨国不可比。为了解决这些问题,在第八章中,我们系统地考虑了供给面和需求面的因素,提出基于微观数据的新的出口质量测算办法。测算结果表明,加入世界贸易组织(WTO)五年后,中国制造业出口质量水平总体上升 15%,有明显提高。我们又继续从不同角度全面刻画了我国出口质量的变化情况。该章是与北京大学国家发展研究院张睿博士合作的成果,原文已发表在《经济学》(季刊)上。

第九章研究人民币升值如何影响企业出口品质量。我们从出口质量的角度研究了汇率变动与企业决策的关系。我们利用 2000—2006 年制造业企业和海关进出口贸易数据库,修正了以往的出口质量测算方法,更准确地测算了出口质量。在此基础上,我们的实证证据表明,人民币升值带来的竞争压力促进了出口质量的提升:10%的人民币升值使企业出口质量平均上升0.19%。我们进一步发现在质量差异化程度大的行业中,人民币升值对出口质量的提升效应为0.4%,而在质量差异化程度小的行业中该效应不明显。此外,人民币升值减少了出口企业数目,且升值对出口质量的提升效应在非核心产品及低生产率企业中更明显。这一研究发现了汇率变动影响企业决策的新渠道,同时也表明竞争强度是质量升级的重要决定因素。该章是与中国社会科学院崔晓敏研究员、北京大学国家发展研究院张睿博士合作的成果。原文已发表在《管理世界》上。

第十章则从信息经济学的角度去考察在一个不完全契约的环境下,一国或地区司法质量的好坏如何影响产品特别是出口品质量的高低。司法质量的提高增大了违约成本,从而使得一国在出口合约密集型产品上具有比较优势。在第十章中,我们采用 Feenstra 和 Romalis(2014)的方法准确测算了一国不同产品的进出口质量水平,并通过实证研究发现。第一,司法质量和平均出口质量正相关,但司法质量更高的国家在出口合约密集型产品上并不具有质量意义上的比较优势。第二,司法质量更高的国家在进口合约密集型产品上具有质量意义上的比较优势。第三,进口国司法质量是影响合约密集型产品相对贸易质量的重要因素,而出口国司法质量则主要影响合约密集型产品的相对贸易数量。这些发现通过了一系列的稳健性检验,同时在考虑了司法质量潜在的内生性之后依然成立。该章的研究拓展了对比较优势在贸易产品质量方面作用机制的理解。该章是与中国社会科学院崔晓敏研究员、北京大学国家发展研究院张睿博士合作的成果。原文已作为封面主导论文发表在《金融研究》上。

通常而言,企业出口品质量越高,其国内的附加值也越高。在本书的最后一章中,我们通过理论建模和实证分析研究了汇率变动对加工贸易企业国内附加值比的影响。一方面,本币贬值通过影响企业对进口和国内中间品的配置,导致其国内附加值比重提高。另一方面,它还影响出口企业的定价策略,促使其成本加成提高,使得加工贸易企业的国内附加值比提高。该章用2000—2009 年中国工业企业和海关贸易数据对理论预期进行了实证检验,并发现按初始年进口份额加权的名义有效汇率通过这两个渠道使得加工贸易企业的国内附加值比显著提高。该章是与中国社会科学院研究员崔晓敏研究员合作的成果,原文已发表在《经济学》(季刊)上。

如前所述,本书是我在北京大学出版社出版的第五本专著。得益于北京大学出版社的出色编辑工作,第一本《国际贸易的政治经济学分析:理论模型与计量实证》曾获得第十六届安子介国际贸易研究奖(2010)。第二本《加工贸易与中国企业生产率:企业异质性理论和实证研究》也有幸获得第二届刘诗白经济学奖(2014)、第七届胡绳青年学术研究奖(2015)、第六届国家商务发展研究奖(2016)和第七届吴玉章人文社会科学奖(2017)。如同我的其他著作一样,本书的写作和出版得益于我的很多同事、领导、师长的帮助和支持。特别是北京大学国家发展研究院名誉院长林毅夫教授、北京大学国家发展研究院院长姚洋教授、美国哥伦比亚大学讲席教授魏尚进教授、香港大学经济金融学院副院长丘东晓教授、清华大学长江学者鞠建东教授、日本神户大学经济经营研究所赵来勋教授一如既往地对我提供许多帮助。我也非常感谢北京大学经济学院的睢国余教授、北京大学原海外教育学院的黄道林院长多年以来对我的指导和关爱。本书的出版自然也离不开北京大学出版社的周月梅老师、林君秀老师、郝小楠老师和其他同事的大力支持和认真校正。另外,特别感谢本书合作者赵春明教授、田巍教授、戴觅教授、崔晓敏研究员、李乐融博士、袁东博士、张睿博士的智力贡献。感谢我的博士研究生王霄彤认真细致的校对工作。感谢国家自然科学基金委杰出青年项目(编号:71625007)、面上项目(编号:71573006),国家社会科学基金委重点项目(编号:16AZD003),教育部人文社会科学重点研究基地重大项目(编号:15JJD780001)的资助。最后,我还要衷心感谢我的家人。没有他们无私的付出和无尽的支持,我不可能有时间和精力来完成这本书的写作。

　　最后,由于时间匆促,本书肯定还存在着不少谬误和不足。请读者们多提宝贵的建议,以便再版时修改(我的联系方式是 mjyu@nsd.pku.edu.cn)。

余淼杰

2018 年 3 月于北京大学朗润园

目　　录

第一章　国际贸易与企业创新 [*]

本章研究国际贸易如何促进企业创新。回答这一问题对于了解经济全球化如何影响一国的生产率增长至关重要。基于中国雇主—雇员调查 (CEES)数据,我们描述分析了与中国企业参与国际贸易和创新活动相关的几个典型化事实。我们的主要研究结论是,出口企业和进口企业在生产和创新方面都有着更加突出的表现,同时出口企业更倾向于进口中间投入品和机械设备,内资企业和私营企业则并未表现出在创新活动方面的显著优势。

第一节　研究背景

生产率是长期经济增长的重要驱动因素。正如保罗·克鲁格曼所说,"生产率不是一切,但从长远来看,生产率近乎一切"。因此,理解生产率增长的内生动力,是研究者和政策制定者所面对的关键问题。一方面,企业的创新被认为是生产率增长的最重要的内部来源;另一方面,随着全球市场的整合,贸易自由化所引发的外部环境变化也是企业生产率演化的重要因素。因此,国际贸易与企业层面创新行为的互动作用值得学术界的进一步探索分析。

国际贸易如何促进企业的创新? 现有的研究提出了国际贸易促进创新的各种机制。在所有这些机制中,其中有三个是经济学家特别感兴趣的。第一个机制是竞争加剧效应。当一国开放贸易时,国内生产者面临更多的国外竞争者和更加剧烈的竞争,这迫使他们提升自身产品质量和技术水平,以保持市场份额和利润。在竞争加剧的情况下,生产率较低的企业会被淘汰出局。Pavcnik(2002),Melitz(2003),Melitz 和 Ottaviano(2008),Bloom 等(2016)从理论和实证两个方面广泛讨论了竞争加剧效应的存在。

第二个机制是市场规模效应。在贸易开放的情况下,由于出口机会的增加,本国企业的潜在市场规模也会面临扩张。由于创新行为通常具有规模经济特征,因此市场规模的扩张可以显著降低创新的平均成本,从而刺激企业

---

* 本章是与对外经济贸易大学国际经济贸易学院田巍教授、北京大学国家发展研究院张睿博士合作的成果。英文原文发表在 *China Economic Journal*,2017 年第 1 期,第 4—17 页。

进行创新研发。Lileeva 和 Trefler（2010）利用北美自由贸易区（NAFTA）作为自然实验，发现市场规模的扩大确实引发新的出口企业通过从事更多的研发活动和采用更先进的技术来提高生产率。Verhoogen（2008）使用墨西哥比索贬值危机作为自然实验，发现本币急剧贬值催化了高生产率出口企业的质量升级行为。

第三个机制是中间投入品效应。随着进口关税下降，本国企业可以获得更多种类的进口中间投入品，同时这些投入品的价格更低，质量更高。Feenstra（1994），Broda 和 Weinstein（2006）的研究都表明，该效应会带来福利水平的提升。由 Amiti 和 Konings（2007），Goldberg 等（2010），Topalova 和 Khandelwal（2011），Yu（2015）所提供的实证证据均表明，中间品关税的下降会导致企业生产率的提高。具体来说，Yu（2015）发现在中国，随着企业加工贸易出口份额的下降，中间投入品关税下降所引起的生产率提升效应逐渐增强。

虽然大量的理论和实证研究都尝试理解国际贸易与企业创新的互动作用，但仍然有许多问题亟待回答。作为全球第一大贸易国及最大的发展中国家，贸易自由化如何促使中国生产率的提升这一问题仍然值得进一步深入研究探索。而从事相关研究的最大障碍之一就是数据的限制。

目前被研究者广泛用于研究国际贸易与企业创新的互动关系的主要数据库有三个：国家统计局工业企业数据库（以下简称"NBS 数据库"），海关进出口数据库（以下简称"海关数据库"）和国家统计局的专利数据库（以下简称"专利数据库"）。NBS 数据库是国家统计局每年调查维护的企业年度面板数据，涵盖所有国有企业和所有年销售额超过 500 万元的非国有企业。NBS 数据库中记录了企业生产和财务方面的重要数据信息。然而，虽然国家统计局包含企业每年出口销售的总额，却并不包括企业出口目的地或产品类别等信息，也不包含任何企业的进口信息。此外，NBS 数据库中的研发支出（R&D）变量存在严重的测量误差，大多数企业所汇报的研发支出均缺失。

NBS 数据库缺乏进出口信息这一问题可以通过将 NBS 数据库与海关数据库合并来解决。海关数据库包含企业每笔进出口交易的详细信息，包括企业名称、企业所有制、交易价值、数量和单位、来源/目的地国家、贸易模式等。Yu（2015）通过企业的中文名称、电话号码和邮政编码对这两个数据进行匹配。然而，海关数据库并不区分企业的进口是用作中间投入品、生产资本还是用于转售。因此，虽然这一合并数据库已经对贸易自由化如何影响中国企业的生产率提供了结论和洞见，但仍然无法直接、准确地反映中间投入品的影响。

类似地，将 NBS 数据库与专利数据库合并也有助于在研究分析中补充企业创新行为的相关信息。专利数据库包含了在中国国家知识产权局申请注册的每项专利的申请日期、出版日期、申请人、发明人、国际知识产权分类等信息。但是，如同 Xie 和 Zhang（2015）所指出的，由于专利发明人必须是个人，而专利申请人既可以是企业或机构，也可以是个人，因此，数据库中的大部分专利并不能通过申请人或发明人的信息匹配到 NBS 数据库中的特定企业。专利信息的缺失从而限制了利用该数据分析企业创新行为方面的有效性。

与以上提及的目前所广泛使用的微观数据不同，中国雇主—雇员调查数据（以下简称"CEES 数据库"）首次统一调研整理了中国企业的生产、进出口和创新研发的信息，这也是 CEES 数据库的独特之处。例如，数据库对各种企业的创新指标进行了详细记录，包括研发人员数量，商标和品牌数量，中国或其他国家（地区）或国际组织授予的发明专利，对计算机数控设备的使用等。CEES 数据库还记录了详细的进口信息，包括对于中间品和资本设备的进口。

CEES 数据库中丰富详细的信息使我们能够直接分析企业参与国际贸易与创新行为之间的互动作用。在本章中，我们利用这一数据库将企业的进出口行为和企业的研发创新投资行为联系起来。本章的研究主要意在描述各个关键变量之间的相关性，而非探讨变量之间的因果关系。我们首先利用 CEES 数据库验证以往经典文献的发现，即出口企业在生产和创新活动方面表现更为突出，并对该数据的可靠性提供佐证。在此基础上，我们进一步探讨了其他方面贸易行为与企业创新之间的联系，这些联系在以往研究中尚未被广泛讨论。我们的主要发现是，进口企业在生产和创新活动方面也有更加突出的表现，出口企业更倾向于进口中间品投入材料和资本设备，内资企业和私营企业在创新行为方面与外资企业和国有企业相比并无显著区别。

我们将在第二节详细介绍 CEES 数据库，并进行基本的描述统计。在第三节中，我们探究数据库中企业进出口情况与各种生产和创新行为之间的相关性。我们还研究了出口和进口决策之间及不同所有制和创新行为之间的相关性。第四节总结了我们的研究结论，并对基于这一数据库的后续相关研究进行了展望。

第二节　数据描述

CEES 数据库覆盖了 2014 年广东省 570 个随机抽样的制造业企业。由于目前的数据只有一年的区间,因此我们只能探索企业各个变量在截面上的相关性。由于我们的关注点主要在于不同变量之间的相关性,因此缺乏时间维度上的变化并不会造成严重的偏差。CEES 数据库涵盖企业所有制结构、生产销售、创新质量升级、人力资源等多种信息。我们主要关注企业进出口决策与企业创新行为之间的相互作用。

以往的文献研究通常使用 NBS 数据库进行分析。NBS 数据库为国家统计局每年进行的年度调查,涵盖所有国有企业和所有年销售额超过 500 万元的非国有企业。相比之下,CEES 数据库仅从广东省一个省份进行抽样,样本量较小,因此我们首先需要评估 CEES 数据库中被抽样企业的代表性。

我们认为 CEES 数据库的抽样设计并不会引起严重的选择偏差。因为广东省是中国 GDP(国内生产总值)总额最大的省份,其经济规模与俄罗斯或印度尼西亚相当。此外,广东省存在着大量的制造业企业集群,因此广东省的企业数据是研究中国作为世界工厂重要角色的理想数据资源。

此外,与 NBS 数据库相比,CEES 数据库更加偏向于大型企业。表1-1的第Ⅰ部分显示,CEES 数据库中的企业数量占 NBS 数据库中广东省企业数量的 1.39%。另外,CEES 数据库中企业的增加值、销售额和员工人数总量分别占 NBS 数据库中广东省企业相应变量总量的 2.21%、4.70%和 4.24%。

表 1-1　CEES 数据与 NBS 数据关键变量对比

(单位:百万元)

Ⅰ 总量对比			
总量	企业数量	增加值	销售额	雇员人数
CEES 数据库	570	62 192	547 297	616 741
NBS 数据库	41 154	2 818 869	11 633 646	14 557 800
占比(%)	1.39	2.21	4.70	4.24
Ⅱ 均值对比			
均值	企业数量	增加值	销售额	雇员人数
CEES 数据库	570	109 880	96 017	1 092
NBS 数据库	41 154	68 496	28 269	354

表 1-1 第Ⅱ部分显示了两个数据库中关键变量平均值的比较。平均而言,CEES 数据库中企业的增加值、销售额和员工人数均高于 NBS 数据库中的广东省制造业企业。因此,根据 CEES 数据库得出的结论更适用于大型制造业企业。

由于我们主要关注企业进出口决策与企业创新行为之间的相互作用,因此我们在表 1-2、表 1-3 和表 1-4 中提供了描述性统计,以说明 CEES 数据库的一些特征。

在出口信息方面(表 1-2 第 I 部分),除了出口总额,CEES 数据库还提供了企业的加工贸易出口比重、是否通过贸易中间商出口及出口目的国的数量。CEES 数据库同时调查了企业最主要出口目的国份额和最主要的出口产品在总出口额中所占的比重。在样本中,65.8% 的企业从事出口,而 27.5% 的企业从事加工贸易出口。在出口企业中,平均而言,企业出口总额的 23.93% 是加工贸易出口。样本中有 58.1% 的企业通过贸易中介商出口其产品,而 43.9% 的企业通过直接出口的模式出口其半数以上的产品。企业最多有 130 个出口目的国,平均而言,企业有 8.33 个出口目的国。企业最主要出口目的国的出口额占其总出口额的 58.31%,最主要出口产品的出口额占其总出口额的 74.89%。因此,企业通常出口多种产品,并出口到多个目的国。

表 1-2　进出口相关变量描述性统计

变量	观测值	均值	标准差	最小值	最大值
I 出口					
是否出口	570	0.658	0.47	0	1
出口额(千元)	567	210 939	3 278 427	0	7.48E+07
是否从事加工贸易	570	0.275	0.45	0	1
加工贸易出口比重(%)	567	23.93	38.51	1	100
出口目的国数量	570	8.33	15.00	1	130
是否通过贸易中间商出口	570	0.581	0.49	0	1
直接出口份额是否超过 50%	570	0.439	0.50	0	1
最主要出口目的国份额(%)	344	58.31	26.48	0.1	100
最主要出口产品份额(%)	351	74.89	27.47	0	100
II 进口					
进口机器设备比重(%)	570	22.13	40.75	0	100
进口中间投入品比重(%)	570	11.21	23.76	0	100
是否进口机器设备	570	0.289	0.45	0	1
是否进口中间投入品	570	0.353	0.48	0	1

注:表中"1"代表是,"0"代表否。下同。

CEES 数据库还提供企业的进口信息。值得一提的是,CEES 数据库关注企业在进口投入方面的信息(表 1-2 第 II 部分),而进口投入通常被认为是企业提高生产率的重要来源。CEES 数据库对企业的进口机器设备和进口中间投入品进行了区分。28.9%(35.3%)的企业存在进口机器设备(中间投入品)的行为。而平均而言,企业进口的机器设备(中间品投入)占其总设备量的 22.13%(11.21%)。因此根据 CEES 数据库,企业普遍使用进口设备和中间投入品。

CEES 数据库的突出优势在于它包含了企业创新行为方面的详细信息。除了诸如研发支出和专利等常用的度量创新行为的变量,CEES 数据库还提供了计算机数控设备使用情况、注册商标、产品品牌等方面的信息。在一定程度上,计算机数控设备的使用直接衡量了企业的流程创新,而非产品创新。表 1-3 显示,46% 的企业在生产中使用了计算机数控设备,而 26.8% 的企业则被列为高新技术产业。

表 1-3　创新相关变量描述性统计

变量	观测值	均值	标准差	最小值	最大值
是否使用计算机数控设备	568	0.460	0.499	0	1
是否为高新技术行业	570	0.268	0.444	0	1
研发人员数量	570	57.67	263.6	0	5 000
研发人员比重	560	0.072	0.148	0	1
研发支出(万元)	567	2 310	24 613	0	550 000
上年研发支出(万元)	566	1 217	7 355	0	132 000
是否有专利	570	0.395	0.489	0	1
由中国授予的专利数量	568	21.68	167.6	0	3 500
由非中国授予的专利数量	568	5.336	38.1	0	800
由中国授予的发明专利数量	568	6.782	105.3	0	2 500
由非中国授予的发明专利数量	568	2.614	30.1	0	650
商标数量	569	5.176	36.1	0	781
商品品牌数量	569	1.204	2.712	0	50

在研发支出方面,平均而言,企业雇用 57.67 名研发人员,占总雇员人数的 7.2%。研发支出较上年(2013)有较大幅度的增长。2013 年的平均研发支出为 1 217 万元,2014 年为 2 310 万元。专利数据方面,2014 年,有39.5% 的企业申请专利。平均而言,企业拥有 21.68 项由中国授予的专利,约 5.34 项是由其他国家/地区或国际组织授予的专利。在这些专利中,由中国授予的发明专利约有 6.78 项,由其他国家/地区或国际组织授予的发明专利约有 2.61 项。同时企业平均拥有约 5.18 个商标和约 1.2 个商品品牌。

除了进出口和创新方面的信息,CEES 数据库还记录了企业所有制和生产方面的信息(表 1-4 的第 I 部分和第 II 部分)。43.7% 的企业为外资企业或港澳台资企业。仅有 1.6% 的企业为国有企业。CEES 数据库还报告了当年和往年的销售额、中间投入品费用、员工人数、净资本和增加值等信息。

表 1-4 所有制和生产相关变量描述性统计

变量	观测值	均值	标准差	最小值	最大值
Ⅰ 所有制					
是否外资或港澳台资企业	570	0.437	0.496	0	1
是否外资企业	570	0.139	0.346	0	1
是否国有企业	570	0.016	0.125	0	1
Ⅱ 生产					
上年销售额(万元)	570	96 017	736 334	10	1.27E+07
销售额(万元)	569	101 203	732 884	12	1.35E+07
中间投入品(万元)	568	89 814	964 887	0	2.10E+07
上年中间投入品(万元)	568	115 863	1 219 892	0	2.28E+07
雇员人数	561	1 092	3 268	0	50 000
上年雇员人数	551	1 152	3 473	0	48 000
资本(万元)	570	120 936	2 527 418	0	6.03E+07
上年资本(万元)	570	118 187	2 526 907	0	6.03E+07
增加值(万元)	566	109 880	2 134 744	0	5.07E+07
上年增加值(万元)	566	71 226	1 306 124	0	3.09E+07

第三节 进出口决策与创新行为

CEES 数据库的丰富信息使我们能够直接考察企业的进出口决策与企业创新之间的关系。我们首先描述了以往研究广泛发现的几个典型化事实，即出口企业在生产和创新方面表现更为突出，如 Bernard 和 Jensen(1999)、Eaton 等(2011)、Melitz(2003)等。我们在第一节中证实出口企业在生产和创新方面确实有着更好的表现，这也从某种程度上验证了 CEES 数据库的可靠性。随后，我们在第二节和第三节中探讨进口行为、所有权以及生产和创新绩效之间的关系。我们最后在第四节中使用简单回归方法对所有的发现进行统一描述。

一、出口企业表现更好吗

表 1-5 第Ⅰ部分表明，平均而言，出口企业在生产方面表现更好：出口企业的销售额、雇员人数、资本和增加值均显著高于非出口企业，这些差异至少

在 5% 的水平上显著。这与以前研究的发现非常一致。Yu(2015)和 Dai 等(2016)发现中国加工贸易出口企业的生产率比一般出口企业更低,因此,我们在出口企业的样本中排除了加工贸易企业,在表 1-5 第Ⅱ部分中重新进行比较。当我们排除加工贸易出口企业时,出口企业在生产方面的规模优势仍然显著存在。

表 1-5　出口企业的生产表现是否更好

变量	非出口企业	出口企业	均值差
Ⅰ 非出口企业 vs 出口企业			
销售额(万元)	29 545	78 285	−48 740***
上年销售额(万元)	20 092	70 988	−50 897***
雇员人数	297	1 516	−1 219***
资本(万元)	4 231	15 205	−10 974***
上年资本(万元)	3 718	14 208	−10 490***
增加值(万元)	6 472	13 571	−7 098**
上年增加值(万元)	5 263	12 156	−6 892***
劳动生产率(元/10 个工人)	12.6	11.26	1.339
Ⅱ 非出口企业 vs 非加工贸易出口企业			
销售额(万元)	29 505	67 852	−38 347**
上年销售额(万元)	20 014	62 550	−42 536***
雇员人数	281	1 266	−984**
资本(万元)	4 201	13 732	−9 530***
上年资本(万元)	3 686	12 393	−8 707***
增加值(万元)	6 362	10 536	−4 174***
上年增加值(万元)	5 150	9 631	−4 481***
劳动生产率(元/10 个工人)	12.62	11.41	1.218

注:所有变量均进行 1% 缩尾处理。* $p<0.1$,** $p<0.05$,*** $p<0.01$。

在表 1-6 中,我们进一步探讨出口企业是否更具创新性。以往的研究表明,出口企业平均生产率更高,创新行为也更多。简单比较表明,出口企业更有可能使用计算机数控设备,更有可能处于高新技术行业,雇用更多的研发人员,其研发支出较上年也有增长。出口企业同时也拥有更多的专利授权。所有这些差异至少在 10% 的水平上显著。其他变量之间的差异虽然并不显著,但大都符合出口企业比非出口企业更具创新性的说法。

表 1-6 出口企业的创新表现是否更好

变量	非出口企业	出口企业	均值差
是否使用计算机数控设备	0.35	0.52	−0.16***
是否为高新技术行业	0.19	0.31	−0.13***
研发人员数量	15.31	79.70	−64.39***
研发支出(万元)	3 076	1 915	1 161
上年研发支出(万元)	229	1 724	−1 495**
商标数量	3.18	6.22	−3.04
商品品牌数量	1.24	1.18	0.057
是否有专利	0.29	0.45	−0.156
总专利数量	6.81	37.69	−30.88*
由中国授予的专利数量	4.39	30.73	−26.34*
由非中国授予的专利数量	2.42	6.86	−4.44
总发明专利数量	1.79	13.37	−11.58
由中国授予的发明专利数量	1.09	9.73	−8.64
由非中国授予的发明专利数量	0.70	3.62	−2.92

注:所有变量均进行 1% 缩尾处理。* $p < 0.1$,** $p < 0.05$,*** $p < 0.01$。

二、进口企业表现更好吗

由于 CEES 数据库还记录了企业的进口行为,因此我们进一步研究了进口企业在生产和创新方面是否有着更好的表现。表 1-7 汇报了生产方面变量的简单比较和均值检验。平均而言,进口企业的销售额、雇员人数、资本和增加值均高于非进口企业,其劳动生产率也较高。这些差异至少在 5% 的水平上显著。

表 1-7 进口企业的表现是否更好

变量	非进口企业	进口企业	均值差
I 生产			
销售额(万元)	32 192	96 757	−645 565***
上年销售额(万元)	29 020	82 855	−53 836***
雇员人数	595	1 693	−1 098***
资本(万元)	5 712	18 293	−12 581***
上年资本(万元)	5 234	17 040	−11 806***
增加值(万元)	5 595	17 755	−12 160***
上年增加值(万元)	5 036	15 473	−10 437***
劳动生产率(元/10 个工人)	9.49	14.42	−4.93**
是否使用计算机数控设备	0.29	0.66	−0.37***
是否为高新技术行业	0.18	0.38	−0.20***

（续表）

变量	非进口企业	进口企业	均值差
Ⅱ 创新			
研发人员数量	43.93	74.07	−30.14
研发支出(万元)	2 734	1 807	927
上年研发支出(万元)	825	1 682	−857
商标数量	2.65	8.17	−5.52*
商品品牌数量	1.24	1.16	0.078
是否有专利	0.30	0.50	−0.201***
总专利数量	21.70	33.50	−11.80
由中国授予的专利数量	15.35	29.24	−13.90
由非中国授予的专利数量	6.33	4.15	2.18
总发明专利数量	12.29	5.93	6.36
由中国授予的发明专利数量	9.24	3.83	5.40
由非中国授予的发明专利数量	3.06	2.08	0.98

注:所有变量均进行 1% 缩尾处理。* $p<0.1$，** $p<0.05$，*** $p<0.01$。

在创新方面,进口企业更有可能使用计算机数控设备,更有可能处于高新技术行业,拥有更多的商标和更多的专利(见表 1-7)。这些差异至少在 10% 的水平上显著。我们的初步结果表明,与非进口企业相比,进口企业在生产和创新方面也具有显著的突出表现。

我们进一步探究企业进口和出口行为之间的关系。我们主要关注出口企业是否更倾向于进口。表 1-8 第Ⅰ部分简单介绍出口指标与各种进口指标之间的关系。在广度边际上,出口企业更倾向于进口中间投入品和机械设备,而在深度边际上,出口企业平均进口更多的中间投入品和机器设备。表 1-8 第Ⅱ部分比较了出口企业和非出口企业之间的平均进口指标。出口企业进口中间投入品(机器设备)的可能性比非出口企业高出 29%(23%),而进口投入的比例比非出口企业高出 11.57%。所有这些差异在 1% 水平上显著。出口企业也进口更多的机器设备,但该差异在统计意义上并不显著。因此,我们的初步分析也显示,出口企业比非出口企业进口更多的生产投入。

表 1-8   出口企业进口更多吗

	是否进口 机器设备	进口机器 设备比重	是否进口中 间投入品	进口中间投 入品比重
Ⅰ 相关系数				
是否出口	0.240	0.199	0.285	0.231

（续表）

Ⅱ均值比较			
变量	非出口企业	出口企业	均值差
是否进口中间投入品	0.16	0.45	−0.29***
是否进口机器设备	0.14	0.37	−0.23***
进口中间投入品比重（%）	3.60	15.17	−11.57***
进口机器设备价值	5 223.28	5 286.87	−63.59

注：所有变量均进行 1% 缩尾处理。* $p<0.1$，** $p<0.05$，*** $p<0.01$。

三、所有制影响创新行为吗

我们接下来将分析扩展到所有制结构。在表 1-9 中，我们检验内资企业是否比外资企业更具创新性。我们比较两类企业的所有创新变量。除了内资企业更有可能处于高新技术行业，内资企业与外资企业在其他创新变量方面并无显著的不同。因此，并无任何描述性的证据表明内资企业在创新方面更为活跃（或更不活跃）。

表 1-9　内资企业更具有创新性吗

变量	内资企业	外资企业	均值差
是否使用计算机数控设备	0.44	0.48	−0.04
是否为高新技术行业	0.30	0.23	0.06*
研发人员数量	45.51	73.35	−27.84
研发支出（万元）	1359	3543	−2 183
上年研发支出（万元）	1213	1222	−9.14
商标数量	3.68	7.12	−3.44
商品品牌数量	1.32	1.06	0.26
是否有专利	0.42	0.37	0.05
总专利数量	24.57	30.27	−5.70
由中国内地授予的专利数量	19.60	24.35	−4.76
由非中国内地授予的专利数量	4.96	5.82	−0.86
总发明专利数量	12.18	5.84	6.34
由中国内地授予的发明专利数量	9.42	3.40	6.02
由非中国内地授予的发明专利数量	2.76	2.43	0.33

注：所有变量均进行 1% 缩尾处理。* $p<0.1$，** $p<0.05$，*** $p<0.01$。

我们在表 1-10 中对私营企业和国有企业进行了类似比较。总体而言，私营企业更有可能处于高新技术行业，并且比国有企业拥有更多的专利。这些差异在 1% 水平上显著。然而，其他的创新变量并不表明私营企业在统计学意义上更具创新能力。因此，总体而言，与国有企业相比，私营企业在创新方面并无更加优异的表现。

表 1-10　私营企业更具有创新性吗

变量	私营企业	国有企业	均值差
是否使用计算机数控设备	0.46	0.33	0.13
是否为高新技术行业	0.26	0.78	−0.52***
研发人员数量	57.48	69.78	−12.30
研发支出(万元)	2 331	1 032	1 299
上年研发支出(万元)	1 220	1 042	178
商标数量	5.05	12.78	−7.72
商品品牌数量	1.19	2.33	−1.15
是否有专利	0.39	0.89	−0.50***
总专利数量	27.12	23.67	3.46
由中国内地授予的专利数量	21.69	21.56	0.13
由非中国内地授予的专利数量	5.39	2.11	3.28
总发明专利数量	9.38	11.56	−2.18
由中国内地授予的发明专利数量	6.74	9.44	−2.71
由非中国内地授予的发明专利数量	2.62	2.11	0.51

注:所有变量均进行 1% 缩尾处理。* $p<0.1$,** $p<0.05$,*** $p<0.01$。

第四节　回归分析

我们通过将进出口变量和所有制特征同时纳入到回归分析中来统一呈现以上的描述性证据。我们的描述性回归设定如式(1.1)所示:

$$y_i = a_1 \mathrm{FX}_i + a_2 \mathrm{FIE}_i + a_3 \mathrm{SOE}_i + \varepsilon_i \tag{1.1}$$

其中,y_i 是我们感兴趣的生产/创新变量,FX_i 为是否出口的虚拟变量,FIE_i 是外资企业虚拟变量,SOE_i 是国有制虚拟变量。ε_i 是随机误差。我们也可以用是否进口的虚拟变量 FI_i 代替 FX_i 设定回归式(1.2):

$$y_i = a_1 \mathrm{FI}_i + a_2 \mathrm{FIE}_i + a_3 \mathrm{SOE}_i + \varepsilon_i \tag{1.2}$$

我们使用各个与生产相关的变量作为 y_i,利用式(1.1)和式(1.2)同时研究出口企业/进口企业、外资企业和国有企业在生产方面是否有更好的表现。表 1-11 汇报了回归分析结果。显然,出口企业和进口企业在销售额、雇员人数、资本和增加值方面均显著高于非出口和非进口企业,且均在 1% 水平上显著。估计系数 a_1 表明出口企业的规模比非出口企业平均高出 0.9—1.2 倍,进口企业的规模比非进口企业平均高出 0.8—1.05 倍。这些发现与以往在不同国家和企业数据库中的实证证据相一致。

此外,在销售额、雇员人数、资本和增加值方面,外资企业和国有企业也显著高于内资企业和私营企业。估计系数 a_2 和 a_3 的值在不同的回归设定中均相当稳定,并且在大多数情况下在 1% 的水平上显著。外资企业的规模比内资企业平均高出 0.7—1.2 倍,国有企业的规模比私营企业平均高出 1—3 倍。这些发现也与以往文献所记载的经验证据一致(例如,Hsieh 和 Klenow,2009)。

表 1-11 出口企业/进口企业的生产表现更好吗

	(1)	(2)	(3)	(4)	(5)	(6)	(7)
	\multicolumn{7}{c}{I 非出口企业与出口企业}						
变量	s_i	s_lag_i	l_i	k_i	k_lag_i	va_i	va_lag_i
FX_i	1.011***	1.043***	1.052***	1.093***	1.117***	0.896***	1.201***
	(4.08)	(4.16)	(7.77)	(4.11)	(4.30)	(2.72)	(3.54)
FIE_i	0.956***	1.057***	0.764***	0.654**	0.758***	0.847***	0.891***
	(3.98)	(4.39)	(5.60)	(2.51)	(2.95)	(2.62)	(2.69)
SOE_i	2.032***	1.986***	1.008**	2.573***	2.577***	2.820***	2.674***
	(2.59)	(2.59)	(2.56)	(3.54)	(3.47)	(3.15)	(3.06)
观测值	563	564	555	564	564	560	560
R^2	0.18	0.19	0.32	0.20	0.20	0.15	0.15
	\multicolumn{7}{c}{II 非进口企业与进口企业}						
变量	s_i	s_lag_i	l_i	k_i	k_lag_i	va_i	va_lag_i
FI_i	0.947***	0.820***	1.042***	1.049***	1.005***	0.795**	0.785**
	(3.90)	(3.29)	(8.23)	(4.14)	(3.98)	(2.49)	(2.42)
FIE_i	1.103***	1.238***	0.908***	0.806***	0.926***	0.985***	1.132***
	(4.50)	(4.99)	(7.19)	(3.18)	(3.69)	(3.09)	(3.50)
SOE_i	2.121***	2.076***	1.103***	2.669***	2.675***	2.900***	2.779***
	(2.68)	(2.71)	(2.64)	(3.27)	(3.24)	(3.32)	(3.27)
观测值	563	564	555	564	564	560	560
R^2	0.18	0.18	0.33	0.20	0.20	0.15	0.14

注:括号中为稳健 t 统计量。*** $p<0.01$,** $p<0.05$,* $p<0.1$。s_i,l_i,k_i 和 va_i 分别代表销售额、雇员人数、资本和增加值(对数值),s_lag_i,k_lag_i 和 va_lag_i 分别代表滞后一期的销售额、资本和增加值(对数值)。

之后我们探究出口企业、外资企业和国有企业在创新方面是否有更好的表现。我们使用各种创新变量作为 y_i 估计式(1.1)和式(1.2)。表 1-12 汇报了回归结果。与描述性证据一致,出口企业更有可能使用计算机数控设备,更有可能处于高新技术行业之中。此外,与非出口企业相比,平均而言,出口企业所雇用的研发人员数量多出 70%,出口企业的研发支出费用则比非出口企业高出 1.2—1.3 倍。这些区别在 1% 的水平上都是显著的。

专利方面,出口企业申请专利的可能性高出 20%,拥有专利的数量多出

23 项,其中由中国授予的专利数量多出 20 项,这些差异均至少在 5% 的水平上显著。而对于由其他国家/地区或国际组织授予的专利、发明专利、商标和产品品牌,出口企业所拥有的数量均高于非出口企业(虽然这些差异并不显著)。这些信息表明,企业出口的状况与创新行为密切相关。

表 1-12　出口企业在创新方面变量更好吗

	(1)	(2)	(3)	(4)	(5)	(6)	(7)
				I 研发			
变量	CNC_i	Hi_tech_i	l_rd_i	rd_i	ra_lag_i	tm_i	$brand_i$
FX_i	0.165 ***	0.163 ***	0.701 ***	1.215 ***	1.276 ***	1.948	0.272
	(3.43)	(3.90)	(4.37)	(4.35)	(4.91)	(0.99)	(1.06)
FIE_i	−0.032	−0.116 ***	0.170	−0.099	−0.089	3.544	−0.252
	(−0.71)	(−2.94)	(1.03)	(−0.36)	(−0.33)	(1.17)	(−0.97)
SOE_i	−0.038	0.271 **	0.750	0.317	0.398	0.439	0.510
	(−0.24)	(2.38)	(1.47)	(0.31)	(0.38)	(0.05)	(0.58)
观测值	562	564	564	561	560	563	563
R^2	0.13	0.21	0.17	0.16	0.17	0.05	0.06
				II 专利			
变量	pat_ind_i	pat_i	pat_CHN_i	pat_ROW_i	inv_i	inv_CHN_i	inv_ROW_i
FX_i	0.197 ***	22.817 **	20.093 **	2.640	9.208	7.454	1.752
	(4.24)	(2.06)	(2.17)	(1.31)	(1.20)	(1.23)	(1.07)
FIE_i	−0.110 **	−6.174	−5.867	−0.309	−11.785	−10.253	−1.534
	(−2.50)	(−0.29)	(−0.33)	(−0.07)	(−0.81)	(−0.89)	(−0.47)
SOE_i	0.358 ***	−36.048	−26.070	−9.956	−29.051	−22.754	−6.297
	(3.06)	(−0.58)	(−0.52)	(−0.85)	(−0.62)	(−0.61)	(−0.65)
观测值	564	561	562	562	561	562	562
R^2	0.19	0.07	0.07	0.06	0.08	0.08	0.07

注:括号中为稳健 t 统计量。*** $p<0.01$,** $p<0.05$,* $p<0.1$。CNC_i 和 Hi_tech_i 为企业是否使用计算机数控设备和是否处于高新技术行业的虚拟变量;l_rd_i、rd_i 和 rd_lag_i 为研发人员数量、本年和上年的研发支出(对数值);tm_i 和 $brand_i$ 为企业所拥有的商标和商品品牌数目;pat_ind_i 为企业是否申请专利的变量;pat_i、pat_CHN_i 和 pat_ROW_i 为总专利数量、由中国授予的专利数量和由非中国授予的专利数量;inv_i、inv_CHN_i 和 inv_ROW_i 为总发明专利数量、由中国授予的发明专利数量和由非中国授予的发明专利数量。

所有制方面的证据则与出口企业和非出口企业之间的重大差异相反,不同所有制企业在创新方面似乎并无显著区别。内资企业和国有企业更有可能处于高新技术行业,并且更有可能申请专利。然而,其他方面的创新变量并不表明外资企业与内资企业或国有企业和私营企业之间存在着系统性差异,如研发支出、商标品牌和专利授权数量等。因此,与描述性证据一致,内资企业和私营企业在创新性上并无显著的出众表现。

应该特别注意的一点是,本章的目的主要是使用 CEES 数据库探索企业的进出口决策与企业的创新行为之间的相关性,而非确定这些变量之间的任何因果关系。我们的初步描述呈现了 CEES 数据库中的一些典型化事实。第一,与以前的研究发现一致,与非出口企业相比,出口企业在生产和创新方面有更加突出的表现。第二,与非进口企业相比,进口企业在生产和创新方面的表现更为突出。第三,出口企业更倾向于进口中间投入品和机器设备以用于生产。第四,内资企业和私营企业在创新上并未呈现出明显的优势。

第五节　结　语

随着越来越多的微观层面的数据的开放使用,国际贸易与创新之间的互动作用被广泛研究。CEES 数据库首次统一调查整合了中国企业的生产信息、进出口贸易信息和创新行为信息。基于这一最新的微观数据库,本章的描述性分析证实,出口企业在生产和创新方面表现更加突出,这与现有的研究结论也相一致。此外我们还证明,进口企业在生产和创新方面也有更加突出的表现,出口企业更有可能从事进口,而在创新方面,不同所有制的企业似乎并无显著差异。

这些实证发现均值得进一步的研究探索,以进一步确定国际贸易活动与创新行为之间的因果关系。例如,是因为进口机械设备引起了进口企业更多的研发支出和专利申请,还是因为创新活动要求企业更多地使用高质量的进口投入品？在这一最新数据库的基础上,实证研究者能够更好地分析贸易和创新如何互动地影响企业绩效的渠道,从而产生对企业的决策和行为的新洞见。

第二章 中间品贸易自由化和企业研发[*]

本章旨在研究中间品关税下降对进口企业研发的影响,发现中间品关税的下降提高了企业的研发水平。由于加工贸易零进口关税,所以不受进口中间品关税下降的影响。基于这一事实,文章利用中国加入 WTO(世界贸易组织)作为政策冲击,使用中国制造业企业的进出口数据和自然实验方法进行研究。中间品关税的下降一方面减少了企业的进口成本,增加了企业利润,提高了研发空间。另一方面因为企业可以进口更多核心技术产品,从而获得更多技术转移,这促进了企业对已有技术的模拟和吸收,提高了相应的研发。进一步,我们将研发投入分解为对已有产品生产过程的研发和对新产品的研发,分析发现,中间品贸易自由化对中国企业研发的影响主要体现在前一方面。这是因为作为一个发展中国家,相对于自主研发新产品,中国企业在吸收已有技术改善生产流程上更具有比较优势。本章的结论说明提高中间品贸易便利度,进一步促进贸易自由化,对企业转型升级,改善企业生产模式,促进经济可持续发展有显著推动作用,文章有鲜明的现实意义。

第一节 引 言

中国于 2001 年 12 月加入 WTO 后,各种关税和非关税贸易壁垒大幅下降,关键零部件等中间品,以及重要机电设备的进口关税也大幅下降,幅度超过 50%。为了全面提高我国开放水平,更好地应对入世后的国际竞争,促进对外贸易的转型升级,2001 年之后我国出台了一系列贸易改革的方针政策。2002 年 11 月,十六大提出了走新型工业化道路的要求,2003 年 10 月,十六届三中全会明确指出要"继续发展加工贸易,着力吸引跨国公司把更高技术水平、更大增值含量的加工制造环节和研发机构转移到我国,引导加工贸易转型升级"。为了建立更加符合 WTO 规则的外贸政策管理体系,我国于 2004 年 4 月修订了《对外贸易法》,提高了外贸管理质量和效率以及贸易自由化、便利化程度。这些战略政策开启了我国全面推进贸易体制创新和加工

---

* 本章是与对外经济贸易大学国际经贸学院田巍教授合作的成果,原文发表在《世界经济》体制,2014 年第 6 期,第 90—113 页。

贸易转型升级之路,鼓励企业自主研发,增强技术创新能力,走"发展高科技,实现产业化"之路,帮助加工贸易企业从低端的贴牌生产(OEM)转型成自主设计生产(ODM),甚至开创自主品牌(OBM),积极参与到国际价值链的高科技产业生产制造环节,进一步增强我国对国际产业的吸引力,促进我国高新技术产业发展。

在这样的贸易自由化及政策推进的背景下,我国制造业企业的研发有了显著的进展。从 1995 年到 2004 年,中国研发投入占国民生产总值的比率从 0.6% 上升到 1.23%。同期,科研人员的数量增长了 77%。全国规模以上的工业企业当中,有科技活动的企业数量增长 47.7%,其中民营企业增长了 68%;科技活动经费投入增长了 146%,其中民营企业增长了 193%。IT 等产业加工贸易采用先进技术乃至全球同步技术的比率明显上升,设立的研发中心、采购中心、地区总部数量大为增加。以珠三角地区为例,加工贸易企业的 ODM 和 OBM 混合生产出口比例达到 40%,东莞市出口 300 强也基本实现了"设计+生产"模式。根据《国际商业问卷调查报告 2010》,中国(除港、澳、台地区)企业期望提高研发投入的比例全球第一,说明中国企业的研发投入仍有很大的增长可能和潜力。图 2-1 描绘了企业研发和中间品关税的走势。

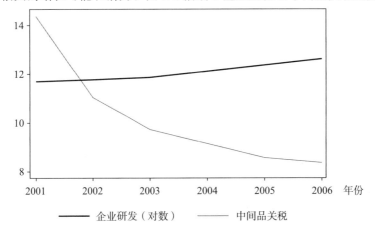

图 2-1 企业研发和中间品关税

数据来源:国家统计局规模以上工业企业数据库。作者自己计算。

提高企业研发水平和能力的一条重要途径,是通过引进核心零部件、中间品及先进的机械设备等生产资料,吸收先进技术,带动研发创新。入世以来,关键零部件等中间品,以及重要机电设备的进口关税下降幅度超过 50%。每年还都通过暂定税率的形式,重点降低重要资源、生产资料、工业原材料、先进技术装备和关键零部件的进口税率。这些政策降低了企业引进核心零部件和资本品的成本,降低了企业接触最新技术的门槛,对提高企业研发能力有着重要意义。

在国际贸易学理论上,贸易自由化和企业研发的关系也是一个重要的问题。最终品的贸易自由化导致进口该产品的部门竞争加剧,促进本国企业的研发(Bloom *et al.*,2016;Iacovane *et al.*,2013)。外国关税的下降扩大了出口企业的市场,同样会促进企业研发(Bustos,2011;Lileeva and Trefler,2010,Aw *et al* 2007,2011)。同样,中间品贸易自由化也会对进口企业研发起到促进作用,但已有文献对中间品贸易自由化的影响研究甚少。

因此,本章研究了中国加入 WTO 之后的中间品贸易自由化对进口企业研发的影响,我们认为中间品贸易自由化促进了企业研发的投入。一方面,中间品关税的下降减少了企业进口中间品的成本,提高了企业利润,使得企业可以克服研发的固定成本,提高研发投入(Bustos,2011)。另一方面,中间品关税下降使企业有更大的可能购买到核心零部件,获得更多的核心技术,从而起到技术转让的作用(Goldberg *et al.*,2010),进一步提高了企业用于吸收和模仿外国先进技术的研发投入,并促进企业自主研发投入(Kim and Nelson,2000;Hu *et al.*,2005;Griffith *et al.*,2004)。

为在实证上验证这点,我们构造了行业的中间品关税指标,并以此对企业研发投入作回归分析。我们还使用倍差分析法(DID)进一步估计,由于加工贸易企业始终享受零关税优惠,因此中间品关税下降只对非加工企业有影响,因此我们将加工贸易企业作为对照组,非加工贸易企业作为处理组,进行自然实验分析。我们对可能的内生性问题、时间序列相关问题以及资本品贸易开放的影响进行了细致处理,发现中间品贸易自由化显著促进了企业的研发,尤其短期影响更为显著。同时,进一步的研究发现中间品贸易自由化对企业研发来说主要集中在生产过程的研发上,而非新产品的开发。这是因为作为发展中国家,中国企业模仿先进技术的成本低于开发新产品的成本,中国企业自生产过程的研发更具有比较优势。

本章余下部分的结构如下,第二节介绍相关文献,第三节介绍数据和核心变量的度量,第四节介绍计量方法和实证结果,第五节进行总结。

第二节　文献综述

本章的发现丰富了先前对于贸易自由化与企业研发的研究。其中一支文献着重于研究外部贸易自由化对企业研发的影响,这类文章假设每个企业生产一种产品,研发会带来生产率的提高,但同时也需要额外的生产成本,当贸易成本下降时,规模经济使得高技术的边际回报更高,因此会促使企业增加研发,选择高技术(Grossman and Helpman,1991)。如 Yeaple(2005)提出的,假设工人的能力具有随机的异质性,企业根据工人的能力选择高技术或低技术。当贸易成本下降时,企业有更高的激励使用高技术。又如 Verhoogen(2008)提出的高生产率的企业选择生产高质量产品,并付给工人高工资激励,当货币贬值时,生产率高的企业提升产品质量增加出口,并拉大了行业内的工资差距。Verhoogen 通过墨西哥企业的数据检验了结论。Lileeva 和 Trefler(2010)用加拿大企业数据发现外部关税下降造成生产率高的企业增加出口,投入更多新产品研发,以及采用更先进的生产技术。

另一支文献着重于研究最终品进口贸易自由化对于本国企业研发的影响。进口品贸易自由化加剧了本国该行业的竞争,促使企业增加研发投入。Bloom 等(2016)发现中国加入 WTO 后欧洲对中国特定产品配额取消,增加了欧洲进口部门的竞争,导致每个企业技术进步,并且促使劳动力向技术更高的企业流动。Iacovone 等(2013)同样研究了中国入世对于墨西哥企业的冲击,发现生产率更高的企业增加了更多的研发。而 Bustos(2011)研究了对称的贸易自由化对企业的影响。当最终品关税和外部关税同时下降时,Bustos 认为这会激励生产率较高的企业出口并且提高其技术水平。

与上述文献不同的是,我们的研究着重于中间进口品贸易自由对企业研发的影响。一方面,中间品关税的下降降低了企业的生产成本,有利于企业增加研发投入。另一方面,企业进口核心中间品的成本下降,相当于企业可以用更低廉的价格得到外国技术。因此这会促进企业对新技术的模仿和吸收,增加企业研发。在已有文献中,有大量关于技术转让和自主研发的关系研究的文章。比如,Hu 等(2005)用中国数据研究了技术转让和自主研发的关系,发现二者高度互补。Cohen 和 Levinthal(1989)认为研发可以是自主创新,也可以是对已有技术的学习,而对产品的研发提高了企业的学习能力,促进了技术转移。Kim 和 Nelson(2000)用东亚地区的数据发现企业通过吸收模仿已有技术促进了国内的研发。Griffith 等(2004)也用 OECD(经济合作与发展组织)国家数据支持了技术转移和研发的互补关系。

最后,我们分析了中国加入 WTO 后中间品关税下降对企业研发的促进主要体现在对生产技术的改进方面而不是对新产品的研发上。关于研发类型的研究也十分丰富,大部分文献认为当企业面临双边贸易自由化时对生产过程研发和新产品研发的选择会增多。一方面贸易自由化扩大了市场,增加了生产研发的投入回报,企业应该增加生产过程的研发,另一方面进口竞争将促进企业削减产品种类。Eckel 和 Neary(2010)、Feenstra 和 Ma(2008)及

Ju(2003)在寡头模型的基础上,考虑企业的策略性行为,他们认为当进口竞争加剧时,企业为了削减内部各种产品的互相蚕食,将会减少产品种类。增加企业的竞争力。而 Bernard 等(2010,2011)则在垄断竞争的框架下考虑企业产品链的成本效应,企业产品链的拉长提高了企业生产及进入市场的成本。Dhingra(2013)综合考虑了以上两种影响因素,同时引入了品牌效应,认为当进口竞争加剧时,扩大产品种类虽然直接增加了竞争程度,但另一方面增加了消费者对品牌的认知度,因此也扩大了产品的需求。Goldberg 等(2010)检验了印度的贸易自由化对企业产品种类的影响,发现与美国不同,印度很少削减产品种类和已有产品的产量,对经济在广延边际的贡献几乎全部来自新增的产品和已有产品的产量增加。Qiu 和 Yu(2013)发现最终品进口关税的下降会减少企业出口的种类;而外部关税的下降对企业的影响与其管理效率有关,对管理效率高的企业来说,最终品关税下降增加了产品种类,而对管理效率低的企业来说则降低了产品种类。作者用中国数据进行了实证检验。与上述文献不同,本章从中间品关税下降的角度分析了贸易自由化对企业两种类型的研发的影响,发现主要的促进途径是生产过程的研发,原因是中间品关税下降使得企业进口核心技术的成本降低,降低了企业模拟已有技术的成本。而相对于自主研发,中国企业在模拟已有技术上更具有比较优势,因此这促进了企业改进已有生产技术的研发。

第三节　数据和度量

本章的样本和变量来自三套数据:国家统计局的制造业企业年度调查,中国海关总署的产品面贸易数据,WTO 的产品面关税数据。

一、数据描述

本章使用的企业生产数据来自国家统计局的制造业企业年度调查,包括了所有国有企业,以及年销售额在 500 万元以上的非国有企业,提供了企业的销售、出口、劳动力、资本、利润、所有制等 100 多个企业信息,也包括了企业的研发投入。数据年份从 2000 年到 2006 年,每年大约有 230 000 个制造业企业。这套数据的 100 多个变量来自三张完整的会计报表(损益表、资产负债表、现金流量表)。这套数据每年平均涵盖了约 95% 的中国总工业生产总值,实际上《中国统计年鉴》中的工业数据就是由这套数据加总而来的。

虽然这套企业的数据内容丰富,但有些观察值质量也比较低。一些企业在汇报时的错误造成了部分数据不合格。我们仿照 Cai 和 Liu(2009)、Feenstra 等(2013)所采用的"通用会计准则"(GAPP)对数据进行筛选,如出现以下任何一种情况,则将该企业定义为不合格企业并将其剔除:第一,流动资产大于总资产;第二,总固定资产大于总资产;第三,固定资产净值大于总资产;第四,企业的编码缺失;第五,成立时间无效(比如开业月份大于12或小于1)。这样,数据中包括的总企业数目降至438 165个,约1/3的企业被剔除掉了。

本章企业的进出口数据来自中国海关总署,包括了从2000年到2006年每个企业每种产品进出口的月度数据。每个产品都是在HS 8位码(海关编码)上,产品数量从2000年1月的78种增加到2006年12月的230种。将其按年份加总后,每年的观察值数目由2000年的1 000万增加到2006年的1 600万,大约有29万家企业参与了国际贸易。

对每种产品来说,这套数据都包括了三类信息:第一,五个关于贸易的基本变量,包括了贸易额(由美元度量)、贸易状态(进口/出口)、贸易的产品数目、交易单位、每单位产品贸易额(贸易额除以产品数目)。第二,六个关于贸易模式和方式的变量,包括进口/出口的对象国家或地区、路线(是否途经第三国或地区)、贸易类型(加工贸易或一般贸易)、贸易模式(海运、陆运或空运)、进出的海关。第三,七个关于企业的基本信息,特别地,数据汇报了企业的名称、海关编码、所在城市、电话、邮编、企业经理姓名、企业所有制(外资/私有/国有)。

每种产品的关税数据可以直接从WTO网站获得,关税数据在HS 6位码层面(2000—2006)。由于海关数据是HS 8位码的,所以我们将关税数据合并到了海关数据中。因为本章的研究兴趣是考察行业的平均中间品贸易自由化对企业研发的影响,而不是某种具体产品的关税变化的影响,因此本章用行业所需的所有中间品关税的加权平均值度量贸易自由化。

二、数据合并

制造业企业的生产数据和贸易数据虽然都包括了企业编码,但是两套编制系统却完全不同,在海关数据中企业的编码是10位的,但是在企业数据中企业的编码却是9位的,两套编码没有任何共同特征,因此将两套数据合并是非常困难的。

为此,我们采用Yu和Tian(2012)介绍的方法,采用两种方式合并这两套数据。第一种方式是根据企业的姓名和年份匹配,如果两个企业同一年在两套数据中都有相同的名字,那么我们认为这两个企业是同一个企业。这样如果使用原始的工业企业数据,我们可以匹配83 679家企业。如果使用筛选过的企业数据,则可以匹配 69 623 家企业。第二种方式是通过企业的邮政编码和企业电话号码的最后七位进行匹配,因为在每一个邮政地区中,企业的电话号码都不同。尽管这个方法很直观,但是仍然存在很多细微的实际操作上的困难(比如在企业数据中电话是包括分机号的,但是在海关数据中却没有),因此我们采用了电话后七位作为近似的企业认证。企业在每套数据中都有可能出现名称、电话或邮编的缺失,为了保证我们的匹配可以尽可能包括更多的企业,所以,只要企业可以通过任何一种方法成功匹配,我们就将其纳入合并数据。如此,用原始工业企业数据成功匹配的企业数上升到 90 558 家。与其他类似的文献比较来看,我们的匹配数目与他们大抵一样,甚至更好。最后我们用筛选后的严格的企业数据匹配,得到 76 823 家企业。值得指出的是,合并的成功率相对比较高,合并后数据库中企业的总出口额占了制造业企业数据库出口额的一半以上,与其他相关研究如 Ge 等(2011)的匹配成功率相当。

三、关键变量的度量

(一)企业研发

我们使用的研发数据来自制造业企业的生产数据,包括了企业研发投入和新产品产值两个指标,前者度量的是企业对于研发在投入方面的指标,而后者度量的是研发产出方面的指标。数据的时间跨度为 2001 年到 2006 年(其中 2004 年的数据缺失)。

加工贸易企业相对于非加工贸易企业有两个特点:一是因为加工贸易企业进口中间品零关税,因此他们不受中间品贸易自由化的影响;二是加工贸易企业总体上研发投入比较低。加工贸易主要分为来料加工和进料加工,根据 Feenstra 和 Hanson(2005)、Yu(2015),来料加工企业几乎没有自己的技术,只有进料加工企业有自己的技术。因此,在本章中我们用加工企业作为研究中间品贸易自由化对企业研发影响的控制组。图 2-2 汇报了纯加工企业和非纯加工企业的研发走向,每一年非纯加工企业的研发投入都比纯加工企业高,并且随着时间推移二者的差距有逐步扩大的趋势。由于大部分纯出口企业都是纯加工出口企业,考虑到与海关数据合并之后的数据容量减小,我们首先使用纯出口企业作为加工贸易企业的近似代理,用所有的制造业企业样本进行分析。表 2-1 列出了所有纯出口企业和非纯出口企业每一年研发投入的统计信息。图 2-3 画出了这两类企业研发的走势,可以发现:非纯出口企业的研发投入总是比纯出口企业高,并且随着时间的推移二者的差距逐渐加大。

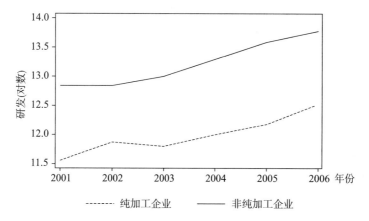

图 2-2　纯加工企业与非纯加工企业的研发

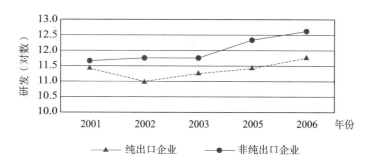

图 2-3　纯出口企业与非纯出口企业的研发投入

数据来源:国家统计局规模以上工业企业数据库。作者自己计算。

表 2-1　根据企业类型统计企业研发(对数)

年份	所有企业		纯出口企业		非纯出口企业	
	均值 (1)	标准差 (2)	均值 (3)	标准差 (4)	均值 (5)	标准差 (6)
2001	11.71	2.00	11.49	1.62	11.72	2.01
2002	11.76	2.01	11.04	1.86	11.78	2.01
2003	11.78	2.03	11.29	1.79	11.8	2.03
2005	12.36	2.16	11.51	1.93	12.38	2.16
2006	12.62	2.2	11.81	1.99	12.64	2.20
所有年份	12.13	2.13	11.46	1.88	12.14	2.14

　　不过,加入 WTO 之后纯加工出口企业的研发也大幅提高。这是因为伴随着中国加入 WTO,2003 年之后,国家实施加工贸易转型升级战略,加工贸易进入调整升级阶段。同时 2004 年颁布修订后的《对外贸易法》,大大提高

了外贸管理体制的统一度与透明度,提高了贸易自由化、便利化程度。这一系列的政策带来了更优质的贸易环境,而进入外国市场的成本也进一步降低,这些都大幅促进了进料加工企业的发展与加工贸易的转型升级(如图2-4所示),进料加工成为中国加工贸易企业的主要生产方式。因此,造成加工贸易企业在加入 WTO 后研发增加的原因并不是中间品关税的下降,而是企业面临的外部关税下降,以及配套政策的发展。因此在后面的分析中,我们必须控制这些影响因素。

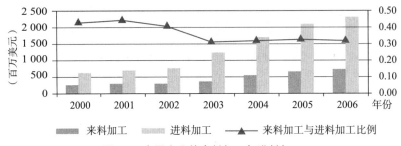

图 2-4   中国企业的来料加工与进料加工

(二)中间品贸易自由化

根据 Amiti 和 Konings(2007)、Topalova 和 Khandelwal(2011)的方法,我们构造平均行业中间品关税。我们选取的行业水平是中国工业分类(CIC)4位码,其指标为

$$IIT_{ft} = \sum_n \left[\frac{input_{nf}^{2002}}{\sum_n input_{nf}^{2002}} \times \tau_{nt} \right]$$

其中 $input_{nf}^{2002}$ 为行业 f 在 2002 年使用投入品 n 的总产量,τ_{nt} 为这种投入品在 t 年的关税。根据行业投入产出表,我们可知每个行业使用的每种投入品的产值及其关税水平。[①] 由于每个行业所使用的投入品不止一种,每种产品的关税不同,因此我们使用该行业对每种投入品的使用量占总投入品的比重作为这种产品关税的权重,经过加权平均得到该行业面临的平均中间品关税。我们之所以将每种产品的权重固定为 2002 年的使用权重值,是因为当产品关税变化时,会造成使用该产品量的内生改变。比如当某种产品在某一年的关税水平非常高时,进口该产品的比例会很小,那么其权重值就会很低,但是这并不意味着这种中间品对企业生产不重要。为了控制内生性问题,我们一方面将该产品的权重固定在 2002 年,排除了关税随时间的波动造成内生权

[①] τ_{nf} 为行业 f 所使用行业 n 的投入品的平均关税。我们使用两种方法计算,分别是简单平均和加权平均。

重变化,另一方面使用该种中间品的全部使用量占所有中间品的权重,而不是进口额的权重,进一步排除关税在不同产品间波动造成的内生变化。类似地,我们同样构造了行业最终品的平均关税。表 2-2 汇报了行业中间品关税、行业最终品关税和一些重要的企业特征的统计信息。[①]

表 2-2　关键变量统计信息(2000—2006 年)

变量	均值	标准差
行业中间品关税	9.61	2.75
行业最终品关税	11.07	8.15
企业规模(对数)	4.92	1.08
企业利润(对数)	6.72	1.93
纯出口企业	0.04	0.19

数据来源:国家统计局规模以上工业企业数据库。作者自己计算。

第四节　实证方法和结果

一、基准固定效应回归

我们首先用行业的中间品关税对企业研发投入进行回归。关税变化在不同行业间的波动和在不同年份间的波动不同,既与不可观察的企业特性有关,也与年份因素有关。因此我们控制了不同年份和企业的固定效应,吸收掉不随企业变化的宏观经济因素的影响,和不随时间变化的不可观测的企业因素的影响。在表 2-3 的列(1)中,行业中间品关税的下降显著增加了研发的投入额,关税下降 1 个百分点将使研发投入增加 11.6%。表 2-3 的列(2)控制了最终品关税对研发的影响。一方面,最终品关税下降增加了国内竞争程度,降低了每个企业的利润空间,因此企业可用于研发的资金缩减,另一方面,更高的竞争激励企业增加研发,同时由于贸易自由化带来的资源重新分配的作用,生产率最低的企业会被挤出出口市场,因此平均企业的生产率提高,这部分企业的利润更高,投入研发也会更大。由于一部分研发投入是由最终品关税下降引起的,所以控制行业最终品关税后,中间品关税下降一个百分点造成研发投入增加百分比下降到 2.9%。

[①]　其中企业生产率为根据 Olley 和 Pakes(1996)计算的全要素生产率,详细计算过程同 Yu(2013)。

表 2-3 中间品贸易自由化对企业研发影响(固定效应)

企业研发(对数)	(1)	(2)	(3)	(4)
行业中间品关税	−0.116***	−0.029***	−0.032***	−0.023**
	(−32.60)	(−3.76)	(−3.82)	(−2.48)
行业最终品关税		0.001	0.001	−0.001
		(0.83)	(0.43)	(−0.63)
企业生产率(对数)			0.132**	0.128**
			(2.57)	(2.01)
企业规模(对数)			0.445***	0.433***
			(12.99)	(9.99)
企业利润(对数)			0.134***	0.127***
			(12.28)	(9.20)
国有企业			0.10	0.198*
			(1.16)	(1.84)
外资企业			0.04	−0.03
			(0.40)	(−0.19)
年份固定效应	是	是	是	是
企业固定效应	是	是	是	是
年份		2001—2006		2001—2005
观察值数目	57 111	42 587	37 303	27 260
R^2	0.02	0.08	0.02	0.06

注:括号内为稳健 t 值。***、** 和 * 分别表示在 1%、5% 和 10% 的水平上显著。

除此之外,造成企业研发增加的因素还有企业自身特性。生产率高、规模大、利润高的企业往往有更大的研发动机。国有企业受到政府保护更多,研发的动力小,但是国有企业往往具有高利润,有更多的资金支持研发。因此在表2-3 的列(3)回归中,我们控制了企业的生产率、规模、利润和所有制。结果显示行业中间品关税下降仍然显著增加了企业的研发投入,生产率、企业规模、利润都与研发显著正向相关,而企业所有制与研发的关系不显著,这与我们之前的分析一致。从 2005 年开始,人民币从固定汇率开始变成盯住一篮子货币的有管理的浮动汇率,人民币升值影响了企业的出口,对企业研发是一个冲击,同时在 2005 年,纺织品的《多种纤维协定》到期,对纺织品的各种配额限制被取消,这对我国的出口形成了正面的刺激,从而也会影响企业的研发决策。因此,为了消除这些特殊宏观经济波动的影响,在表 2-3 的列(4)中,我们使用 2001—2005 年的样本重新估计,结论不变。

然而企业的研发与行业的中间品关税有可能存在内生的相关性。生产率低的行业往往研发投入比较小,这些行业会游说政府,寻求产业保护,因此可能面临较高的关税保护(Bown and Crowley,2013),当加入 WTO 后,市场更为开放时,这些行业的关税下降较小,企业的研发投入增加缓慢。因此我们使用 WTO 与企业是否是纯出口企业哑变量的交叉项作为行业中间品关税的工具变量,控制内生性问题。[①] 由于大部分纯出口企业都是加工贸易企业,而加工贸易企业因为始终享受零关税而几乎不受入世的影响。回归结果显示在表 2-3 中,在控制了年份的固定效应之后,中间品关税的下降仍然显著地提高了企业的研发投入水平。

二、全样本下的倍差法回归

给回归结果带来困扰的因素还有不可观测变量,比如,宏观经济波动同时影响企业研发和关税变化。因此为了处理这种反向因果和遗漏变量造成的内生性,我们以加工企业为控制组进行自然实验(natural experiment)。根据我国的政策,加工企业进口是免关税的,因此加入 WTO 带来的贸易自由化对加工企业进口中间品的影响甚微。因此,我们以加工企业为控制组可以较好地解决企业生产率对于关税影响的内生作用。

表 2-4　中间品贸易自由化对企业研发影响(工具变量回归)

企业研发(对数)	(1)	(2)	(3)	(4)
行业中间品关税	−2.781***	−5.333**	−1.693***	−1.962***
	(−3.82)	(−2.30)	(−3.58)	(−4.24)
行业最终品关税	0.288***	0.369**	0.176***	0.200***
	(3.71)	(2.19)	(3.45)	(3.94)
企业利润(对数)		0.435***		
		(19.48)		
国有企业哑变量	2.841***	−0.267	1.507***	0.896***
	(4.72)	(−0.47)	(3.87)	(3.06)
外资企业哑变量	1.386***	2.024**	0.454***	0.891***
	(4.91)	(2.01)	(2.96)	(5.15)
企业人数(对数)			0.615***	0.997***
			(13.26)	(14.57)
加权的世界 GDP(对数)		0.110*		
		(1.75)		
年份固定效应	是	是	是	是
企业固定效应	否	否	否	是
工具变量	是	是	是	是
观察值数目	42 587	10 667	37 330	42 587

注:括号内为稳健 t 值。***、**和*分别表示在 1%、5% 和 10% 的水平上显著。

[①]　感谢匿名审稿人对此部分的建议。

不过,因为生产率低的企业进行加工贸易的概率大、研发低,贸易自由化对非加工贸易企业研发的促进可能来源于加工出口企业和非加工出口企业的生产率差异,而不仅仅是关税下降。为了排除这种分组的内生性问题,我们控制了企业的生产率,保证贸易自由对研发的影响与生产率无关。我们同时控制了企业规模、利润和所有制等重要的企业特性,避免遗漏变量造成内生性。

根据 Dai 和 Yu(2013),加工贸易企业很大比例上是纯出口企业(即只出口不内销),因此我们首先用工业企业数据库的所有企业数据,按照是否是纯出口企业分组进行对照分析。如果企业选择纯出口,那么很大概率上可以认为企业进行的是加工贸易,因此其研发受到贸易自由化的影响比较小。如果企业不是纯出口企业,那么贸易自由化降低了企业进口中间品的成本,增加了企业的利润,为研发创造了资金条件。企业也可以更便宜地进口包含核心技术的中间品和零部件,相当于提高了隐形的技术转移。技术转移往往和企业研发存在互补关系,因此促进了企业对核心技术的吸收与模仿的研发。[1] 基于此,我们考虑如下回归式,回归方程中的 β_3 应该为负显著。

$$\ln RnD_{it} = \beta_1 WTO_t + \beta_2 PureExporter_i + \beta_3 WTO_t \times PureExporter_i + \varepsilon_{it}$$

在表 2-5 的列(1)中,我们控制了企业加入 WTO 的哑变量、企业是否是加工贸易的哑变量及二者的交叉项、行业的最终品关税和企业的特征、企业固定效应,使用所有年份的数据进行回归。结果显示企业加入 WTO 对企业研发有显著的正向激励作用,和预期一致。加入 WTO 造成的纯出口企业研发投入增加的百分比比非纯出口企业的要低 56.4 个百分点,这是一个很大的作用。由于一些不可观察的宏观经济变量也会引起关税下降,在表 2-5 的列(2)中我们控制了年份固定效应,结果与之前一致,影响幅度也相似。

表 2-5　合并前样本 DID(对照组:纯出口企业)

企业研发(对数)	(1)	(2)	(3)	(4)
WTO	0.284***			
	(6.73)			
纯出口企业	0.15	0.11	0.28	0.41
	(0.63)	(0.47)	(1.47)	(0.90)

---

[1]　根据 Kim 和 Nelson(2000)、Griffith 等(2004)、Hu 等(2009)的研究。

（续表）

企业研发(对数)	(1)	(2)	(3)	(4)
WTO × 纯出口企业	−0.564**	−0.520**	−0.696**	(0.69)
	(−2.27)	(−2.11)	(−2.56)	(−1.47)
行业最终品关税	−0.009***	−0.007***	−0.007***	−0.010***
	(−6.92)	(−5.62)	(−4.53)	(−3.83)
企业生产率(对数)	0.636***	0.554***	0.464***	0.493***
	(15.16)	(13.23)	(7.30)	(5.05)
企业规模(对数)	0.442***	0.457***	0.454***	0.427***
	(42.71)	(44.32)	(27.52)	(19.54)
企业利润(对数)	0.328***	0.312***	0.307***	0.388***
	(48.06)	(45.75)	(29.50)	(26.86)
国有企业	0.08	0.103**	0.09	0.06
	(1.51)	(2.11)	(1.49)	(0.54)
外资企业	(0.01)	(0.02)	(0.01)	−0.260***
	(−0.50)	(−0.64)	(−0.28)	(−5.74)
加权的世界 GDP(对数)				−0.030***
				(−3.18)
年份固定效应	否	是	是	是
企业固定效应	是	是	是	是
年份		2001—2006	2001—2003	2001—2005
观察值数目	43 407	43 407	11 456	10 699
R^2	0.32	0.33	0.31	0.34

注：括号内为稳健 t 值。***、** 和 * 分别表示在 1%、5% 和 10% 的水平上显著。

中国加入 WTO 对关税的影响并不是一蹴而就的。首先，关税减免是一个长期的过程；其次，入世后出台的一系列配套政策及加工贸易转型升级战略都对企业的研发有着更复杂的长期影响，因此在表 2-5 的列(3)和列(4)中我们区分了加入 WTO 的长期和短期的影响。我们同时控制了行业的最终品关税，以及外国市场开放对企业研发的影响。入世使中国企业面临更大的世界市场，我们使用加权的世界平均 GDP 作为世界市场的代理变量。表 2-5 的列(3)中使用 2001—2003 年的数据回归，在 2003 年以前中国政府的配套政策和新战略方案还未出台，结果显示中间品关税下降在短期内对企业研发有显著的促进作用，并且幅度大于用 2001—2006 年数据估计的平均值。这说明企业预见了长期贸易自由化对企业和经济的影响，在短期就有充分应对，因此加入 WTO 对企业研发在短期内有立竿见影的促进作用。在表 2-5

的列(4)中我们考察长期影响,为了排除人民币升值和《多种纤维协定》到期的影响,我们剔除掉了 2006 年的样本。结果显示纯出口企业和非纯出口企业在长期对研发投入的变化没有显著区别。[1]

三、基于合并样本的倍差法回归

不过,还有一个问题。迄今为止,我们使用纯出口企业作为加工企业的代理变量,但是纯出口企业和加工企业并不完全等价。基于这个原因,我们将工业企业数据库的企业生产数据和海关的产品出口数据合并,合并之后的数据虽然损失了一些样本,但海关数据提供了企业的出口种类,可以准确判断加工出口企业和普通出口企业,因此有利于提高分析的准确性。

同时,我们注意到加工贸易企业和非加工贸易企业在生产与销售方面具有本质不同,可能影响研究结论的可靠性。为了说明加工贸易企业的研发行为可以作为非加工贸易企业的反事实度量,也即说明处理组和控制组的研发行为在入世前基本同质,我们在控制了企业生产率、规模、利润和所有制之后进行了两组入世前的匹配,匹配方法是倾向得分匹配(PSM),比较匹配之后和匹配之前的差,如表 2-6 所示,发现匹配前后两组的差都不显著,说明加工贸易企业和非加工贸易企业入世前在研发上的表现没有显著差异。同时在表 2-7 中进行了平衡性检验,发现每个控制变量偏误都不显著,且匹配的总体平均偏误为 3.2,p 值为 0.208,这就支持了所选择的控制变量的合理性。由于我们的研发数据有限,为了最大限度地利用数据,在后面的回归中我们使用的是没有匹配的样本。

表 2-8 使用企业数据和海关数据合并后的样本进行回归。为了和表 2-5 的回归结果做一个比对,我们首先按照企业在初始年份(2001)的出口状态将企业分为纯出口企业和非纯出口企业,然后按照表2-5中列(1)重新回

表 2-6   入世前得分匹配法的企业研发比较(合并后样本)

研发(对数)	处理组(非纯加工企业)	控制组(纯加工企业)	差	t 值
未匹配	12.39	12.53	−0.14	−1.25
匹配后(ATT)	12.39	12.24	0.14	0.73

---

[1]   在表 2-5 的回归中,虽然引入了年份的固定效应,但是纯出口企业的哑变量并没有被吞噬掉。这是因为企业在 2001—2006 年中,企业的纯出口状态并不是一成不变的。企业会在纯出口企业和非纯出口企业中转换状态。

表 2-7　匹配后样本的平衡性检验

匹配后	企业生产率(对数)	国有企业	外资企业	企业规模(对数)	企业资本(对数)	企业利润(对数)
处理组	1.159	0.109	0.287	6.143	10.551	7.997
控制组	1.148	0.099	0.286	6.190	10.560	8.129
偏误率(%)	4.8	3.8	0.3	−3.6	−0.5	−6.2
t 值	1.41	0.66	0.06	−0.73	−0.10	−1.30

注:括号内为稳健 t 值。***、** 和 * 分别表示在 1%、5% 和 10% 的水平上显著。

表 2-8　合并后样本 DID(对照组:始终纯加工贸易企业)

企业研发(对数)	(1)	(2)	(3)	(4)	(5)
WTO	0.437***	0.446***		0.349***	
	(7.74)	(7.94)		(5.50)	
纯出口企业	−0.685***				
	(−3.65)				
纯加工贸易企业		−0.898***			
		(−5.04)			
WTO × 纯出口企业	−0.361*				
	(−1.79)				
WTO × 纯加工贸易企业		−0.585***	−0.708***	−0.799***	−0.533*
		(−3.07)	(−3.40)	(−2.77)	(−1.69)
行业最终品关税				(0.00)	(0.01)
				(−0.64)	(−1.20)
企业生产率(对数)				0.163*	0.410***
				(1.65)	(3.45)
企业规模(对数)				0.381***	0.539***
				(5.83)	(6.60)
企业利润(对数)				0.131***	0.239***
				(6.19)	(9.26)
国有企业				0.373*	0.31
				(1.73)	(1.03)
外资企业				(0.19)	(0.25)
				(−0.88)	(−0.78)
加权的世界 GDP(对数)					0.072***
					(3.68)
年份固定效应	否	否	是	否	是
企业固定效应	否	否	是	是	是
观察值数目	18 208	18 208	18 208	12 285	8 626
R^2	0.01	0.02	0.10	0.13	0.07

注:括号内为稳健 t 值。***、** 和 * 分别表示在 1%、5% 和 10% 的水平上显著。

归。结果显示加入 WTO 仍然促进非纯出口企业的研发投入的增加,这说明合并之后的数据仍然有较好的代表性。为了剔除企业在纯加工企业和非纯加工企业之间的角色转换,我们在表 2-8 的列(2)至列(5)的回归中,使用合并以后的数据按照所有年份信息将企业分为始终是纯加工出口的企业和其他非纯加工出口的企业两组。同时,为剔除企业进入和退出市场的影响,我们使用平衡面板进行回归。表 2-8 的列(2)的回归结果显示加入 WTO 对于纯加工出口企业的研发提高程度显著高于非纯加工出口企业。在表 2-8 的列(3)中,为了处理连续时间的序列相关问题,类似表 2-5 的做法,我们控制了年份的固定效应,因此加入 WTO 的哑变量被吸收掉,同时我们控制了企业的固定效应,由于此处分组不随时间改变,因此纯加工出口的哑变量也被吸收掉。回归显示纯加工出口的企业在加入 WTO 之后研发投入显著增加更多,并且增加的幅度比表 2-8 的列(2)更大。在表 2-8 的列(4)和列(5)的回归中我们控制了企业的其他特征变量,结果显示加入 WTO 仍然显著增加了纯加工出口企业的研发投入。

四、更多稳健性回归

首先,本章使用的研发和关税数据是 2001—2006 年的连续样本;而根据 Bertrand 等(2004)和 Bustos(2011),这期间的不可观测的宏观政策变量会同时影响企业研发投入,使得残差项具有序列相关性,这会使得估计系数的标准误被高估,显著性下降。因此根据他们的建议,我们将所有样本分为加入 WTO 之前和之后两个阶段,计算两个阶段各变量的平均值,然后作一阶差分,或者与此等价地引入年份固定效应。表 2-9 显示结果与之前的分析一致。

表 2-9　两阶段倍差法回归(对照组:始终纯加工贸易企业)

企业研发(对数)	(1)	(2)	(3)	(4)
WTO	0.191***			
	(3.30)			
纯加工贸易企业	−0.898***			
	(−5.04)			
WTO × 纯加工贸易企业	−0.425**	−0.850***	−1.147***	−0.971***
	(−2.17)	(−3.80)	(−3.22)	(−2.63)
行业最终品关税			−0.025***	(0.01)
			(−3.65)	(−0.57)

（续表）

企业研发（对数）	(1)	(2)	(3)	(4)
企业生产率（对数）			(0.01)	(0.06)
			(−0.04)	(−0.28)
企业规模（对数）			0.833***	0.19
			(5.41)	(0.98)
企业利润（对数）			0.222***	0.170***
			(4.39)	(2.93)
国有企业			0.27	0.59
			(0.61)	(1.22)
外资企业			0.73	1.41
			(0.99)	(1.64)
加权的世界 GDP（对数）				(0.01)
				(−0.19)
年份固定效应	否	是	否	是
企业固定效应	否	是	是	是
观察值数目	11 678	11 678	7 190	7 190
R^2	0.01	0.11	0.14	0.20

注：括号内为稳健 t 值。***、** 和 * 分别表示在 1%、5% 和 10% 的水平上显著。

其次，为进一步验证中间品关税只对非加工企业的研发造成影响，我们进一步缩减处理组样本，使用从不进行加工贸易的非加工贸易企业作为处理组进行回归，结果显示在表 2-10 的列(1)和列(2)，非加工贸易企业与纯加工贸易企业相比，在加入 WTO 之后仍然显著地有较高的研发投入增加，进一步支持了我们的结论。

表 2-10　非加工企业处理组和零研发回归

企业研发（对数）	处理组：非加工企业		零研发的 Tobit 回归	
	(1)	(2)	(3)	(4)
WTO	0.278	0.327*	−0.227	−0.664
	(1.56)	(1.89)	(−0.53)	(−1.27)
纯加工贸易企业	0.095	0.133	3.001***	5.704***
	(0.55)	(0.78)	(5.28)	(8.28)
WTO × 纯加工贸易企业	−0.314*	−0.374**	−2.307***	−1.724**
	(−1.69)	(−2.07)	(−3.90)	(−2.43)
行业最终品关税				−0.097***
				(−8.15)

（续表）

企业研发（对数）	处理组：非加工企业		零研发的 Tobit 回归	
	(1)	(2)	(3)	(4)
企业生产率（对数）		1.602***		4.410***
		(25.26)		(14.81)
企业规模（对数）				5.415***
				(60.42)
国有企业	0.293***	0.322***	10.623***	4.701***
	(3.25)	(3.66)	(18.47)	(7.54)
外资企业	−0.357***	−0.455***	−8.400***	−6.124***
	(−8.48)	(−11.03)	(−42.98)	(−28.89)
年份固定效应	是	是	是	是
行业固定效应	是	是	否	否
处理组	非加工企业	非加工企业	非纯加工企业	非纯加工企业
观察值数目	12 684	12 676	137 957	106 025

注：括号内为稳健 t 值。***、** 和 * 分别表示在 1%、5% 和 10% 的水平上显著。

再次，由于在中国工业企业数据库中，真正有研发投入（R&D>0）的企业仅仅占到总数的 20% 左右，在取完对数后研发投入水平为零的企业信息会丢失，为了弥补这个缺陷，我们把研发投入为零的企业的对数研发值也设定为零，这样做可以一定程度地解决"零研发"的问题。因为研发值等于 1 的企业数目很少，在合并后的样本中只有 100 个左右，而研发投入低于 1 的企业的研发值都是 0。这样处理对数研发值后我们用 Tobit 模型处理了零研发带来的样本截断问题，并汇报在表 2-10 的列（3）至列（4）中，结论与之前一致。

更进一步地，用 R&D 投入的绝对水平衡量企业研发可能因企业规模的差异造成回归有偏。为此我们使用研发投入的强度，即研发占总销售收入的比重，作为另一个研发的度量指标，分别使用合并前的全样本和合并后的样本复制前面的主要回归，仍然得到了稳健的结论。结果显示在表 2-11 中。

表 2-11　对研发投入强度的影响

样本 研发投入强度	合并前			合并后	
	(1)	(2)	(3)	(4)	(5)
WTO	0.004		0.079***	−0.006	
	(0.47)		(11.63)	(−0.13)	
纯出口企业	−0.018	0.008	0.046		
	(−0.61)	(0.26)	(1.53)		

（续表）

样本	合并前			合并后	
研发投入强度	(1)	(2)	(3)	(4)	(5)
WTO × 纯出口企业	−0.054*	−0.078**	−0.052*		
	(−1.71)	(−2.48)	(−1.73)		
纯加工贸易企业				0.175**	0.176***
				(2.55)	(2.56)
WTO × 纯加工贸易企业				−0.135*	−0.136*
				(−1.88)	(−1.90)
行业最终品关税	−0.001***	−0.001***	0.000	−0.005***	−0.005***
	(−5.20)	(−3.91)	(0.56)	(−5.92)	(−5.94)
企业利润（对数）	0.035***	0.031***	−0.001		
	(34.24)	(30.15)	(−0.61)		
企业规模（对数）	0.033***	0.039***	0.030***		
	(18.02)	(20.63)	(5.42)		
企业生产率（对数）				0.130***	0.130***
				(6.05)	(6.04)
国有企业	0.151***	0.141***	−0.042*	0.318***	0.317***
	(14.67)	(13.65)	(−1.69)	(5.93)	(5.91)
外资企业	−0.052***	−0.082***	−0.010	−0.127***	−0.127***
	(−11.75)	(−18.18)	(−0.47)	(−9.52)	(−9.46)
年份固定效应	是	是	是	否	是
企业固定效应	否	否	是	是	是
行业固定效应	否	是	否	否	否
观察值数目	323 933	323 933	323 933	79 342	79 342
R^2	0.01	0.01	0.001	0.01	0.01

注：括号内为稳健 t 值。***、** 和 * 分别表示在 1％、5％和 10％的水平上显著。

　　最后，我们使用始终进行纯加工贸易的企业作为对照组，但是在样本中存在大量同时进行加工贸易和非加工贸易的混合型出口企业。企业进行加工贸易的程度不同，其受到贸易自由化的影响程度也不同。使用不同加工贸易比重的企业作为控制组和对照组，分析结论应该不受影响。为此我们按照企业进行加工贸易的不同比重将企业分组，在表 2-12 的列(1)中我们定义加工贸易比重大于 25％即为加工贸易企业；列(2)中定义比重大于 50％为加工贸易企业，列(3)和列(4)分别定义为比重大于 75％和 95％为加工贸易企业。回归结果显示无论采用哪种分组方式，加入 WTO 总是使非加工贸易企业（即对照组）更多地提高研发投入，并且结果始终显著。说明结果对分组方式是稳健的。

表 2-12 按不同加工贸易比重划分对照组

对照组加工出口比例	＞25％	＞50％	＞75％	＞95％
企业研发(对数)	(1)	(2)	(3)	(4)
加工出口企业	−0.289*	−0.322*	(0.22)	(0.29)
	(−1.71)	(−1.86)	(−1.18)	(−1.55)
WTO × 加工出口企业	−0.488***	−0.455**	−0.569***	−0.507***
	(−2.79)	(−2.53)	(−2.98)	(−2.62)
年份固定效应	是	是	是	是
企业固定效应	是	是	是	是
观察值数目	18 208	18 208	18 208	18 208
R^2	0.13	0.13	0.13	0.13

注:括号内为稳健 t 值。***、** 和 * 分别表示在 1％、5％ 和 10％ 的水平上显著。

五、影响渠道和不同研发类型的识别

中间品关税下降对企业研发的促进作用有两条可能的途径,第一是提高了企业的利润,增加了企业研发的空间,第二是增加了企业对核心中间品的进口,提高了企业的技术转移,因此增加了企业进行技术模拟吸收的研发的投入。由于我们缺乏较好的度量进口中间品技术含量的指标,因此无法对第二条途径进行准确的检测。我们只对第一条途径进行了检测,表 2-13 显示,当被解释变量换成企业的利润之后,回归结果显示非纯加工贸易企业在加入 WTO 之后相对于加工贸易企业仍然有显著的利润增加,证明了第一条途径是成立的。

表 2-13 中间品关税对企业研发的影响途径

被解释变量	企业利润(对数)			企业研发(对数)		
	(1)	(2)	(3)	(4)	(5)	(6)
WTO	−0.414***			0.354***	0.038	0.146
	(−4.81)			(4.26)	(0.25)	(1.62)
纯加工贸易企业	0.148	0.151	−0.289***	−0.297***	−0.118	−0.299***
	(1.20)	(1.23)	(−5.31)	(−2.79)	(−0.69)	(−2.82)
WTO × 纯加工贸易企业	−0.414***	−0.419***	−0.133**	−0.232**	−0.396**	−0.236**
	(−3.28)	(−3.32)	(−2.40)	(−2.10)	(−2.20)	(−2.14)
企业生产率(对数)	2.016***	2.014***	1.704***	1.682***	1.920***	1.578***
	(60.25)	(60.17)	(81.88)	(29.57)	(25.02)	(27.64)
行业最终品关税	−0.025***	−0.025***	−0.007***			
	(−17.65)	(−17.79)	(−5.90)			

（续表）

被解释变量	企业利润（对数）			企业研发（对数）		
	(1)	(2)	(3)	(4)	(5)	(6)
国有企业	0.411***	0.417***	0.306***	0.243***	0.648***	0.278***
	(4.54)	(4.60)	(5.36)	(2.76)	(5.00)	(3.15)
外资企业	0.060***	0.070***	0.097***	−0.490***	−0.479***	−0.468***
	(2.75)	(3.23)	(6.90)	(−13.67)	(−10.44)	(−13.11)
企业固定效应	是	是	否	否	是	否
年份固定效应	否	是	是	否	是	是
行业固定效应	否	否	是	否	否	是
剔除资本品	否	否	否	是	是	是
观察值数目	86 443	86 443	86 443	16 442	16 442	16 442

注：括号内为稳健 t 值。***、** 和 * 分别表示在 1%、5% 和 10% 的水平上显著。

对于第二条影响途径的一个疑问是，进口高新技术设备也是中国企业的重要特征。中国入世后资本品进口关税也大幅下降，如果不加控制，则同样会导致计量模型出现内生性问题。因此，我们根据 BEC 分类（广义经济分类），将定义为资本品的行业剔除。具体地，根据 BEC 分类，41 和 521 属于资本品，对应我国工业分类（CIC 2 位）的编号为 36 和 37 的行业。① 我们将这两个行业剔除掉，重复前面的主要计量分析，汇报在表 2-13 的列（4）至列（6）。结果仍然一致，说明中间品而非资本品的关税下降的确对企业的研发起到了显著的推进作用。

最后，企业对研发的投入有两种类型：对已有产品的生产研发和对新产品的开发。根据 Dhingra（2013），当企业具有规模经济的时候，企业进行生产研发会降低企业的可变成本，提高边际利润。进行新产品研发会增加已有商标下的产品种类，一方面造成企业内部各种产品间的自我蚕食，另一方面使消费者对本企业商标的认知度增加，扩大了消费者对本企业产品的需求。因此当面临贸易自由化的时候，企业对生产研发和新产品研发的决策取决于企业内部产品的替代性和企业之间产品替代性的关系，以及不同企业初始的市场份额等特性。

在之前的分析中，我们使用的被解释变量都是企业的总研发投入。在表 2-14 中，我们考察了贸易自由化对企业研发增加的主要来源是生产研发还是

---

① 41 包括除运输设备之外的资本品，对应 HS 2 位的行业是 82，包括核反应器、蒸汽、机械和医疗设备及其零部件，对应到我国工业分类（CIC 2 位）是 36 的产品。BEC 中的 521 包括了运输设备及其零部件，对应 HS 2 位的行业是 86，包括铁路、有轨电车及其轨道相应设备、全部车辆及零部件、交通信号器材，与之对应的是 CIC 2 位的 37 号行业。

新产品研发。由于我们不知道企业新产品研发的具体数值,我们使用企业的新增出口品产值和新增产品种类作为新产品研发的代理变量。在表 2-14 的前两列中对新产品产值进行回归,其中表 2-14 的列(1)使用全部样本,列(2)至列(4)使用匹配样本。结果显示行业中间品关税下降对企业新产品产值的增加有显著的正向影响。在表 2-14 的列(3)和列(4)中我们对新产品种类进行负二项回归,在控制了年份和企业固定效应之后,发现中间品关税下降减少了企业新产品的种类。这说明中间品贸易自由化减少了企业产品种类,但是增加了每一种产品的产值。也即其对贸易的促进主要是通过集约边际而不是广延边际产生的。

表 2-14　贸易自由化与新产品研发

| 被解释变量 | 新产品产值(对数)OLS | | 新产品种类负二项回归 | |
计量方法	(1)	(2)	(3)	(4)
行业中间品关税	−0.057***	−0.062***	0.079***	0.012**
	(−10.09)	(−6.89)	(22.40)	(2.12)
行业最终品关税	−0.001	−0.001		0.004**
	(−0.63)	(−0.71)		(2.48)
企业生产率(对数)	0.119***	0.253***		0.407***
	(4.04)	(3.15)		(10.83)
企业出口(对数)	0.191***	0.134***		0.263***
	(15.02)	(6.57)		(26.51)
企业规模(对数)	0.309***	0.365***		−0.186***
	(8.12)	(5.97)		(−15.48)
企业利润(对数)	0.135***	0.127***		0.075***
	(12.18)	(6.93)		(11.01)
加权的世界 GDP (对数)				0.331***
				(61.09)
年份固定效应	是	是	是	是
企业固定效应	是	是	是	是
样本	合并前样本	合并后样本		
观察值数目	16 003	7 496	52 640	27 913

注:括号内为稳健 t 值。***、** 和 * 分别表示在 1%、5% 和 10% 的水平上显著。

　　由于中间品关税下降减少了企业的新产品种类,又增加了企业总的研发投入,可以推测中间品贸易自由化促进了企业的生产研发,降低了企业生产的边际成本,增加了企业产值。造成这个现象的原因一方面是企业进口外国核心产品的成本下降,使得企业可以更便宜地模仿外国技术,因此促进了企业的生产研发。另一方面是进行新产品研发需要更高的技术水平,并且很难通过模仿已有技术来实现。因此,相对于发达国家,中国在开发新产品方面不具备比较优势,而在进行生产研发方面具备比较优势。总之,从上述回归中可以推测出中间品贸易自由化主要促进了企业的生产研发而不是新产品研发。

第五节　小　结

本章以中国加入 WTO 为契机,利用中国企业生产和出口数据,研究了中间品贸易自由化对企业研发的影响。由于加工贸易企业进口关税始终为零,我们使用加工贸易企业作为对照组,控制了入世之后的政策和其他类型的贸易自由化的影响之后,发现中间品贸易自由化增加了企业的研发投入,对不同的对照组分类和计量方法稳健。同时我们发现企业研发的增加主要来自对于已有生产技术的改进,而不是研究新产品。这与中国企业在模拟已有技术上更具有比较优势的观察一致。

本章对中国现实经济具有鲜明的政策意义,随着中国加入 WTO,关税进一步减免,中间品贸易自由化提高了企业的研发水平,有利于加快产品更新换代和企业转型升级,促进企业由低端加工的出口模式向高端自主研发的模式转变。随着改革开放的深化,我国正在上海自贸区和天津滨海新区等地进行贸易便利化的试点,这将进一步带动企业研发和产业结构升级,促进经济可持续发展。

第三章　出口前研发投入、出口及生产率进步 *

出口会导致企业生产率提高么？什么因素会影响出口的生产率效应？本章采用 2001—2007 年中国规模以上制造业企业调查数据估计了出口的即期和长期生产率效应。我们认为企业出口之前的研发投入可以通过增加企业的吸收能力来提高出口的生产率效应。通过采用倾向得分匹配的计量方法，我们发现，第一，平均看来，对于首次出口的企业，其出口当年企业生产率有 2% 的提升，然而在出口之后的几年中这种提升效应均不显著。第二，对于有出口前研发投入的企业，出口对生产率存在着持续且幅度较大的提升作用；但对于没有出口前研发投入的企业，出口对生产率没有显著的提升效应或提升效应短且较弱。第三，出口对生产率的提升效应随企业从事出口前研发年数的增加而提高。

第一节　引　言

出口企业比非出口企业生产率更高，这是自 20 世纪 90 年代以来企业层面贸易研究所发现的一个典型事实。为解释这一事实，研究者提出了两个假说。第一个假说是出口企业生产率更高可能是因为只有生产率较高的企业才会选择出口，由于出口存在可观的固定成本（比如海外市场调查费用、建立海外销售渠道的费用、改进产品以符合海外消费者偏好的费用，等等），只有生产率较高的企业才能在海外市场赢得足够的利润来补偿出口带来的固定成本（Melitz，2003）。这一假说通常被称为"自选择出口"（selection into export）。第二个假说通常被称作"边出口边学"（learning by exporting）。这一假说认为，出口企业生产率更高是因为出口可以提升企业的生产率。这种提升既可能是企业在出口后向国外消费者与供应商学习的结果，也可能是由出口后国际市场更大的竞争压力所致。

Bernard 和 Jenson(1999)最早对这两个假说进行了考察。之后，大量的研究者用不同国家的企业微观数据对这两个假说进行了检验。[①] 几乎所有

　＊　本章是与北京师范大学的戴觅教授合作的成果。原文发表在《经济学》（季刊），2011 年第 1 期，第 211—230 页。

　①　比较有影响力的文章包括 Clerides 等（1998）对哥伦比亚、墨西哥与摩洛哥的研究；De Loecker（2007）对斯洛文尼亚的研究；Greenaway 和 Kneller（2008）对英国的研究；Alvarez 和 López（2005）对智利的研究。这方面相关综述参见 Martins 和 Yang（2009）。

的研究都发现生产率高的企业才选择出口,但是对于出口是否能提高企业生产率这一问题,以往的研究并没有得出一致的答案。Martins 和 Yang(2009)总结了过去 10 年来有关出口的生产率效应的 33 篇文章。这些研究中发现出口对生产率有显著提升作用的占 18 篇,没有发现显著效应的占 15 篇。诚然,结果的不一致有可能是由于研究所采用的计量方法不同,但即使是采用相同计量技术的文章有时也得出了完全不同的结论。[①] 造成这种现象的一个可能原因是研究者忽视了一些影响出口的生产率效应的重要变量。如果这些变量的值在各国或在不同企业样本中有很大差异,那么基于不同国家甚至是基于同一国家不同样本的研究就有可能得出不同的结论。过去的部分研究已经开始试图寻找这些影响出口的生产率效应的因素。比如,De Loecker(2007)发现企业出口的目的地是一个重要因素:出口的生产率效应对于出口到发达国家的企业比出口到发展中国家的企业更大(这可能是因为与发达国家的进口商或供应商交流更容易接触到更先进的技术和管理经验)。但是,与数目众多的检验出口的生产率效应是否存在的研究相比,探讨出口生产率效应影响因素的文章仍相对较少。

在本年中,我们将提出一个影响出口的生产率效应的重要变量:出口前的研发。我们的基本逻辑是出口前持续且有意识的研发活动可以增加企业的吸收能力(即吸收和利用外部知识的能力),从而提高出口的生产率效应。在一篇经典的论文中,Cohen 和 Levinthal(1989)指出,研发有两大功能,一是直接导致发明创新(创新效应),二是提高企业的吸收能力(学习效应)。在此项研究之后,大量的实证研究证实了研发对提高企业吸收能力的重要作用。比如,Kinoshita(2001)发现对于 1995—1998 年的捷克制造业企业,研发的学习效应比创新效应更为重要。Griffith 等(2004)用 12 个 OECD 国家的行业数据发现研发对于创新和技术追赶都有显著的正影响。Hu(2005)用中国制造业企业的面板数据发现,研发和外国技术转移存在显著的互补关系。这些研究都表明持续地进行研发的企业比没有进行任何研发的企业有着更强的吸收能力。将此结论进行延伸,我们认为如果企业在出口之前进行持续而有意识的研发,那么这些企业的吸收能力会比较强,因此能够在出口后获得更大的生产率提升。原因有两个:首先,吸收能力更强的企业能够更敏锐地识别出国外先进的技术成果和管理经验从而进行学习,而对于吸收能力弱的企业,就算他们在出口中接触到了先进的技术和经验,也有可能对此无动于衷

[①]　例如,Arnold 和 Hussinger(2005)采用了倾向得分匹配的方法,但得出的关于出口是否能提高生产力的结论仍有质的区别。另外 Hahn(2004),Bernard 和 Jenson(1999)都采用了 OLS 回归的方法,但得出的结论也完全不同。

(Cohen and Levinthal,1990)。其次,由于知识的累积性和关联性,在某一领域具有更多专业知识的企业在学习本领域与其他相关领域先进技术成果时会更加容易(Grossman and Helpman,1993)。所以吸收能力强的企业在学习国外先进技术和经验时会更有效率。

在本年中,我们利用2001—2007年中国规模以上制造业企业年度调查数据估计了出口对中国制造业企业生产率的即期和长期提升效应。为控制生产率高的企业会自选择出口,我们采用了倾向得分匹配(propensity score matching)的方法。估计结果发现,出口的生产率效应在出口前研发状态不同的企业间存在巨大差异。对于有出口前研发投入的企业,出口对生产率存在着持续且幅度较大的提升作用;但对于没有出口前研发投入的企业,出口对生产率没有显著的提升效应或提升效应较弱。此外,我们还发现出口对生产率的提升效应随企业从事出口前研发年数的增加而提高,这说明持续的研发活动可以提升企业的吸收能力,从而加强出口对生产力的提升作用。

本年与国际贸易研究中的两支文献相关。第一支文献关于"边出口边学"假说的检验。目前国外一些学者已经开始用企业层面的微观数据探讨中国出口与生产力的关系(Lu *et al.*,2010;Park *et al.*,2006;Feenstra *et al.*,2010;余淼杰,2011)。其中一些研究结果间接说明出口提高了企业生产率。例如,Park 等(2006)发现如果企业出口目的地的货币贬值幅度较小,那么企业对其的出口增长越快,并且出口的增长伴随着生产率的提高。Yang 和 Mallick(2010)用一个小规模的企业调查数据检验了"边出口边学"假说,他们发现出口提高了样本企业在2000—2002年的生产率。近几年来国内学者对出口与生产率关系的关注也逐步加强,其中一些研究试图从行业层面或省级层面数据考察出口量(或出口份额)与行业或地区生产率之间的关系(李春顶和唐丁祥,2010;张庆昌,2011;陈媛媛和王海宁,2011),另一些研究则利用企业层面微观数据研究企业出口行为与企业生产率的关系。张杰等(2008)利用江苏省本土制造业企业微观数据发现出口不是促进企业生产率(用企业全要素生产率衡量)提高的因素,但生产率却是促进本土企业出口的因素;许斌(2006)通过对1998—2000年约1 500个民营企业数据的分析,发现新出口企业通过出口企业全要素生产率增长率达到了46%。余淼杰(2010b)用中国制造业企业1998—2002年的数据发现中国的贸易自由化促进了中国制造业企业的生产率。本章对于已有文献的贡献在于以下两点。第一,用国家统计局的大规模工业企业调查数据系统地考察了出口对生产率的影响,所用数据比之前一些研究中所采用的小样本调查数据更具有代表性。第二,在简单考察出口对生产率的影响的基础上,本章还着重探讨了出口前研发对于出口的生产率效应的提升作用,而之前的研究并均未涉及这一问题。

与本章相关的第二支文献着重于探讨企业出口、生产率与研发等技术升级活动的互动关系。Bustos(2011)对阿根廷企业的研究发现在关税削减程度较高的行业中,企业对技术的投资增长较快。Lileeva 和 Trefler(2010)发现美加自由贸易协定的签订导致了生产率较低的加拿大企业出口,提高了这些企业的劳动生产率。他们还发现这些企业是通过投资技术而使生产率提高的。在这些文章中,研发的作用都仅限于直接提升企业生产率,即 Cohen 和 Levinthal(1989)中提到的"创新效应"。但研发对增加企业吸收能力的作用,即"学习效应"却被忽略了。Aw 等(2007)是这一支文献里为数不多的提到研发的学习效应的文章。他们对中国台湾地区企业 1986—1996 年的研究发现出口与研发的交互项对企业生产率有正的影响。但是在他们之后的一项对中国台湾地区企业 2000—2004 年的研究中,出口与研发的交互项对生产率的影响却变为负向(Aw *et al.*,2008)。因此,目前的研究对研发是否能提高出口的生产率效应并没有形成统一的意见。本章的发现为研发对出口的生产率效应的影响提供了新的证据。

本章的结论具有重要的现实意义。20 世纪中后期,许多发展中国家都将贸易开放作为促进经济发展的一项重要举措。尽管研究表明贸易开放确实可以促进整个经济生产率水平的提高,但是这通常是由于贸易开放促进了资源在企业间的重新分配,而不是由于企业自身从贸易开放中获得了生产率的提升(Bernard and Jenson,2004)。本文的结论说明出现这种情况的原因有可能是发展中国家企业研发水平的不足使得企业吸收能力低下,导致即使采取贸易开放的政策企业也未必能从中获得生产率的提升。因此,如果能将鼓励企业研发创新的政策与贸易开放政策结合起来使用,会使贸易开放政策收到更好的效果。

本章其余部分安排如下:第二节介绍所用数据并进行描述性分析;第三节用倾向得分的方法估计出口的生产率提升效应;第四节分析出口前研发对出口的生产率效应的影响;第五节进行稳健性检验和进一步讨论;最后一节总结。

第二节　数据描述

本章所用数据来自国家统计局"中国规模以上制造业企业年度调查"。调查对象包括了 33 个两位数行业、31 个省(自治区)所有的国有企业及"规模以上"(即总产值超过 500 万元)的非国有企业。本章所用的样本年份为 2001—2007 年。我们删除了满足以下任意一条的观测值:(1)总收入、就业人数、固定资产、总销售额、中间产品价值、研发费用、出口额中至少一项为负或为缺省值;(2)就业人数小于8;(3)总销售额小于出口额。最终用于之后分析的样本包括了490 302家企业,1 592 246个观测值。

表3-1总结了样本企业的出口情况与研发费用情况。平均而言,在2001—2007年中,每年选择出口的企业大约占总企业数的27%,选择进行研发的企业大约占总企业数的12%。出口企业比进行研发的企业比例高,这一事实与Bustos(2011)的发现相同。由于出口企业中有一部分企业并未进行研发,我们就可以通过比较有研发的出口企业与没有研发的出口企业在出口后的生产率来识别研发对出口的生产率效应的影响(第四节)。我们进一步将所有企业细分为新出口企业、已出口企业及未出口企业。新出口企业指初次出口年份晚于企业在样本中首次出现的年份的企业;已出口企业指初次出口年份等于企业在样本中首次出现年份的企业[1];未出口企业指在样本期内所有年份都未出口的企业。从表3-1可以看出,新出口企业占到了总企业数的约28%,未出口企业占了约64%,剩下的为已出口企业。[2] 由于我们在本章中主要考察初次出口对企业生产率的影响,我们在下面的分析中将会主要比较新出口企业与未出口企业的生产率。

表 3-1   样本企业的出口及研发状态

变量	年平均(2001—2007)
出口企业份额(%)	27.14
研发企业份额(%)	12.01
新出口企业份额(%)	27.57
已出口企业份额(%)	8.83
未出口企业份额(%)	63.58
观测值数	1 592 246

注:新出口企业指初次出口年份晚于企业在样本中首次出现的年份的企业;已出口企业指初次出口年份等于企业在样本中首次出现年份的企业;未出口企业指在样本期内所有年份都未出口的企业。

---

① 由于我们无法知道企业在样本期之前是否出口,所以我们假设如果企业在被观测到的第一年选择了出口,那么该企业在样本期之前就已经开始出口。诚然,这一假设会将部分新出口企业归到已出口企业中,但是除此之外没有更好的办法。

② 值得注意的是,新出口企业与已出口企业加起来占企业总数的约37%,这一比例比表3-1中出口企业比例(27.14%)要高。原因是表3-1中出口企业比例是取2001—2007年出口企业比重的年平均值,而企业是"新出口企业"或"未出口企业"并不因年份变化而变化。例如,某企业在2005年停止了出口,那么它在2006年和2007年就不再被算为出口企业,但是它仍然会被归为"新出口企业"。换句话说,新出口企业的比重与已出口企业的比重相加等于在样本期内至少出口一年的企业的比重。

第三节　估计出口的生产率效应

一、估计全要素生产率

本章的重点是估计出口对企业生产率的影响,因此精确地估计企业生产率对于本章的结果至关重要。按照文献中惯用的做法,我们用全要素生产率(total factor productivity,TFP)来衡量企业的生产率水平。TFP 的估计采用了 Olley 和 Pakes(1996)的方法(以下简称"OP 方法")。与传统的 OLS 估计法相比,OP 方法有以下优势:(1)这一方法用企业投资与资本存量作为生产率的代理变量,从而解决了由企业同时选择产量与资本存量而带来的共时性(simultaneity)问题。(2)这一方法可以纠正企业面板数据中存在的样本选择偏误,即只有生产率较高的企业才能够存活下来并在样本中被持续观测到。附录 3A 详细介绍了 TFP 的 OP 方法。

图 3-1 描述了 2001—2007 年出口企业与非出口企业 TFP 的变化情况。从图中我们可以清楚地看到:(1)与几乎所有其他研究的发现相同,出口企业比非出口企业的 TFP 更高。在图中,出口企业的 TFP 水平大约比非出口企业高出 5%。(2)出口企业与非出口企业 TFP 变化的趋势大体相同。这可能是由一些共同影响出口企业与非出口企业的宏观经济因素造成的。值得注意的是,TFP 在 2003 年与 2004 年都有一定程度的下降。对此一个可能的解释是 2003 年 SARS(非典型性肺炎)危机与之后的高通货膨胀降低了企业的生产率水平。

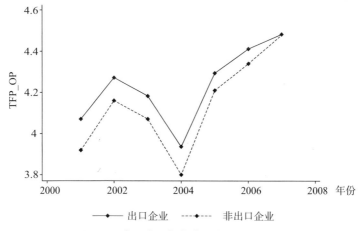

图 3-1　出口企业与非出口企业 TFP 水平

二、估计出口的生产率效应

下面我们用计量方法来严谨地估计出口的生产率效应。我们采用"对被处理单位的平均处理效应"(average treatment effect on the treated, ATT)来估计出口对生产率的影响。我们将企业初次出口的时间记为 0 期,并用 $s \geqslant 0$ 代表出口后第 s 年。那么,初次出口对于出口企业的平均处理效应可以表示为

$$E(\omega_{is}^1 - \omega_{is}^0 \mid \text{Start}_i = 1) = E(\omega_{is}^1 \mid \text{Start}_i = 1) - E(\omega_{is}^0 \mid \text{Start}_i = 1) \qquad (3.1)$$

其中 ω^1 与 ω^0 分别表示企业出口时与不出口时的生产率水平。$\text{Start}_i = 1$ 表示企业 i 首次出口。一个棘手的问题是 ω_{is}^0 是观测不到的。为了无偏地估计 ATT,我们需要构建一个对照组,使对照组中的企业能够尽量代表实验组中的企业(新出口企业)不出口时的情况。按照最近文献中的做法(Wagner, 2002;Greenaway and Kneller, 2008;Alvarez and López, 2005;De Loecker, 2007),我们采用了倾向得分(propensity score)的方法来构建对照组。我们用企业在出口前一年的特征来估计倾向得分:

$$P(\text{Start}_i = 1) = \Phi(h(X_{i,-1})) \qquad (3.2)$$

其中 $X_{i,-1}$ 包括了企业 i 在出口前一期的一系列可以预测其是否出口的企业特征,包括 TFP、企业规模(用企业雇用人数总数代表)、企业固定资本总额及一系列的地区、行业和所有制虚拟变量。为了无偏地估计倾向得分,我们采用了比较灵活的函数形式,$h(\cdot)$,即在估计式(3.2)时加入自变量的高阶和交叉项。倾向得分的估计采用了 Probit 模型,因此 $\Phi(\cdot)$ 代表正态分布的累积分布函数。在分年估计出倾向得分之后,我们借鉴 Greenaway 和 Kneller (2008),以及 De Loecker(2007)的方法进行了倾向得分匹配。[①] 由于不同行业、不同年份的企业受到的宏观经济影响不同,缺乏可比性,所以我们采用了分年、分行业的办法进行匹配。配对之后,我们将所有年、所有行业的观测值集中到一起,并计算实验组和对照组结果变量的平均差异。用公式表示,我们所用的匹配估计量为

$$\text{ATT}_s = \frac{1}{N_s} \sum_i \left(\omega_{is}^1 - \sum_{j \in C(i)} w_{ij} \omega_{js}^c \right) \qquad s = 0, 1, 2, \cdots \qquad (3.3)$$

---

① 具体方法:(1)将倾向得分分为 K 个等长度的区间,使实验组与对照组的倾向得分的均值在每个区间都相同;(2)对于每个区间,检验自变量的均值是否相同,即检验"平衡条件"(the balancing condition)是否成立;(3)如平衡条件不成立,在估计倾向得分时加入高阶项或交叉项,并重复(1)、(2)的步骤;(4)在平衡条件满足后,用最近邻匹配(nearest neighbor matching)的方法对实验组和对照组进行匹配。

其中 ω^t 与 ω^c 分别为实验组企业生产率及对照组中与之相匹配企业的生产率，$C(i)$ 表示与企业 i 匹配的企业集合，w_{ij} 表示给每个与企业 i 匹配的企业 j 赋予的权重，N_s 表示匹配的总对数。[①] 用文字表示，这一匹配估计量实际上是实验组企业和与其相匹配的对照组企业生产率的平均差异。

在此有必要说明一下对照组企业的选择问题。本章中我们采用了未出口企业（即在样本期中一直没有出口的企业）构建对照组。与此相对的另一种设计是选用当年（即在时间 t）不出口的企业作为对照组，但这种设计可能会将一些之前出口过但在时间 t 退出出口市场的企业纳入对照组，而这些企业其实已经进入过出口市场，之前的出口经历对其生产率有可能已经产生了影响，因此不应将其纳入对照组。

表 3-2 汇报了倾向得分匹配的估计结果。在 A 栏中，我们汇报了用企业 TFP 水平作为结果变量的匹配估计值。结果显示，在 2001—2007 年中，出口对样本企业的生产率仅存在微弱的提升效应，并且这种效应仅在开始出口当年才存在。由于我们所估计的 TFP 值是对数形式，所以我们可以对结果中的 ATT 值作以下诠释：在控制了企业自选择出口的影响后，出口企业的生产率在开始出口的当年比与之相匹配的非出口企业平均高 2%（出口对生产率的"即期效应"）。但是在出口三年后，出口企业的生产率和与之匹配的非出口企业相比并没有显著的提高（长期效应）。之前的研究普遍发现出口的生产率提升效应在出口当年最强（Damijan and Kostevc，2005；Greenaway and Kneller，2008；Martins *et al*.，2009），我们的结果与此发现一致。对这一结果有几种可能的解释，一种可能是企业通过出口接触到国际市场的先进生产技术和管理经验之后，会立即对其生产和管理进行改进，使生产率在出口当年得到提高。当这些技术与经验都被掌握后，企业能从出口中学到的东西相对变少，生产力也就不会再继续提升。另一种可能是企业在出口之前产能利用不充分，在出口当年由于市场规模的扩大使规模经济得以实现，从而使平均成本下降，生产力得以提高（Damijan and Kostevc，2005）。在表 3-2 的 B 栏中，我们汇报了用 TFP 年增长率作为结果变量的匹配估计值。在出口当年到出口后第三年中，只有出口后第二年的估计值是显著的，并且值非常小。这说明总体而言，出口企业的生产率并不是每年都比非出口企业增长得更快。

---

① 　仿照 De Loecker（2007），我们令 $w_{ij} = \dfrac{1}{N_{ic}}$，其中 N_{ic} 表示与企业 i 匹配的企业总数。后文中展示的结果均采用最近邻匹配的方法，即将对照组中与企业 i 倾向得分最相似的一个企业和与企业 i 进行匹配，因此 $w_{ij} = 1$。但允许多个企业与某一实验组企业进行匹配对结果并没有质的影响。

表 3-2   出口的生产率效应（全样本）

s	0	1	2	3
	A 结果变量：TFP 水平			
ATT$_s$	0.021 0*	0.011 1	0.023 0	0.034 1
标准差	(0.012)	(0.022)	(0.03)	(0.039)
实验组企业数	17 357	8 371	4 291	2 306
	B 结果变量：TFP 增长率			
ATT$_s$	0.002 3	0.010 6	0.007 5*	0.005 6
标准差	(0.006 3)	(0.010 1)	(0.004 0)	(0.007 9)
实验组企业数	12 374	5 787	3 218	1 798

注：本表汇报了用式(3.3)计算的匹配估计值。s 表示企业出口后第 s 年。*、** 和 ***
分别表示在 10%、5% 和 1% 水平显著。

第四节   出口前研发对出口的生产率效应的影响

本节中我们将着重考察出口前研发对出口的生产率效应的影响情况。
如引言中所说，我们认为研发不仅能直接导致创新，还能增加企业的知识储
备，提高其识别、吸收和利用外界知识的能力。由此，在出口前进行了更多研
发的企业将拥有更高的吸收能力，因而能在出口后更加有效地识别和学习国
外的先进技术和管理经验，从而使生产率得到更大的提升。

一、出口的生产率效应：对比有/无出口前研发的企业

我们将出口企业分成两组：一组在出口前至少进行过一年的研发（即至
少有一年的研发费用大于 0）；另一组在出口前没有进行任何研发。我们以
这两组企业分别作为实验组，按照第三节的办法以非出口企业构建对照组分
别进行倾向得分匹配。两组结果分别代表出口对于有出口前研发的企业与
没有出口前研发的企业的生产率提升效应。由于有出口前研发的企业有着
更高的吸收能力，我们预期出口的生产率效应对于这组企业会比较大。

估计结果见表 3-3。其中 A 栏汇报了有出口前研发的企业的匹配结果，
B 栏汇报了没有出口前研发的企业的匹配结果。对比 A 栏与 B 栏不难发
现，出口的生产率效应在两组子样本中存在巨大差异。在 A 栏中，从出口当
年到出口后三年，所有估计值均显著为正，并且数值远远大于第三节中全样
本的估计结果：对于有出口前研发的企业，出口对于生产率的即期效应达到
了 16%，而三年后效应达到了 20%。然而，在 B 栏中，所有的估计值均不显
著。以上结果说明，出口前研发的确对出口的生产率效应有显著影响。有出
口前研发的企业能从出口中获得较大、较持续的生产率提升。提升较大可能

是因为出口前进行过研发的企业更有能力去识别和学习那些对生产率提升效果最大的技术和管理经验，也可能是因为他们在学习过程中效率更高。提升较持久可能是因为出口前进行过研发的企业对先进技术能够更为敏感地察觉，因而能够在出口过程中源源不断地发现值得学习的技术与经验。另外，持久的生产率提升也说明出口的生产率效应对进行过出口前研发的企业来说更可能是来自学习而不仅是来自出口初期产能的更有效利用（Damijan and Kostevc,2005）。与此相对，对于没有出口前研发的企业，出口的生产率提升效应即使在出口当年也不存在。

表 3-3　出口的生产率效应(分有/无出口前研发的企业)

s	0	1	2	3
A　有出口前研发的企业				
ATT$_s$	0.164 4***	0.137 7***	0.216 3***	0.195 6***
标准差	(0.029 5)	(0.041 7)	(0.057 0)	(0.075 7)
实验组企业数	3 421	1 715	958	548
B　没有出口前研发的企业				
ATT$_s$	−0.014 70	−0.021 6	−0.032 5	−0.016 1
标准差	(0.013 4)	(0.019 3)	(0.027 5)	(0.036 6)
实验组企业数	13 936	6 656	3 333	1 758

注:本表汇报了将出口企业按照有/无出口前研发分类并用式(3.3)计算的匹配估计值。结果变量均为用 OP 方法计算的 TFP 水平。s 表示企业出口后第 s 年。A 栏汇报了有出口前研发的子样本的结果,B 栏汇报了没有出口前研发的子样本的结果。*、** 和*** 分别表示在 10%、5%和 1%水平显著。

在以上实验设计中,我们将出口企业分为有出口前研发与没有出口前研发两类,并均以未出口企业作为对照组。对这种方法的一个质疑是出口前研发有可能对企业生产率有着直接的影响,如果在分析中没有控制这个直接影响,那么它就会被纳入出口的生产率效应中,从而导致效应过高。[①] 我们认为这一问题很大程度上已通过匹配方法得以解决。由于我们在估计的式子中加入了出口前一期的生产率水平,并且匹配时都检验了平衡条件(balancing condition),所以在出口前一期两个匹配企业的生产率是基本相同的,如果出口前研发对企业在出口前的生产率有直接的影响,那么这种影响很大程度上已经通过匹配控制住了,诚然出口前研发如对生产率有滞后效应,有可能影响到我们的估计值。为了检验我们的结果是否受这种滞后效应的影响,我们将企业以是否出口及是否有出口前研发分成四组,然后以有研发的非出

---

① 作者感谢匿名审稿人对本章提出的建设性意见。

口企业作为对照组算出有出口前研发的出口企业的生产率效应,再以没有研发的未出口企业作为对照组算出没有研发的出口企业的生产率效应。[①] 结果见表 3-4。对于有出口前研发的企业,出口的生产率效应在出口当年到出口后三年的每一年中均显著,其中即期效应约为 6%,三年后效应约为 16%。而对于没有出口前研发的企业,出口的生产率效应即使在出口当期也不存在。因此,即使出口前研发对出口后生产率有着滞后的影响,这一影响对我们的结果并不会产生质的影响。

表 3-4　出口的生产率效应(分有/无出口前研发的企业)

s	0	1	2	3
	A　有出口前研发的企业			
ATT$_s$	0.063 1***	0.085 4***	0.142 1***	0.157 1***
标准差	(0.030 3)	(0.042 9)	(0.058 2)	(0.076 9)
实验组企业数	3 347	1 657	936	532
	B　没有出口前研发的企业			
ATT$_s$	0.012 1	−0.000 6	−0.000 6	−0.000 1
标准差	(0.013 4)	(0.019 3)	(0.027 5)	(0.036 9)
实验组企业数	13 877	6 617	3 311	1 742

注:本表汇报了将出口与非出口企业按照有/无出口前研发分类并用式(3.3)计算的匹配估计值。结果变量均为用 OP 方法计算的 TFP 水平。s 表示企业出口后第 s 年。A 栏汇报了有出口前研发的子样本的结果,B 栏汇报了没有出口前研发的子样本的结果。*、** 和 *** 分别表示在 10%、5% 和 1% 水平显著。

二、出口的生产率效应:对比进行出口前研发持续程度不同的企业

在上一节中我们对比了出口的生产率效应在有出口前研发企业与没有出口前研发企业之间的差异。这一方法清楚地展示了出口前研发有助于企业从出口中获得更大、更持续的生产率提升。然而,以上方法无法将那些有意识地、持续地进行研发的企业与偶然进行研发的企业区分开。Cohen 和 Levinthal(1989)指出,只有有意识的、持续的研发活动才有助于提升企业的吸收能力。也就是说,那些长期投资于研发的企业应该比偶然投资于研发的企业有着更高的吸收能力,从而能从出口中获得更大的生产率提升。

为了检验这一假说,我们将出口企业按其从事出口前研发的年数划分为

---

①　未出口企业无法确定其有无出口前研发。但由于匹配是分年进行的,我们在对第 t 年进行匹配时以在 t 年之前有研发(无研发)的未出口企业作为在 t 年初次出口的并有出口前研发(无研发)企业的对照组。

不同的子样本,并对每一个子样本以非出口企业为对照组进行倾向得分匹配并计算相应的 ATT 值。[①] 结果见表 3-5。总体来看,结果显示随着企业从事出口前研发年数的增加,出口对生产率的提升效应逐渐提高:对于出口前仅有一年从事研发的企业,在出口当年与出口后第三年,出口分别能提高企业生产率 8％与 20％,这比我们在上一节中用所有进行出口前研发的企业得到的效果(即期效应与三年后效应分别为 16％与 22％)要小。然而对于有三年出口前研发的企业来说,出口对生产率的即期与三年后效应分别达到了32％与 34％。[②] 这一结果支持了我们的假说:有意识地、长期投资于出口前研发的企业比偶然投资于出口前研发的企业吸收能力更强,因而能从出口中获得更大的生产率提升。[③]

表 3-5　出口的生产率效应(分不同出口前研发年数的企业)

s	0	1	2	3	4	5	6
A　即期效应							
ATT_s	$-0.014\,70$	$0.075\,4^*$	$0.233\,6^{***}$	$0.318\,8^{***}$	$0.222\,2^*$	$0.364\,4$	$0.357\,2$
标准差	$(0.013\,4)$	$(0.046\,6)$	$(0.072\,9)$	$(0.102\,5)$	$(0.151\,8)$	$(0.274\,3)$	$(0.426\,2)$
实验组企业数	13 936	1 809	842	480	205	61	24
B　两年后效应							
ATT_s	$-0.032\,5$	$0.199\,7^{***}$	$0.244\,7^{***}$	$0.335\,0^{***}$	$0.120\,4$	n. a.	n. a.
标准差	$(0.027\,5)$	$(0.073\,3)$	$(0.121\,0)$	$(0.148\,0)$	$(0.291\,1)$	n. a.	n. a.
实验组企业数	3 333	615	202	114	27	n. a.	n. a.

注:本表汇报了将出口企业按照出口前研发年数分类并用式(3.3)计算的匹配估计值。s 表示企业从事出口前研发的年数。A 栏汇报了初次出口当年的 ATT 值,B 栏汇报了出口两年后的 ATT 值。结果变量为 OP 方法计算的 TFP 水平。*、** 和 *** 分别表示在 10％、5％和 1％水平显著。

---

① 在一篇有影响力的文章中,Zahra 和 Gerard(2002)建议采用企业从事研发的年数来作为企业吸收能力的代理变量。

② 对于有五年或六年出口前研发的企业,出口对生产力的即期提升效应从水平来看更大,但是并不显著。这可能是由于这一类型能够匹配的企业数目过少。

③ 为了控制出口前研发对生产率的滞后影响,此处本应仿照第四节第一种方法,将出口企业与非出口企业均按照出口前研发年数进行分类并对具有相同出口前研发年数的出口与非出口企业进行匹配。但是在操作中,由于采用 OP 方法计算 TFP 导致了样本量的较大下降,加之非出口企业中进行长期研发的企业本身较少,使得对于出口三年之后都没有足够的企业进行匹配,因此对于 OP 方法的 TFP 我们无法检验出口前研发滞后效应对结果的影响。在第五节中我们将汇报采用 Levinsohn 和 Petrin(2003)方法计算的 TFP 进行检验的结果。

第五节　稳健性检验与进一步讨论

一、不同 TFP 估计方法下的结果

为了检验我们的估计结果对不同的 TFP 估计方法是否稳健,我们采用了 Levinsohn 和 Petrin(2003)的方法(以下简称"LP 方法")重新估计了 TFP。这一方法采用企业的中间品投入作为生产率的代理变量,与 OP 方法一样可以解决估计中的共时性问题。[①] 表 3-6 汇报了用 OP 与 LP 两种方法估计的 TFP 的描述性统计。从结果来看,两组 TFP 并没有很大的差异。

表 3-6　TFP_OP 与 TFP_LP 的描述性统计

变量	均值	标准差	最小值	最大值
TFP_OP	4.214	1.151	−8.410	10.590
TFP_LP	3.433	1.891	−7.375	14.651

我们重复了第四节中分有/无出口前研发企业进行的倾向得分匹配,但是采用 LP 方法估计的 TFP 作为结果变量。仿照第四节第一种做法,我们先将出口企业按是否有出口前研发进行匹配(结果见表 3-7),然后将出口企业与非出口企业都按是否具有出口前研发进行匹配,以控制出口前研发对出口后生产率的滞后效应(结果见表 3-8)。结果显示,我们的主要结论并没有因为 TFP 估计方法的改变而受到质的影响。表 3-7 中,对于有出口前研发的企业,出口对生产率仍然有较大且持续的提升效应:从出口当年到出口后第三年,所有 ATT 估计值均显著为正,其中即期效应为 20%,三年后效应为 26%。在控制出口前研发的滞后效应后,表 3-8 显示出口的即期效应与三年期效应均减弱到 12%。而对于没有出口前研发的企业来说,首先,出口的生产率提升效应并不持续(在表 3-7 中,出口的即期效应与三年期效应均不显著,在表 3-8 中,两年期与三年期效应均不显著);其次,在出口后的三年内,ATT 的点估计值对于没有出口前研发的企业无一例外小于有出口前研发的企业。这一结论不论是采用表 3-7 的方法还是表 3-8 的方法都是成立的。

---

　①　与 OP 方法相比,LP 方法只需要中间品投入的数据,而 OP 方法需要企业投资数据。投资额为 0 或者缺省的企业不能用于 OP 估计,但却可以用于 LP 估计。因此 LP 估计方法可以保留更多的观测值,增大样本量。

表 3-7　出口的生产率效应(分有/无出口前研发的企业,结果变量为 TFP_LP)

s	0	1	2	3
A　有出口前研发的企业				
ATT$_s$	0.199 7***	0.177 7***	0.257 8***	0.263 0***
标准差	(0.034 8)	(0.050 1)	(0.064 7)	(0.083 2)
实验组企业数	5 996	3 079	1 749	1 059
B　没有出口前研发的企业				
ATT$_s$	0.015 4	0.043 6*	0.060 9*	0.059 7
标准差	(0.017 0)	(0.025 0)	(0.034 2)	(0.045 3)
实验组企业数	26 226	13 003	6 557	3 867

注:本表汇报了将出口企业按照有/无出口前研发分类并用式(3.3)计算的匹配估计值。结果变量为用 LP 方法计算的 TFP 值。s 表示企业出口后第 s 年。A 栏汇报了有出口前研发的子样本的结果,B 栏汇报了没有出口前研发的子样本的结果。*、** 和 *** 分别表示在 10%、5% 和 1% 水平显著。

表 3-8　出口的生产率效应(分有/无出口前研发的企业,结果变量为 TFP_LP)

s	0	1	2	3
A　有出口前研发的企业				
ATT$_s$	0.121 2***	0.108 63***	0.157 2***	0.123 5***
标准差	(0.035 4)	(0.050 8)	(0.066 4)	(0.085 5)
实验组企业数	5 926	3 029	1 725	1 038
B　没有出口前研发的企业				
ATT$_s$	0.042 37***	0.069 7***	0.047 2	0.062 0
标准差	(0.016 9)	(0.025 0)	(0.034 3)	(0.045 2)
实验组企业数	26 186	12 971	6 542	3 857

注:本表汇报了将出口与非出口企业按照有/无出口前研发分类并用式(3.3)计算的匹配估计值。结果变量为用 LP 方法计算的 TFP 值。s 表示企业出口后第 s 年。A 栏汇报了有出口前研发的子样本的结果,B 栏汇报了没有出口前研发的子样本的结果。*、** 和 *** 分别表示在 10%、5% 和 1% 水平显著。

我们还用 LP 方法估计的 TFP 重复了第四节中按出口前研发年数不同所划分的子样本的倾向得分匹配。结果(见表 3-9)再一次确认了之前的发现:出口的生产率效应随着企业从事出口前研发年数的增加而提高。对于仅有一年出口前研发的企业,出口对生产率的即期提升效应与两年后效应分别为 15% 与 20%,然而对于有三年出口前研发的企业,即期与两年后效应分别达到了 29% 与 47%。此外,在第四节中,出口的生产率效应对于有四年出口前研发的企业不显著,但是现在由于匹配企业数目的增加,这一效应变得显著,并且比对从事出口前研发年数在四年以下的企业的效应都要大。

表 3-9　出口的生产率效应(分不同出口前研发年数的企业,结果变量为 TFP_LP)

s	0	1	2	3	4	5	6
A　即期效应							
ATT_s	0.015 4	0.150 2***	0.225 5***	0.286 8***	0.368 7***	0.351 1	0.237 1
标准差	(0.017 0)	(0.046 6)	(0.072 9)	(0.102 5)	(0.151 8)	(0.274 3)	(0.426 2)
实验组企业数	26 226	3 426	1 399	708	323	99	41
B　两年后效应							
ATT_s	0.060 9*	0.202 8***	0.320 5***	0.471 5***	0.390 8	n. a.	n. a.
标准差	(0.034 2)	(0.079 7)	(0.143 0)	(0.212 4)	(0.393 9)	n. a.	n. a.
实验组企业数	6 557	1 172	364	165	48	n. a.	n. a.

注:本表汇报了将出口企业按照出口前研发年数分类并用式(3.3)计算的匹配估计值。s 表示企业从事出口前研发的年数。A 栏汇报了初次出口当年的 ATT 值,B 栏汇报了出口两年后的 ATT 值。结果变量为 LP 方法计算的 TFP 水平。*、** 和 *** 分别表示在 10%、5% 和 1% 水平显著。

　　与之前一样,出口前研发对生产率的滞后效应有可能影响我们的结果。[①] 为了检验我们的结果对此是否稳健,我们将出口企业与非出口企业都按照其出口前研发的年数进行分类,然后将具有相同出口前研发年数的出口—非出口企业进行匹配,结果见表 3-10。[②] 采用这一方法后,首先,出口的生产率提升效应较大幅度下降了,比如对于有三年出口前研发的企业来说,出口的即期与两年后效应分别由 29% 与 47% 下降到了 12% 与 14%。其次,由于 ATT 估计值的下降,加之匹配企业数量不多,导致了所有估计值均变得不显著。然而,尽管 ATT 估计值大幅下降并因此变得不显著,我们仍能清楚地看到出口的生产率效应随着企业出口前研发年数增加而增加的趋势。ATT 的点估计值从对有一年出口前研发企业的 7% 单调上升为对有五年出口前研发企业的 19%;而两年后效应由对有一年出口前研发企业的 6% 单调上升为对有四年出口前研发企业的 28%。这说明第四节第二种方法的结论总体来说还是成立的,如果拥有更大的样本量使得匹配企业数目增加,我们应该能看到显著的结果。

表 3-10　生产率效应(分不同出口前研发年数的企业 TFP_LP)

s	0	1	2	3	4	5	6
A　即期效应							
ATT_s	0.042 3***	0.066 4	0.114 4	0.124 5	0.179 4	0.190 6	0.065 4

---

① 作者感谢匿名审稿人对本章提出的建设性意见。

② 与之前一样,未出口企业无法确定其出口前研发年数。我们在对第 t 年进行匹配时以在 t 年之前有 N 年研发投入的未出口企业作为在 t 年初次出口前有 N 年研发投入出口企业的对照组。

（续表）

s	0	1	2	3	4	5	6
			A　即期效应				
标准差	(0.016 9)	(0.045 7)	(0.074 0)	(0.116 3)	(0.168 5)	(0.282 8)	(0.426 2)
实验组企业数	26 186	3 331	1 331	643	294	96	37
			B　两年后效应				
ATT$_s$	0.047 2	0.057 4	0.084 5	0.138 5	0.281 4	n. a.	n. a.
标准差	(0.034 3)	(0.089 9)	(0.153 3)	(0.223 1)	(0.407 8)	n. a.	n. a.
实验组企业数	6 542	1 144	337	153	45	n. a.	n. a.

注：本表汇报了将出口与非出口企业按照出口前研发年数分类并用式(3.3)计算的匹配估计值。s 表示企业从事出口前研发的年数。A 栏汇报了初次出口当年的 ATT 值，B 栏汇报了出口两年后的 ATT 值。结果变量为 LP 方法计算的 TFP 水平。*、**和*** 分别表示在 10%、5% 和 1% 水平显著。

二、出口前研发与出口的生产率效应：行业差异

从之前的分析中我们看到，出口前研发对出口的生产率效应有着明显的影响。那么，这种影响在行业间是否存在差异呢？直觉上讲，吸收能力对于技术密集型行业应该比较重要，因此出口前研发对出口的生产率效应的影响应该在技术密集型行业中比较明显。为检验这个假说，我们按照行业研发密集度高低（我们用行业研发密集度作为行业技术密集度的代理变量）对 32 个两位数分类的行业进行排序，并分别计算了每个行业中出口的生产率效应在对有出口前研发的企业与对没有出口前研发的企业之间的差异。结果见图 3-2。其中横轴为行业研发密集度（该行业内企业"研发费用/总收入"的平均数），纵轴为该行业内出口对有出口前研发的企业的 ATT 减去对没有出口前研发的企业的 ATT 得到的差值。如果出口前研发对出口的生产率效应的影响在技术密集型行业比较大，那么我们得到的应该是一条斜率为正的散点图。从图 3-2 的结果来看，如排除图中最右边与最上边的三个异常点，行业研发密集度与两组 ATT 之差的确存在明显的正相关关系。这说明对于大多数行业来说，出口前研发对出口生产率效应的影响的确在技术密集型行业比较大。但是图中仍存在不符合这一规律的行业。比如图 3-2 最右边的两个异常点分别代表"通信设备、计算机及其他电子设备制造业"及"仪器仪表及文化、办公用机械制造业"。这两个行业虽然具有较高的技术密集度，但是出口前研发对出口的生产率效应影响并不大。另外，图 3-2 最上边的"石油加工、炼焦及核燃料加工业"虽然技术密集程度不高，但是出口前研发在两组企业间的差值却很大。为什么这些行业会出现与大多数行业不一致的现

象值得进一步探讨。

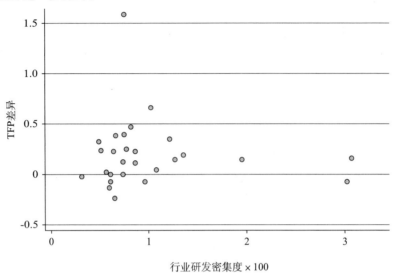

图 3-2   ATT 差异与行业研发密集度

第六节   结   论

尽管之前的企业层面研究都发现出口企业比非出口企业生产率高,但是对于出口是否可以提高企业生产率这一问题却没有一致的答案。找出哪些因素影响出口的生产率效应有助于我们理解为什么之前研究会得出不同的结论。在本文中,我们认为出口前研发对企业是否能从出口中获得生产率提升起到了重要作用。企业在出口前进行研发可以提高其吸收能力,从而使其在出口后更加有效地学习国外先进技术与管理经验,从而使生产率得到更大的提高。

为检验这一假说,我们利用 2001—2007 年全国规模以上制造业企业调查数据估计了出口对企业生产率的即期与长期提升效应。我们用 OP 方法估计了企业的 TFP,并采用了边际倾向得分匹配的方法来控制生产率高的企业选择出口所带来的内生性问题。结果显示:(1)对于所有抽样企业来看,开始出口对出口企业生产率在出口当年有 2% 的提升效应,然而在出口之后的几年中这种提升效应均不显著。(2)尽管对于所有企业而言,出口对生产率的提升效应微弱并且短暂,但是对于有出口前研发的企业而言,出口对生产率存在着持续且幅度较大的提升作用,即期效应根据 TFP 估计方法的不同和匹配方法的不同从 6% 到 20% 不等,三年期效应从 12% 到 26% 不等;而对于没有出口前研发的企业来说,根据 TFP 估计方法的不同和匹配方法的不同,出口的生产率效应要么不存在,要么不持续且比有出口前研发的企业小。(3)出口的生产率效应随着企业从事出口前研发的年数的增加而逐步提高。这说明有意识地、持续地投资于研发的企业能够比偶然投资于研发的企业从出口中获得更大的生产率提升。此外我们还发现出口前研发对出口生产率效应的提升作用随着行业的技术密集程度的提高而上升。总之,本章的结果说明出口前研发提高了企业的吸收能力,有助于企业在出口后获得更大的生产率提升。因此我国在坚持对外开放的基础上,应该同时重视对研发创新的支持以不断增强我国企业的吸收能力,这样才能使对外开放政策的益处得到更充分的实现。

第四章　出口竞争与企业创新[*]

第一节　引　言

国际经济中有一个关键的概念是贸易能够通过激发创新从而带来动态收益。为什么贸易更多地与创新联系在一起？最近的贸易文献聚焦在两方面：一个是出口侧；另一个是进口侧。相当多的有关出口侧的文献发现出口通过扩大企业市场规模来激发创新[①]；进口侧的许多研究则聚焦于当进口产品带来的竞争的加大会对国内企业的创新行为产生什么影响[②]。

本章用一种全新的途径将贸易和创新联系起来：企业出口市场中竞争压力的变化。我们用 Galdón-Sánchez 的方法，将竞争压力定义为企业关闭的可能性，而企业关闭的可能性与利润负相关，所以减少企业利润的因素都将增加企业竞争压力。理论上来讲，增大的竞争压力会从几方面促进企业创新，比如减少代理费用（Schmidt, 1997），摆脱因为生产以前的商品而受困的要素，逃离现有产品市场的竞争（Aghion et al., 2005），或者增大获取市场份额的动力（Raith, 2002），等等。[③] 对于产品销往多个国家的跨国企业来说，竞争压力同时来自国内市场和出口销往的国家。尽管对于竞争在国内市场的影响已经存在很多实践经验依据，很少有关于出口市场中竞争压力带来的影响的研究，而这个现象产生的一大可能原因是研究者很难观察到那些系统性改变出口市场竞争压力的外部危机。

我们的研究调查了当出口市场的竞争压力因为汇率危机产生变化时，企业创新如何做出反馈。我们将中国汇率制度政策改革用作自然实验，调查了持续性的汇率升值对中国制造型企业的创新性带来的影响。人民币升值增加了中国出口产品的相对价格（用出口目标国的货币结算），削弱了中国产品

---

　　[*] 本章是与北京师范大学的戴觅教授和赵春明教授合作的成果。英文原文发表在 *Review of Development Economics*，2018，22，263—286。

　　[①] 见 Bustos（2011），Lileeva 和 Trefler（2010），Aw、Roberts 和 Winston（2007），Aw、Roberts 和 Xu（2008），Costantini 和 Melitz（2008），Verhoogen（2008）。

　　[②] 见 Bloom 等（2016），Teshima（2008），Iacovone 等（2011）。

　　[③] 增加的竞争压力也可以通过 Schumpeter 影响减少创新，从而降低价格成本，降低创新产生的准租金（Aghion et al., 2005）。

的价格竞争力,并且减少了中国出口品利润,从而使得出口市场给中国出口企业带来的竞争压力增大。我们通过利用其出口状况下企业的异质性来确定这种影响。直觉告诉我们,当汇率升值带来更大的竞争压力时,更加依赖出口的企业会受到更大的影响。我们使用差分法来测量它对企业创新的影响。

　　研究面临的一大经验性挑战是人民币升值可能会从其他方面而非竞争压力影响企业创新。首先,升值意味着紧缩的出口市场,缩小了出口商的市场规模,同时打击了那些能够表现出经济规模的创新(市场规模效应);其次,升值使得外国出口商在本国市场更具竞争力,增加了本国企业的进口竞争(进口竞争效应);再次,升值降低了进口的中间投入品的价格,倘若进口的投入品和创新是互补的,创新会因此受益(进口投入效应)。我们尝试去控制了这几个方面。对于进口竞争效应,我们加入了行业级别的市场占有率,并且调查了升值是否会对进口竞争程度不同的行业有不同的影响;对于进口投入效应,我们控制了企业使用中间投入品的强度,并且调查了升值是否会对进口强度不同的企业产生不同影响;最后,我们通过调查不同出口动态的企业对升值做出的反应,为市场规模效应提供了引人联想的证据。我们的结果表明这些方面确实会影响创新,然而他们无法解释我们发现的一个主要现象——在汇率升高的时间段里,相比于预期非出口企业,预期出口的企业会被激发出更多创新力。首先,因为出口企业在人民币升值压力下,其外国市场会缩小更多,而市场规模效应会因此预测出口企业创新力相比非出口企业下降。其次,根据 Melitz(2003)的理论,只要出口企业在本国市场也有销售,进口竞争将会对出口企业带来影响,这就无法解释为什么出口企业的创新力反而上升更快的现象了。我们将出口企业创新力上升更快的现象归因于升值带来的出口市场竞争压力增大。

　　我们发现人民币升值使得出口企业的研发费用上升了 11 个百分点,并且其新产品的开发量是非出口企业的 2.5 倍。同时这个效应给研发强度不同的行业和出口活力不同的企业带来了不同影响。

　　本章参考了许多研究贸易和创新之间关系的文献,Bustos(2011)、Lileeva 和 Trefler(2010)及 Verhoogen(2008)的论文都用扩大的市场规模来联系出口和创新,这些研究往往是在出口扩大的条件下进行的,比如贸易壁垒的降低或汇率的下降,然后调查增大的出口机遇对于企业诸如研发费用、产品创新、ISO 审查和从发达国家进口技术等企业创新力(或升级)的影响。而本章与其他研究不同,是从另一面着手的,即在出口紧缩(由汇率上升造成的)的条件下开展研究。有趣的是,不同于那些仅用市场将出口和创新联系在一起的模型所估计的,我们发现企业创新在汇率上升时同样增加了。因此这个现象一定是由其他因素造成的。另一部分文献通过进口竞争来研究贸易和创新的关系,比如 Bloom 等(2015)、Iacovane 等(2011)调查了欧洲和墨西哥企业在面临中国企业带来的进口竞争增加时其创新行为(专利、IT 应用、即时系统等)的变化,Teshima(2008)则调查了墨西哥单边贸易壁垒减少后增加的进口竞争对企业创新的影响。我们的研究同样调查了竞争对企业创新的影响,不过我们关注的是企业出口市场的竞争压力而非本土市场的进口竞争。据我们所知,本章的研究是第一个用企业微观数据研究外国市场上竞争压力对创新带来的影响的文献。

本章也与那些调查了汇率紧缩对企业表现造成影响的文献有所联系。尽管这类文献有着很长的研究历史,但其中使用企业微观数据的研究并不多。Nucci 和 Pozzolo(2001,2010)研究了真实汇率上升对于意大利制造企业的投资和雇佣的影响,Ekholm 等(2011)研究了真实汇率上升对于挪威制造企业的雇佣、制造和资本密度的影响。微观层面的人民币升值研究近年也开始出现了,不过他们大多着眼于升值对于贸易流通的影响(Li *et al.*,2015;Tang and Zhang,2012)。据我们所知,本章是第一个研究汇率危机对企业创新性影响的文献。

本章接下来的部分是这样的:第二节描述数据,第三节初步分析汇率升值对出口、企业表现和创新的影响,第四节用双重差分估计升值对企业创新的影响,第五节进行稳健性测试,第六节讨论行业和企业异质性,最后一节进行总结。

第二节 数 据

本章的企业数据来自国家统计局于 2001—2007 年所做的工业企业年度调查,此次调查包括所有国有企业和工业领域年营业额超过 500 万元的非国有企业。数据集包括资产负债表、利润表和现金流量表中的信息,含有大约 80 个变量,并且提供了企业身份、所有人、出口程度、雇用、股权和收入的详细信息。对于本次研究十分有益的是,调查报告包含了每个企业的年度研发费用和新产品带来的收入,我们将用这两个变量构造企业创新的主要衡量标准。2004 年的研发费用和新产品的数据由于中国行业调查的原因有所缺失,所以我们仅以制造业为样本。

在清理数据的过程中,我们延续了 Feenstra 等(2014)的研究方法,当符合以下任意一种标准时放弃样本:(1)报告中总销售、总收入、总雇用、固定资本、出口价值和中间投入这些变量中的任意一个缺失或为负值;(2)出口价值超过总销售价值或外国资产占比超过本国资产占比;(3)雇员少于八人。基于清理过的数据,我们构建了一个企业平衡面板,这些企业均存在于整个样本期。我们基于以下两个原因推进这项基于平衡面板的研究。首先,我们的论文旨在研究企业内部表现而非跨企业的资源再分配,因此企业进入和退出市场都不是本章的研究重点。其次,大多数对出口和创新的微观研究均基于平衡面板数据(例如,Ver-hoogen,2008;Lileeva and Trefler,2010;Bustos,2011)。最终样本包含58 182个企业和407 274个观测值。①

第三节　初步分析

一、背景:中国外汇体制改革和人民币升值

2005年7月21日,经历了11年人民币严格挂钩美元以后,中国人民银行宣布对货币重新估价并改革汇率体制,废除盯住单一美元的汇率制度,改为参考一篮子货币进行调节的浮动汇率制度。改革发布后人民币立刻升值2.1%,而接下来的升值幅度较为平缓。中国人民银行于每个工作日闭市后宣布下一个工作日人民币交易的"中间价格",次日外汇市场美元和非美元对人民币的交易价格将在上下0.3%的幅度内浮动。尽管每天人民币汇率只有很小的变动,但截至2008年12月底,相较于改革之前,人民币对美元汇率上涨了21%,其名义汇率也上涨了21%(见图4-1)。

关于改革和人民币升值的议论有以下几点:第一,改革的强烈出发点是希望人民币升值。改革颁布的时候,中国已经十多年保持巨大的经常项目账户盈余,并积累了超过7 000亿美元的巨大外汇储备。许多人认为中国为了使其出口品保持竞争力刻意压低人民币价值。改革向外界放出了一个信号,即中国货币政策委员会将最终允许更大的汇率浮动性,以及颇有可能的人民币长期升值。从这个角度来讲,我们研究捕获的影响不仅反映在真实的人民币升值上,也反映在未来人民币升值的预期上。第二,人民币平缓的升值方式对我们的研究很重要。平缓的升值使得企业可以在不被立刻赶出市场的条件下适应竞争压力的变化。相反,剧烈的升值可能导致企业倒闭,并且通

---

① 原始数据包括526 612个企业和1 733 848个观测值,为了确保我们的结果不会纯粹被企业进入和退出市场左右,我们在第五节也用不平衡样本做了基准回归。

过强烈的市场规模效应对企业创新产生消极影响。事实上,中国政府之所以采用调节的浮动汇率制度而非浮动汇率制度,是想要给予国内企业足够的时间去适应竞争压力。[①]

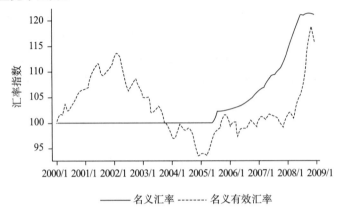

图 4-1　2000—2018 年人民币名义汇率变化

注:基期为 2000 年 1 月,汇率指数为 100。

二、出口紧缩

我们从检验人民币升值是否会造成出口紧缩并对出口商造成更大竞争压力着手,在表 4-1 的 A 栏中我们计算了每年的平均出口增速、出口商的市场占有率(根据企业数量)和平均出口强度(用出口除以总销售)。出口商的份额和平均出口强度显示了扩展边际出口和集约边际出口。数据显示,这三项指标在 2005 年之前一直保持上升态势,但在此之后开始下降。出口总额增长率从 2004 年的 24.6% 下降到 2007 年的 13.6%,出口商份额从 41.1% 下降到 38.1%,平均出口强度从 24.2% 下降到 22.5%。因此,显然升值导致了大量出口紧缩。表 4-1 的 B 栏显示了在人民币升值前(2001—2004 年)和升值期(2005—2007 年)开始和停止出口市场的企业所占的比例。[②] 与升值前相比,开始出口市场的企业占比从 9.38% 下降到 3.792%,而停止出口市场的企业占比则从 4.143% 增加到 5.563%。这再次表明,在人民币升值期间扩展边际出口有所减少。

---

① http://usa.chinadaily.cn/china/2011-03/14/content_12167195.htm.
② 开始出口意味着企业在期初出口为零,但在期末出口为正值。继续出口意味着企业在期初积极出口,在期末仍积极出口。停止出口意味着期初出口是积极的,但期末出口为零。从不出口意味着在该期间的开始和结束年份企业都不出口。

表 4-1　贸易紧缩

（单位：%）

A　出口总额增速、出口企业占比和平均出口密度		
年份	(1) 出口总额增速	(2) 出口企业占比	(3) 平均出口密度
2001	—	35.89	22.43
2002	23.81	37.35	22.93
2003	25.79	38.12	23.08
2004	26.35	41.09	24.24
2005	14.73	39.86	23.22
2006	22.85	39.67	23.01
2007	13.64	38.09	22.46

B　进入和退出出口市场的企业占比		
类型	(1) 升值前	(2) 升值期
开始出口	9.38	3.792
继续出口	31.72	34.31
停止出口	4.143	5.563
从不出口	54.73	56.33

注：A 栏报告出口总额增长、出口商占比及年平均出口强度。B 栏报告在升值前和升值期开始出口、继续出口、停止出口和从不出口的企业占比。B 栏中 2001—2004 年是升值前时期；2005—2007 年是升值期。开始出口：export＝0 表示在时期开始的年份，export＝1 表示在时期结束的年份。继续出口：export＝0 表示在时期开始的年份，export＝1 表示在时期结束的年份。停止出口：export＝0 表示在时期开始的年份，export＝1 表示在时期结束的年份。从不出口：export＝0 表示在时期开始的年份，export＝1 表示在时期结束的年份。

　　我们进行计量经济学分析时，所依赖的用于识别的关键假设是相较于非出口企业，升值给出口企业带来的竞争压力更大。我们想知道数据中是否存在这样的差异效应。继 Galdón-Sánchez 和 Schmitz(2002)、Ekholm(2012)之后，我们认为更大的升值潜在负面影响转化为更大的竞争压力。因此，我们检验升值对出口企业造成的负面影响是否比非出口企业更大。表 4-2 显示了升值期和升值前期出口企业和非出口企业的就业、利润和总销售额的增长率，也显示了两个时期的增长率差异。从表 4-2 可以看出，人民币升值时，出口企业的就业、利润和销售额增长严重放缓。例如，与升值前期相比，出口企业在升值期间就业增长率放缓了 10.66 个百分点，而非出口企业的就业增长率仅减少了 4.52 个百分点。利润和总销售额也与此类似。因此，数据表明，升值给出口企业带来了更大的负面冲击,并转化为更大的竞争压力。①

表 4-2   就业增长、出口企业和非出口企业的利润和总销售

(单位:%)

	就业	利润	总销售额
出口企业			
升值期	3.285	87.90	17.23
升值前时期	13.95	116.4	34.01
差异	−10.66	−28.54	−16.78
非出口企业			
升值期	2.603	117.9	23.59
升值前时期	7.123	104.8	32.92
差异	−4.52	13.08	−9.326

注:本表分别报告了 2004 年出口企业和非出口企业在升值期和升值前时期的就业、利润和总销售额的平均增长率。

三、企业创新

那么企业的创新活动如何应对升值带来的竞争压力呢? 出口商是否会出于更大的竞争压力而更快地发展其创新力? 我们用两个变量衡量创新力。第一个是企业的年度研发费用,第二个是新产品的开发情况(用新产品销售收入除以总销售收入来衡量)。研发费用衡量的是创新的投入方面,而新产品收入占比衡量的是产出方面。在图 4-2 中,我们绘制了样本年份中出口企业和非出口企业的 Log 研发费用(图 4-2a)和新产品收入占比(图 4-2b)。图 4-2 明确显示了两种模式,这是本章中最重要的图片。首先,与文献一致,出口企业在创新方面的平均表现更好(Bustos,2011;Lileeva and Trefler,2010;Aw et al.,2012)。它们在研发方面投入更多,并从新产品中收到更多的回报。其次,2005 年以前,出口企业和非出口企业的研发费用及新产品收入占比有着类似的趋势,而 2005 年以后,出口企业的研发费用和新产品收入占比的上升明显超过非出口企业。这种数据模式与我们之前的猜测是一致的,即在人民币升值期间出口紧缩给出口企业带来的竞争压力比非出口企业更大,并更多地激发了出口企业的创新力。请注意,非出口企业的创新力在 2005 年之后也略有上升,这可能是由于人民币升值导致进口竞争加剧。我们将在

---

① 在附录的表 4C-1 中,我们展示了在出口企业中,出口强度较高的企业受升值的负面冲击较大。然而,出口强度等于 1(即纯出口商)的企业受影响较小。如 Dai 等(2012)所述,中国很大一部分纯出商是加工出口商,这些出口商进口国外中间产品用于装配和再出口。随着加工企业进口大量的投入品,人民币升值可能通过降低进口投入品的成本来降低其总成本。进口侧的成本节约效应可能会抵消出口侧的收入减少效应。

后续的计量经济分析中控制进口竞争。

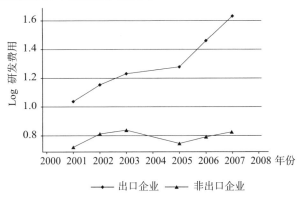

图 4-2a　出口企业和非出口企业的 Log 研发费用

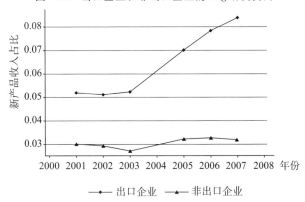

图 4-2b　出口企业和非出口企业的新产品收入占比

为了更清楚地显示出口企业和非出口企业的创新差异,我们运行了以下回归:

$$\text{INV}_{ft} = \alpha + \sum_{t=2002}^{2007} \beta_t \text{EXP}_{ft} \times \text{Year}_t + \sum_{t=2002}^{2007} \text{Year}_t + v_f + \varepsilon_{ft} \qquad (4.1)$$

INV_{ft} 是企业 f 在 t 年的创新力. 我们包含了一整套虚拟年 Year_t 同时包含出口假设与年假设的交互项 $\text{EXP}_{ft} \times \text{Year}_t$。$v_f$ 是企业固定效应,ε_{ft} 是常规误差项。简单的推导表明:

$$\beta_t = E(\text{INV}_{ft} \mid \text{EXP}_{ft} = 1, \text{Year} = t) - E(\text{INV}_{ft} \mid \text{EXP}_{ft} = 0, \text{Year} = t) \qquad (4.2)$$

因此 β_t 衡量了在 t 年出口企业和非出口企业的平均创新差异。

通过追踪 β_t 多年来的数值,我们可以看到创新差异随着时间的推移是如何变化的。这种灵活的方程有个优点,即不会对数据施加任意结构。图 4-3 显示了 2002—2007 年的 β_t,基于 95% 的置信区间。很显然,2005 年之

前 β_t 较低并且较稳定,但之后却大幅上涨。2007 年的 β_t 几乎是 2003 年的 β_t 的 4 倍,这表明人民币升值可能会对出口企业的创新行为产生巨大影响。然而,以上的结果可能是由其他企业和行业的特征因素而非汇率变动引起的,因此我们在下面的计量经济分析中将控制这些因素。

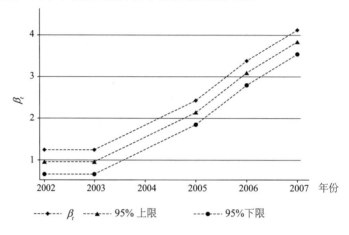

图 4-3 2002—2007 年的 β_t

第四节 估计升值对企业创新的影响

一、实证方法

发现人民币升值会对出口企业和进口企业产生不同影响后,我们采用二阶差分法(DID)进行了估算。Bertrand 等(2004)在其著名论文中指出,具有持续因变量(如研发费用)的多周期二阶差分方程(如式(4.1))可能会遇到严重的串行相关问题并导致对无效假设的过度拒绝。为了解决这个问题,我们采取一项他们建议的补救措施,并将数据合并到升值前期(2001—2004)和升值后期(2005—2007)。我们采取以下规范:

$$\mathrm{INV}_{ft}=\alpha+\beta_1\,\mathrm{Post05}_t+\beta_2\,\mathrm{EXP04}_f\times\mathrm{Post05}_t+v_f+\varepsilon_{ft} \qquad t=0,1 \quad (4.3)$$

此处 $t=0$ 和 $t=1$ 分别表示升值前期和升值期。INV_{ft} 是企业 f 在时期 t 的年均创新力。在结果标准中,我们使用四个指标表示创新:(1)Log 研发费用;(2)研发的假设,如果一个企业的研发为正,该变量等于 1,相反则为 0;(3)新产品的收入占比;(4)新产品的开发假设,若该企业收入占比为正,该变量等于 1,相反则为 0。$\mathrm{Post05}_t$ 是假设,若为 2005 年以后(含 2005 年),该变量等于 1,相反则为 0。$\mathrm{EXP04}_f$ 也是假设,若为 2004 年的出口企业,该变量等于 1，相反则为 0。v_f 和 ε_{ft} 依然表示企业固定效应和误差项。对式(4.3)进行变化可以得到：

$$\Delta \mathrm{INV}_f = \beta_1 + \beta_2 \mathrm{EXP04}_f + \varepsilon_f^* \tag{4.4}$$

尽管式(4.4)构成了我们估计等式的核心部分，实际上，创新力的增长也可能受到其他企业属性和行业特定冲击的影响。为了控制这些因素，我们给式(4.4)补充了一些企业和行业的控制变量。企业层面的控制变量包括企业总产值，Log 就业和 Log 固定资本存量。行业层面的控制变量包括可以控制进口竞争影响的行业进口渗透率，以及出口总额和国内销售总额（均采用 Log 形式），以此控制那些可能因市场规模效应而对企业创新产生影响的国内外需求危机。所有控制变量都采用升值前一年（即 2004 年）的价值来避免可能的反向因果关系。我们的最终估计方程是

$$\Delta \mathrm{INV}_f = \beta_1 + \beta_2 \mathrm{EXP04}_f + \beta_3 X_{f04} + \beta_4 X_{i04} + \varepsilon_f^* \tag{4.5}$$

X_{f04} 和 X_{i04} 表示企业和企业层面的控制变量。我们采用 OLS 估计式(4.5)。标准误差集中在四位数行业级别。① 表 4-3 显示了估计中用到的主要变量统计。

表 4-3　主要变量统计

变量	均值	标准差
因变量($\Delta \mathrm{INV}_f$)		
△Log 研发费用	0.129	1.694
△研发假设	−0.011	0.295
△新产品收入占比	0.013	0.129
△新产品假设	0.040	0.257
主要自变量		
出口商假设($\mathrm{EXP04}_f$)	0.411	0.492
企业控制变量		
TFP − OP	4.284	1.163
Log 雇佣	5.233	1.093
Log 资本存量	8.996	1.724
行业控制变量		
进口渗透率	0.110	0.125
Log 行业出口	15.095	1.867
Log 行业国内销售	16.582	

---

①　考虑到企业研发和新产品份额很多为零，很有可能运行 Tobit 回归而不是简单的 OLS。但是由于估计方程已经被一阶差分，因变量不会被左右删失，因此通常的 Tobit 方法将不适用。但是我们确实在式(4.3)中尝试了 Tobit 模型，结果在性质上与基准结果相似。该结果可根据要求提供。

二、结果

表 4-4 显示了标准估计结果。不论使用哪一个指标衡量创新，出口假设($EXP04_f$)的系数总显著且为正。这表明在升值期间，出口商的创新增长高于非出口商。由于我们对研发费用取 Log 计算，第一栏的系数表明出口商的研发投资比非出口商多增加了 11 个百分点。对于新产品收入占比，出口商的新产品收入占比比非出口商多增加 0.1 个百分点。乍一看，这个数字可能看起来很小。不过，非出口商的新产品收入占比在同一时期仅增加了 0.066 个百分点。因此，这个系数表明，出口商新产品收入占比的增长实际上是非出口商的近 2.5 倍。进口渗透率的系数在某些情况下也为正，尽管对于创新的衡量而言显著性不强。①

表 4-4 基线回归结果

因变量	(1) ΔLog 研发	(2) Δ 研发假设	(3) Δ 新产品销售占比	(4) Δ 新产品假设
$EXP04_f$	0.112***	0.016***	0.010***	0.014***
	(4.73)	(4.52)	(5.96)	(4.04)
TFP	0.083***	0.010***	0.003***	0.010***
	(8.78)	(6.51)	(4.86)	(6.90)
Log 雇佣	0.073***	0.003*	0.001	0.002
	(6.01)	(1.85)	(0.79)	(1.04)
Log 资本	0.065***	0.005***	0.001***	0.002**
	(10.77)	(6.27)	(3.30)	(2.37)
进口渗透	0.084***	0.003	0.002**	0.001
	(4.14)	(1.31)	(2.06)	(0.23)
行业出口	−0.003	0.001	0.002***	0.002*
	(−0.28)	(0.99)	(4.19)	(1.96)
行业国内销售	0.009	0.001	−0.001**	−0.003*
	(0.62)	(0.06)	(−2.21)	(−1.86)
常量	−1.350***	−0.143***	−0.019**	−0.020
	(−6.63)	(−6.55)	(−2.12)	(−0.94)
观测量	57 330	57 330	57 006	57 006
R^2	0.019	0.005	0.004	0.004

注：这个表格报告了式(4.5)的回归结果。因变量是升值期和升值前平均创新力的差异。$EXP04_f=1$ 表示 2004 年的出口商。$EXP04_f=0$ 表示 2004 年的非出口商。t 值在括号里。*、** 和 *** 表示在 10%、5% 和 1% 水平上显著。

---

① 在附录的表 4C-2 中，我们也调查了出口强度较高的企业的创新反应是否较大。我们用出口强度替换了式(4.4)中的出口假设，然后重新运行回归。结果表明，当排除纯出口企业时，出口强度较高的企业的创新增幅更大。然而当包括纯出口企业时，这些系数并不显著。我们将在第六节讨论纯出口商的作用。

第五节　稳健性

一、使用冲击前后一年的数据进行计算

在第四节中,我们以升值前期和升值期的年均创新力作为因变量。以年平均值计算的优势在于可以利用所有年份的创新信息,并有助于在存在滞后效应时捕捉升值的全面影响。然而,这种方法的一个潜在问题是我们的估计结果也可能会捕捉到在升值期间生效的其他政策的影响,这些政策会对出口商和非出口商的创新产生不同影响。正如 Bertrand 等(2004)所提议的那样,另一种估计方法是使用增值冲击前后一年。为此,我们仅仅使用了 2003 年和 2006 年的观测值重复进行了式(4.4)中的二阶差分回归。表 4-5 的结果表明,变量 EXP04$_f$ 系数略小于表 4-5 中的基准结果,但仍然为正且非常显著。

表 4-5　使用升值前后一年

因变量	(1) ΔLog 研发	(2) Δ 研发假设	(3) Δ 新产品销售占比	(4) Δ 新产品假设
EXP04$_f$	0.108***	0.014***	0.011***	0.010**
	(3.69)	(2.80)	(5.27)	(2.09)
企业控制	是	是	是	是
行业控制	是	是	是	是
观测量	57 330	57 330	57 006	57 006
R^2	0.007	0.002	0.004	0.001

注:这个表格报告了使用汇率制度改革前后一年(2003 年和 2006 年)数据对式(4.5)的回归结果。因变量是平均创新力的差异。EXP04$_f$=1 表示 2004 年的出口商,EXP04$_f$=0 表示 2004 年的非出口商。企业控制包括 Log 雇佣,Log 固定资本,全要素生产率;行业控制包括行业进口渗透率,Log 行业总出口,Log 行业总国内销售。t 值在括号里。*、** 和 *** 表示在 10%、5% 和 1% 水平上显著。

二、控制其他混淆政策

尽管使用汇率冲击前后一年的观测数据可能会减少距离冲击时间较长的混淆政策的影响,但无法排除与汇率冲击同时生效的政策的影响。这里我们考虑两个高度相关的政策。第一个是 2005 年 1 月纺织品的《多种纤维协定》(MFA)到期,Brambilla 等(2010)有所记录。纺织品和服装产品的配额解除导致对美国和欧洲国家的出口激增。这可能会通过市场规模效应促进纺

织出口商的创新。为了排除 MFA 的影响，我们重复 DID 回归，但排除纺织相关行业。结果报告在表 4-6 的 A 栏中。第二个可能的混淆因素是 2005 年以后中国劳动力成本的上升（Zhang *et al.*，2011），这可能会促使企业采用更多的技能密集型技术。我们通过将平均工资取对数以后的变化作为附加控制变量来控制这个因素。结果显示在表 4-6 的 B 栏中。在这两种情况下，上文得到的主要结果保持了很好的有效性。

表 4-6   排除其他混淆政策的影响

因变量	(1) ΔLog 研发	(2) Δ 研发假设	(3) Δ 新产品销售占比	(4) Δ 新产品假设
A 排除纺织业				
$EXP04_f$	0.138***	0.019***	0.011***	0.016***
	(5.57)	(4.80)	(5.89)	(4.07)
企业控制	是	是	是	是
行业控制	是	是	是	是
观测量	48 406	48 406	48 121	48 121
R^2	0.020	0.005	0.004	0.005
B 包含收入增长				
$EXP04_f$	0.113***	0.016***	0.010***	0.014***
	(4.78)	(4.57)	(5.97)	(4.04)
ΔLog 收入	0.053***	0.007***	0.001	−0.002
	(3.69)	(2.92)	(0.77)	(−0.88)
企业控制	是	是	是	是
行业控制	是	是	是	是
观测量	57 322	57 322	57 001	57 001
R^2	0.019	0.005	0.004	0.004

注：这个表格报告了式(4.5)的回归结果。A 栏排除了纺织业，B 栏包含了 Log 收入的变化作为附加控制。因变量是升值期和升值前平均创新力的差异。$EXP04_f=1$ 表示 2004 年的出口商，$EXP04_f=0$ 表示 2004 年的非出口商。企业控制包括 Log 雇佣，Log 固定资本，全要素生产率；行业控制包括行业进口渗透率，Log 行业总出口，Log 行业总国内销售。t 值在括号里。*、** 和 *** 表示在 10%、5%和 1%水平上显著。

三、安慰剂检验

采用二阶差分法的关键假设之一是处理组的结果变量应该与没有处理的对照组相同。在我们的例子中，这个假设意味着出口商和非出口商的创新在汇率上升之前应该具有统计上相同的趋势。如果不是这样，我们上文得到的结果可能是站不住脚的。我们选取了汇率上升之前一些年份的数据做了二阶差分回归以检验这个假设。以 2002 年和 2004 年为分界做出的回归结果分别报告在表 4-7 的 A 栏和 B 栏中。① 在这两种情况下，出口假设之前的系数都没有正向显著。因此，我们以前的结果不可能由出口商和非出口商之间本身不同的创新趋势造成。

表 4-7 安慰剂检验

因变量	(1) Δ Log 研发	(2) Δ 研发假设	(3) Δ 新产品销售占比	(4) Δ 新产品假设
	A 分年：2002			
EXP01$_j$	−0.023	−0.003	−0.001	−0.015***
	(−0.95)	(−0.68)	(−0.92)	(−4.38)
B 企业控制	是	是	是	是
行业控制	是	是	是	是
观测量	55 987	55 987	55 885	55 885
R^2	0.003	0.001	0.001	0.001
	B 分年：2004			
EXP03$_f$	0.040*	0.006*	−0.001	−0.015***
	(1.87)	(1.67)	(−0.15)	(−4.02)
企业控制	是	是	是	是
行业控制	是	是	是	是
观测量	57 536	57 536	57 428	57 428
R^2	0.001	0.001	0.001	0.001

注：这个表格报告了使用升值前年份作为分年的式(4.5)的回归结果。A 栏使用 2002 年。B 栏使用 2004 年。因变量是创新力的差异。仅分年前和分年后的一年被包含进去。企业控制包括 Log 雇佣，Log 固定资本，全要素生产率；行业控制包括行业进口渗透率，Log 行业总出口，Log 行业总国内销售。t 值在括号里。*、** 和 *** 表示在 10%、5% 和 1% 水平上显著。

四、企业进入和退出

以上所有结果均基于均衡面板，因此不考虑企业的进入和退出。然而，根据文献记载，企业的进入和退出并非随机的。生产率较低的企业更可能退出样本(Pavcnik，2002)，因此在之前的分析中被排除在外。与整个抽样期间保持在样本中的企业相比，这些企业可能会有不同的创新反应。为确保我们以前的结果不受样本选择驱动，我们使用完全不平衡样本重复二阶差分回归，并将结果报告在表 4-8 中。显然，基准结果仍然有效。

① 我们无法将 2003 年用作分界年，因为 2004 年的创新数据有缺失。

表 4-8　不平衡样本回归

因变量	(1) △Log 研发	(2) △ 研发假设	(3) △ 新产品销售占比	(4) △ 新产品假设
EXP04$_f$	0.193***	0.0258***	0.00977***	0.0148***
	(5.11)	(8.41)	(7.32)	(5.01)
企业控制	是	是	是	是
行业控制	是	是	是	是
观测量	122 629	122 629	121 952	121 952
R^2	0.042	0.025	0.004	0.004

注:本表使用不平衡样本对式(4.5)进行了回归。因变量是升值期和升值前平均创新力的差异。EXP04$_f$＝1 表示 2004 年的出口商,EXP04$_f$＝0 表示 2004 年的非出口商。企业控制包括 Log 雇佣,Log 固定资本,全要素生产率;行业控制包括行业进口渗透率,Log 行业总出口,Log 行业总国内销售。t 值在括号里。*、** 和*** 表示在 10%、5%和 1%水平上显著。

五、进口的投入品

另一个汇率效应可能产生影响的渠道是本币升值可能会降低进口的中间投入品的价格。我们预计这种效应会从以下几个方面促进创新。首先,更便宜的进口投入品会带来更高的营业利润,从而有利于企业增加固定创新成本。其次,企业可能会进口新的投入品或更高质量的投入品,从而对创新起到补充作用。

为了控制汇率效应的这种替代渠道,我们在回归中纳入了企业的进口强度,即进口物料成本与总可变成本(工资成本加材料成本)之比。[①] 直观地说,对于更依赖进口中间投入品的企业来说,人民币升值的成本节约效应应该更大。因此,我们预计在进口强度变量之前有一个正的系数。表 4-9 显示了我们在数据中发现的成果。无论如何,出口程度变量之前的系数都正向且显著,这表明即使对进口投入成本进行控制,出口市场竞争压力对创新的影响仍然存在。

表 4-9　进口中间投入品

因变量	(1) △Log 研发	(2) △ 研发假设	(3) △ 新产品销售占比	(4) △ 新产品假设
EXP04$_f$	0.110***	0.0139***	0.0117***	0.0182***
	(5.88)	(4.25)	(7.85)	(6.21)

---

① 工业企业年度调查没有企业的进口信息。通过将 ASIF 与中国海关提供的企业级贸易数据相结合,我们获得了每家企业的进口值。Dai 等(2016)描述了特定的匹配程序。工资账单和总材料成本来自 ASIF。

（续表）

因变量	(1) ΔLog 研发	(2) Δ 研发假设	(3) Δ 新产品销售占比	(4) Δ 新产品假设
Import intensity$_f$	0.0221	0.0216***	0.0126***	0.0368***
	(0.50)	(3.22)	(3.63)	(6.59)
企业控制	是	是	是	是
行业控制	是	是	是	是
观测量	52 456	52 456	52 161	52 161
R^2	0.019	0.006	0.004	0.005

注：本表报告了在控制企业进口强度时对式(4.5)的回归结果。因变量是升值期和升值前平均创新力的差异。EXP04$_f$＝1 表示 2004 年的出口商，EXP04$_f$＝0 表示 2004 年的非出口商。Import intensity$_f$ 是进口中间投入品在 2004 年总花费的占比。企业控制包括 Log 雇佣，Log 固定资本，全要素生产率；行业控制包括行业进口渗透率，Log 行业总出口，Log 行业总国内销售。t 值在括号里。*、** 和 *** 表示在 10%、5% 和 1% 水平上显著。

第六节　行业和企业异质性

一、行业异质性

在第四节中，我们看到相较于非出口商，由升值带来的日益增大的竞争压力更多地激发了出口商的创新。在本节中，我们考察这些影响是否因行业和企业而异。直观地说，研发对于研发密集型行业的竞争力提升更为关键。因此，研发密集型行业的企业应该更有可能通过增加创新来应对竞争压力。为了检验这是否与数据相符，我们在式(4.4)中引入了每个四位数行业的出口虚拟项与研发强度(研发费用除以总销售额)的交互项。在表 4-10 中，所有交互项之前的系数都正向显著。因此，出口商一般会通过增加创新力来应对日益激烈的竞争，而对于更加依赖研发的行业来说，这种反应会更明显。

表 4-10　行业异质性

因变量	(1) ΔLog 研发	(2) Δ 研发假设	(3) Δ 新产品销售占比	(4) Δ 新产品假设
EXP04$_f$	0.034	0.010***	0.008***	0.012***
	(1.33)	(2.70)	(4.42)	(3.21)
EXP04$_f$ × RDint$_i$	0.388***	0.030***	0.011**	0.012
	(5.13)	(4.41)	(2.17)	(1.54)

（续表）

因变量	(1) △Log 研发	(2) △ 研发假设	(3) △ 新产品销售占比	(4) △ 新产品假设
企业控制	是	是	是	是
行业控制	是	是	是	是
观测量	57 328	57 328	57 004	57 004
R^2	0.020	0.005	0.004	0.004

注：这个表格报告了式(4.5)的回归结果。加入了出口商假设和行业研发强度的交互项以调查不同行业对升值做出的不同反馈。因变量是升值期和升值前平均创新力的差异。企业控制包括 Log 雇佣，Log 固定资本，全要素生产率；行业控制包括行业进口渗透率，Log 行业总出口，Log 行业总国内销售。t 值在括号里。*、** 和 *** 表示在 10%、5% 和 1% 水平上显著。

二、不同出口动态下的企业反应

虽然我们总体发现，升值会鼓励出口商的研发和新产品开发，但对于出口活力不同的企业，其影响可能是不同的。当货币升值时，一些出口商可能被赶出国外市场，而其他企业仍然存在。我们可能预计退出市场的企业和继续出口的企业在创新方面会有不同的反应。首先，升值对于继续出口的企业意味着国外市场的竞争更加激烈，而对于退出的企业来说，出口市场的竞争地位不再重要。其次，如果退出国外市场导致企业规模缩小，其将通过市场规模效应进一步阻碍创新。总之，相较于退出的企业而言，我们预计人民币升值将更能激发继续出口的企业的创新力。

为了研究这种异质性，我们将出口商的数据分为两个小组：继续出口的企业和退出外国市场的企业。我们将前者定义为 2004 年有出口并在 2005—2007 年继续出口的企业。后者则是 2004 年有出口但在 2005—2007 年退出出口市场、未再出口的企业。[①] 我们重新运行式(4.4)中的二阶差分回归，不过现在将处理组限制为继续出口企业或退出的企业。[②] 结果显示在表 4-11 中。结果显示，继续出口企业样本中出口假设之前的系数仍然是正向显著的，并且其幅度大于我们在第四节中使用总体出口商作为处理组的结果。然而，对于退出的企业来说，这个系数都是负的，尽管其中大多数并不显著。因此，尽管出口商通常会为了应对升值而增加创新，但这种影响仅限于

---

① 附录的表 4D-1 比较了连续出口商和退出者的生产率（按 TFP 衡量），企业规模（Log 雇佣）和销售额。与文献（如 Pavcnik，2002）一致的是，持续的出口商规模更大，生产力更高。

② 对照组是 2004 年及以后不出口的企业。使用整个样本期间从未出口的企业作为对照组的结果与之类似。

在出口市场中生存下来的企业。

表 4-11 企业异质性:持续出口商和退出者

因变量	(1) ΔLog 研发	(2) Δ 研发假设	(3) Δ 新产品销售占比	(4) Δ 新产品假设
A 持续出口商				
持续出口商	0.185***	0.023***	0.016***	0.043***
	(6.36)	(5.35)	(7.97)	(10.20)
企业控制	是	是	是	是
行业控制	是	是	是	是
观测量	48 063	44 768	44 539	44 539
R^2	0.021	0.006	0.007	0.012
B 退出者				
退出者	−0.042	−0.003	−0.007**	−0.021***
	(−1.02)	(−0.48)	(−2.42)	(−3.52)
企业控制	是	是	是	是
行业控制	是	是	是	是
观测量	31 725	31 725	31 459	31 459
R^2	0.005	0.001	0.001	0.002

注:这个表格报告了式(4.5)的回归结果。A 栏报告了使用持续出口商作为处理组的结果,B 栏将退出者样本用作处理组。持续出口商:企业在 2004 年有出口并且在 2005—2007 年持续向外出口。退出者:企业在 2004 年有出口,但在 2005—2007 年间退出了出口市场且不再出口。对照组是在 2004 年和接下来的时间不进行出口的企业。企业控制包括 Log 雇佣,Log 固定资本,全要素生产率;行业控制包括行业进口渗透率,Log 行业总出口,Log 行业总国内销售。t 值在括号里。*、** 和 *** 表示在 10%、5% 和 1% 水平上显著。

三、加工企业与非加工企业

加工贸易占中国出口的近 50%。最近的文献发现加工出口企业的表现与非加工出口企业完全不同(Dai *et al.* 2016;Yu,2015)。这些企业引进国外中间投入品进行装配和再出口,从事低端劳动密集型生产。我们预计这些企业对增值的创新反馈较少,其原因有二。首先,加工企业往往仅使用来自国外供应商的专利和蓝图,并不生产自己品牌的产品,因此它们的竞争力很少取决于内部的创新。其次,加工企业的进口强度通常较高,因为它们需要进口外来材料进行组装。所以升值可能会通过降低投入品进口成本来提高加工企业的竞争力。加工出口企业面临的竞争压力预计将小于非加工出口企业。

与 Dai 等(2016)的研究相同,我们使用中国海关提供的企业贸易数据确定了加工贸易企业。我们将加工出口企业定义为至少有一半出口来自加工贸易的企业。然后我们创建了分类变量,将所有企业分为三组:加工出口企业、非加工出口企业和非出口企业。我们回归了加工出口假设和非加工出口假设的创新增长,排除了非出口企业。表 4-12 中的回归结果表明,与我们的预期一致,非加工企业的创新增长高于非出口企业,正如我们记录的一般出口企业的表现一样。但是,在大多数模型中,加工出口企业的创新增长并不高。

表 4-12　加工出口企业与非加工出口企业

因变量	(1) ΔLog 研发	(2) Δ 研发假设	(3) Δ 新产品销售占比	(4) Δ 新产品假设
$Proc04_f$	−0.019	0.013*	−0.001	−0.006
	(0.45)	(1.88)	(0.32)	(1.07)
$Nonproc04_f$	0.169***	0.020***	0.019***	0.035***
	(6.53)	(4.62)	(9.04)	(8.69)
企业控制	是	是	是	是
行业控制	是	是	是	是
观测量	43 008	43 008	42 734	42 734
R^2	0.018	0.006	0.006	0.007

注:$Proc04_f$=1 表示 2004 年其为加工出口商(加工出口/总出口>0.5)。$Nonproc04_f$表示 2004 年其为非加工出口企业(加工出口/总出口<0.5)。非出口企业被排除在外。企业控制包括 Log 雇佣,Log 固定资本,全要素生产率;行业控制包括行业进口渗透率,Log 行业总出口,Log 行业总国内销售。t 值在括号里。*、** 和 *** 表示在 10%、5%和 1%水平上显著。

第七节　结　论

本章旨在探讨一个将贸易与创新联系起来的新途径:企业出口市场上竞争压力的变化。我们使用中国的汇率制度改革和人民币随后的逐步升值作为自然实验,并利用其对出口企业和非出口企业的差别影响进行研究。人民币升值减少了出口,并对出口企业施加了比非出口企业更大的竞争压力。出口企业通过增加创新来应对这种竞争压力。我们的基准结果显示,升值导致事前出口企业的研发费用比非出口企业多增加了 11%,而新产品的开发则增加了近 2.5 倍。我们还得出了这个影响在不同研发强度的行业及不同出口动态和出口类型的企业上都是不同的。

　　许多国家的政府往往不愿意本国货币升值,因为担心会对就业和经济增长产生潜在的负面影响。虽然这些担忧在短期内是合理的,但我们的结果表明,长远来看升值引发的竞争压力可能会促进生产力的提升和经济的增长,因为其可以刺激企业的创造力。在这方面,平缓的升值比强烈的升值更有利,因为前者允许企业随着时间的推移适应竞争压力,从而更有效地促进生产力提升。这些因素都应在制定货币和汇率政策时被纳入考虑范围。

第五章　国际贸易中的产品质量研究综述[*]

第一节　引　言

在经济学研究中,产品质量是影响消费者福利、企业利润、市场均衡价格和数量等重要经济变量的重要因素。从需求的角度,消费者偏好高质量的产品,通过消费高质量的产品得到更高的效用水平,但与此同时,高质量的产品的价格一般也较高,因此消费者在效用和支出之间进行权衡,追求效用最大化;从供给的角度,产品质量是企业竞争的重要维度,企业通过生产高质量的产品抢夺市场份额,实现利润的提升,但与此同时,高质量的产品的生产成本一般也较高,因此企业在市场份额和生产成本之间进行权衡,实现利润最大化。从整体经济的角度,一个经济中所生产和消费的产品的质量提升,既标志着该国企业生产技术水平的提高和产品竞争力的上升,也意味着该国消费者福利水平的增进,因此研究者和政策制定者均对产品质量的相关现实问题给予相当的关注。

虽然与产品质量相关的问题日益引人注目,但当相关工作涉及实际数据时,则往往面临着同一个无法回避的问题:如何在实际数据中准确地测度、推断、衡量产品质量? 由于在实际数据中,产品质量往往难以观测,因此产品质量测度这一方法论问题也成为近些年来经济学研究中的热点和难点领域。

而在当前的经济学研究中,产品质量的相关问题与国际贸易这一研究领域产生了越来越紧密的联系。传统经典贸易理论强调不同国家间要素禀赋的差异造成了不同国家在不同行业上各自的比较优势,而具体到产品层面,产品质量则是比较优势的一个重要体现:一国在其具有比较优势的行业上,所生产的产品的质量应该更高。这从产品质量的视角拓展了比较优势的范畴,有助于理解比较优势形成的原因。从经济发展水平的角度而言,一般认为发达高收入国家生产消费高质量的产品,因此从跨国贸易流上看,一国的经济发展水平和收入水平应与一国进出口商品的质量水平正相关。这一推

---

　　*　本章是与北京大学国家发展研究院张睿博士合作的成果,原文发表在《宏观质量研究》,2016年第4卷第3期,第23—32页。

断也在实际数据中得到证实(Schott,2004;Hallak and Schott,2011;Feenstra and Romalis,2014),因此进出口产品的质量水平也成为一国经济发展水平的重要标志。而自新世纪以来得到长足发展的"新新贸易理论"认为在一个行业中,企业的生产效率是决定企业进出口行为的重要因素(Melitz,2003;Bernard et al.,2003)。这一支文献目前多关注企业在规模、销售额、出口行为方面的差异(Arkolakis,2010;Eaton et al.,2011)。而近年来关于企业产出价格与企业销售额之间正向关系的实证研究(Kugler and Verhoogen,2012;Manova and Zhang,2012;等等),揭示了产品质量的异质性是企业异质性的重要体现和来源,这也成为大多数贸易经济学家的共识。产品质量因而构成不同企业间异质性的一个重要维度。

而随着微观层面贸易数据的可得性的提高,依靠模型设定,利用贸易数据对产品质量进行测度和推断,从而描绘产品质量的变化特征和影响因素,也成为重要的研究热点领域。将模型化的方法和贸易数据相结合,使得经典的微观理论、产业组织理论、贸易企业异质性理论等在产品质量测算方法论的发展过程中有了用武之地,相关研究方法也有了长足的进步,为研究者提供了更多的选择。举例来说,Khandelwal(2010)提出的进口产品质量测算办法,以及 Khandelwal、Schott 和 Wei(2013)提出的出口产品质量测算办法来源于产业组织领域中的需求函数估计;Feenstra 和 Romalis(2014)提出的进出口产品质量测算方法则来源于贸易企业异质性理论,同时也借鉴了微观理论中讨论运输成本对于产品质量影响的"华盛顿苹果效应"。经典理论与微观数据的结合有助于我们更深刻地理解产品质量的决定因素。

简而言之,国际贸易中的产品质量研究和测算问题,是近年来兴起的前沿研究领域。这一新兴领域结合了国际贸易、产业组织、微观理论、应用计量经济学等领域,出现了一系列较有影响力的文献。本章旨在梳理相关文献的发展脉络和思想,力图从理论和实证两个方面阐述其中主要文献的要点、贡献和不足之处,并提出未来进一步可能的研究方向。

本章的行文顺序如下:第二节梳理国际贸易领域中产品质量研究的相应理论模型设定,总结其异同;第三节讨论国际贸易领域中产品质量的测算和相关实证研究成果,并对其作简要评述;第四节回顾产品质量这一机制在现有国际贸易研究中对于解释价格现象的作用,以及其对贸易福利分析的影响;第五节展望未来的研究方向并总结全文。

第二节 产品质量的刻画：理论模型和设定

如前文所述，产品质量在实际数据中难以观测。因此如何在理论模型中恰当地引入产品质量，从而将产品质量这一不可观测的特征转换成其他可观测变量和可测度参数的函数，是刻画产品质量、测度产品质量的重要前提。产品质量对经济个体在需求和供给两个层面均产生影响。在需求层面，产品质量影响消费者的消费决策和消费行为，并通过价格影响消费者的预算约束；在供给层面，产品质量影响企业的生产成本，并通过与消费者的互动从而影响企业的销售量。本节分别叙述在目前研究实践中，研究者如何在需求和供给两个层面引入产品质量。

一、需求层面的产品质量

在需求层面，一个很自然的假设是消费者对于产品质量具有偏好，所消费的产品质量越高，则消费者所得到的效用越高。对于消费者来说，给定一个产品，该产品的质量、价格对于消费者而言是外生给定的，而消费者可根据不同产品的质量和价格和自身的预算约束，选择所消费产品的最优数量。我们假设消费者的效用为 U，所消费产品的数量和质量分别为 x 和 q，消费者的效用函数满足 $U=U(x,q)$，且 $U_x>0, U_q>0$。由此产生的需求函数大多符合以下的形式：

$$x=x(p,I,q) \tag{5.1}$$

其中 p 为产品的价格，I 为消费者的收入，因而价格越高（收入越低），消费者对该产品的需求越小（越大），这与微观理论中的消费者理论一致。而需求函数同时满足 $x_q>0$，即给定产品的价格和消费者的收入不变，当特定产品的质量提高时，消费者对该种产品的需求也相应提高。

给定该需求满足可逆的函数形式，那么产品质量这一不可观测的变量可被表示为数量、价格、收入等可观测变量的函数，即 $q=q(x,p,I)$。从经济学意义上，这一表达式所体现的含义较为直观：给定价格不变的情况下，我们可以推测，需求更大的品种，其产品质量水平也更高。

在特定的效用函数形式下，式(5.1)满足对数线性的形式。如 Khandelwal(2010)假设消费者的效用函数满足 nested logit(嵌套对数)形式，则需求函数满足以下形式：

$$\ln S_i = -\sigma \ln p_i + \ln q_i \tag{5.2}$$

其中下标 i 表示同一产品类型中的不同品种(或品牌)，S_i 为品种 i 所占据的市场份额,σ 为需求的价格弹性。可以看到,给定价格不变,市场份额越大的品种,产品质量越高。

而若采用在国际贸易理论中常用的 CES 效用函数,Khandelwal、Schott 和 Wei(2013)推导出下式:

$$\ln x_i = \ln I + (\sigma-1)\ln P - \sigma\ln p_i + (\sigma-1)\ln q_i \tag{5.3}$$

其中 I 和 P 分别表示消费者在该大类产品上的支出和所面临的 CES 价格指数。可以看到,给定价格不变,销量越大的品种,产品质量越高。

总之,在需求层面引入产品质量,其内涵在于利用消费者的效用最大化决策,推导出含有质量的需求函数,并将质量表达成价格、需求销量等可观测信息的函数。但单纯从消费者的角度对质量进行建模刻画,多将产品质量作为外生给定,而产品的质量在经济活动中无疑是内生决定的,因此引入企业与产品质量有关的决策,可将产品质量内生化。而另一方面,由于在供给层面,高质量的产品往往价格较高(因为成本较高),因而消费者同样面临价格和质量的直接权衡。

而在目前较为前沿的需求层面质量理论研究中,一个主要的特点是将消费者对于质量的偏好与消费者的特征(如收入水平)相联系,产生所谓的“非位似型偏好”(non-homothetic preference)。Hallak(2006)、Feenstra 和 Romalis(2014)等的理论模型均假设高收入带来对于高质量产品的偏好。Fajgelbaum 等(2011)假设消费者的同质化产品消费和异质化产品消费之间存在互补性,为“高收入者偏好高质量产品”这一理论假设提供了微观基础。Eaton 和 Fieler(2017)通过假设产品的数量和质量之间存在互补性,同样可以产生高收入与高质量偏好之间的正向关系。Faber 和 Fally(2017)通过类似的理论假设研究了不同收入水平的消费者所面对的实际消费价格指数的差异。

二、供给层面的产品质量

在供给层面,产品质量被内生化。产品由企业生产,因此企业决定产品的价格和质量,以最大化自身的利润。由于企业层面的国际贸易理论往往采用不完全竞争的市场结构设定(最常用的垄断竞争设定,以及常见的寡头竞争设定),因此企业对于产品质量的决策直接影响着其产品的需求和销量;产品质量也与企业的生产成本相关,因此企业提高自身产品质量也有成本。企业的目标函数总利润为

$$[p-c(q,\varphi)]\times x(q,p,I) \tag{5.4}$$

其中 $c(q,\varphi)$ 是生产的单位成本,与企业所选择的产品质量 q 和企业的生产率

水平 φ 有关,且满足 $c_q>0,c_\varphi<0$。因此企业对于产品质量的决策权衡取决于两个方面:第一,高的产品质量提高了生产成本,压缩了企业每单位产品的利润;第二,高的产品质量使得企业所面对的需求更大,这增加了企业的利润。企业因而通过决策产品质量,使得边际收入和边际成本相等。

以上的分析框架将产品质量的内生化过程统一到企业的利润最大化决策中。而更加具体的一个问题是,企业如何生产不同质量的产品?这一问题涉及每单位产品质量的生产函数。Baldwin 和 Harrigan(2011)、Johnson(2012)假设生产成本越高,企业所生产的产品质量就越高,但这种设定忽略了企业在生产效率方面的异质性,仅承认企业产品质量方面的异质性。Kugler 和 Verhoogen(2012)提供了一种生产函数的设定方式:

$$q=\left[\frac{1}{2}\varphi^\theta+\frac{1}{2}m^{2\theta}\right]^{\frac{1}{\theta}} \tag{5.5}$$

其中 m 代表生产投入品的质量水平,θ 则为生产函数中表示规模报酬的结构性参数。因此企业的生产效率和投入品质量之间在生产产品质量上具有互补的关系,同时假设生产投入品的质量水平与生产投入品的价格等同,因此可推导出生产效率越高的企业会内生地选择高质量的投入品,同时生产成本(即所选生产投入品的价格)也与企业生产效率正相关:

$$m=\varphi^{\frac{1}{2}},q=\varphi$$

这一理论框架强调了企业自身生产能力与投入品价格质量之间的互补性对于生产高质量产品的意义,因此可以被用于研究企业投入行为决策(包括中间品购买、机器设备购买、雇佣行为、企业组织结构)与企业产品质量升级之间的关系。Fieler 等(2018)将这一机制与企业的国内生产网络相结合,研究了国外对于高质量产品需求增加的冲击如何被国内中间品市场的投入产出联系所放大,从而引起大量企业(包括不直接从事进出口的企业)的质量升级行为。

Feenstra 和 Romalis(2014)提供了另一种建立质量生产函数的思路,如式(5.6)所示,该函数形式与 Kugler 和 Verhoogen(2012)的研究类似,但内涵却有所不同。

$$q=(\varphi l+a)^\theta \tag{5.6}$$

其中 l 为投入品的数量,因此 φl 表示企业的生产效率和投入品数量之间在提高产品质量时具有互补关系。a 为产品(行业)层面的参数,若 $a>0$,则意味着在该行业中的企业在生产产品质量上具有天然的优势,因此不同生产效率的企业之间的质量差异被放大;若 $a<0$,则意味着在该行业中,企业在生产每单位产品时,需要投入一部分与产品质量无关的固定成本,这会缩小不

同生产效率企业之间的质量差异。假设投入品的价格水平为 w，则每单位产品的生产成本为

$$c(q,\varphi)=wl=\frac{w}{\varphi}\times(q^{\frac{1}{\theta}}-a) \tag{5.7}$$

将式(5.7)纳入企业的利润最大化决策，也可得到生产效率高的企业内生地选择生产高质量的产品的结论。这一框架既强调企业生产效率对于产品质量的提升作用，也强调投入品价格水平 w 对于产品质量的影响。一般而言，投入品价格水平越低，企业越会选择生产质量更高的产品。

此外，另外一系列研究也引入企业质量升级行为的固定成本：企业在决定自身的产品质量之后，付出一个固定成本 $F(q)$，该固定成本与产品质量正相关，但与企业产量无关。

$$[p-c(q,\varphi)]\times x(q,p,I)-F(q) \tag{5.4'}$$

典型的例子如 Fan 等(2015,2018)和 Antoniades(2015)。本质上，固定成本的设定同样依赖企业在成本和销量之间的权衡决策，使得产品质量不仅影响可变生产成本，同时也影响固定生产成本。固定成本的设定使得质量升级的决策带有规模报酬递增的特性，从而会随着企业实际市场规模的变化而变化。直觉上，更大的市场规模降低了企业质量升级的成本，促进了企业的产品质量升级。这一设定使得企业的质量决策、研发决策、出口决策等具有相似的特点。

以上叙述了几种在供给层面对企业产品质量选择进行建模的方式。在供给层面刻画产品质量的优点在于将产品质量内生化。通过描述企业在选择产品质量上的权衡，我们可以较为清晰地理解产品质量上的决定过程。此外，通过内生化产品质量，可以建立企业生产率异质性与企业产品质量异质性之间的理论联系，且普遍的结论为生产效率越高，产品质量也越高。这也将质量研究纳入新新贸易理论的企业异质性理论框架中。不同的建模方式强调不同的作用机制，因此模型的选取取决于所研究的具体经济冲击通过何种机制影响企业的产品质量选择。

第三节　产品质量的测度及其影响因素：实证方法、数据和证据

在通过理论模型刻画产品质量的基础上，利用贸易数据对产品质量进行测度和推断是近年来国际贸易实证研究领域中的热点和难点。本节先介绍目前常见的产品质量测度方法，以及相应适用的数据类型，然后梳理相关研

究产品质量影响因素的实证研究文献。

一、产品质量的测度

从以往研究中看,国际贸易研究中产品质量的测度大概可以分为单价法、产品特征法、需求信息推断法、供给需求信息法等几大类,不同的方法也各有优劣,其适用范围和数据形式也有不同。

(一)单价法

单价法,顾名思义,就是将贸易产品的单位价格作为产品质量的代理变量。其背后的逻辑非常简单:高质量的产品的价格一般也较高。单价法的最大优点在于其便利性,Bastos 和 Silva(2010)、Auer 和 Chaney(2009)、Alessandria 和 Kaboski(2011)、Manova 和 Zhang(2012)等许多文献均采用产品的出口或进口单价作为产品质量的近似。这一方法既可用于微观企业层面的贸易数据(如中国海关进出口数据,Harmonized System 8 位产品码分类,以下简称"HS 8 位产品码")以计算企业—产品—目的地(来源地)—年份的产品单价,也可用于宏观国家层面的贸易数据(如 UN Comtrade 数据,Standard International Trade Classification 4 位产品码分类,以下简称"SITC 4 位产品码")以计算进口国—出口国—产品—年份层面的产品单价。

该方法的主要缺点是,由于在实际中,不同类型的产品,价格与质量的相关关系可能不同,对于质量差异化明显、质量梯度长的产品来说,价格与质量之间的正相关关系较为明显;而对于质量差异化不明显、质量梯度短的产品来说,价格与质量直接的正相关关系显然较弱,因此价格本身是否能够很好地衡量产品质量,本身取决于产品的类型。此外,除了产品质量,还有许多因素会对价格造成影响,因此单纯利用单价对质量进行近似较为粗糙。

(二)产品特征法

产品特征法则对于一种特定的产品,根据产品自身的各项具体特征,设计具体的指标变量对产品质量进行度量。举例来说,Goldberg 和 Verboven (2001)对欧洲的汽车市场进行研究。为了控制不同品牌汽车的质量差异,他们引入了一系列具体的汽车特征参数,如引擎的马力、汽车的排量等来描述不同品牌间汽车的质量差异。Auer 等(2014)采用相似的做法,将不同汽车的特征参数综合成单维度的质量指数,用以近似汽车的质量。另一个例子的产品是酒类产品。Crozet 等(2012)研究香槟这一特定产品的质量,将《香槟手册》上对于不同品牌香槟的评级作为质量的代理变量;类似地,Chen 和 Juvenal(2016)研究红酒产品的汇率传递行为,将品酒专家对红酒质量的打分作为质量指标。可以看出,这一方法需要数据中提供特定产品详细的各种参数特征信息,与标准化的贸易数据(如中国海关进出口贸易数据库)有所不同。

产品特征法的优点在于能够具体地针对不同的产品,构造特定的质量指标,相比其他一般的方法而言更加精确。其缺点则是对数据的要求很高,需要包含每种特定产品详细的个性化特征,研究方法和得到的结论难以推广。

(三)需求信息推断法

需求信息推断法如本章第二节所述,在需求方面引入消费者对于质量的偏好,利用消费者的优化行为,推导出包含质量的需求函数,并将质量表达为可观测变量,如价格、销量等的函数。如前所述,这类方法所依赖的经济学逻辑是,给定两个品种价格相等,市场份额较大的品种,其质量也较高。[①] 在具体的实现上,以式(5.2)和式(5.3)为例。

将每个品种的市场份额和销售量数据代入式(5.2)和式(5.3)的左边,将相应的价格代入式(5.2)和式(5.3)右边的 p_i,利用回归方法估计上述两式,并取其残差作为产品质量的估计值。式(5.2)适用于估算进口产品的质量,式(5.3)适用于估算出口产品的质量。而在具体的操作上,由于价格变量在回归中有内生性,Khandelwal(2010)利用汇率、油价和进出口国间地理距离作为工具变量,估计式(5.2);而 Khandelwal、Schott 和 Wei(2013)则直接利用 Broda 和 Weinstein(2006)所估算出的不同产品的价格弹性值 σ 代入式(5.3)以避免估计的内生性问题,并利用"目的地—年份"固定效应去除 $\ln I + (\sigma - 1)\ln P$ 这一部分,以估计式(5.3)。这一方法同样也适用于较为标准化的贸易数据。举例来说,Khandelwal(2010)根据式(5.2),利用美国的贸易进口数据,测算了不同国家进口到美国不同 HS 10 位产品码产品的进口质量;而 Khandelwal、Schott 和 Wei(2013)根据式(5.3),利用中国海关贸易出口数据,测算了中国不同企业出口到美国、欧盟和加拿大的纺织类 HS 6 位码产品的出口质量。Fan 等(2015)和戴觅等(2015)采用同样的方法和数据测算了中国不同企业出口到不同国家的所有 HS 8 位产品码的出口质量。

该类方法提供了对产品质量更精确、更一般化的测算方法。其缺点在于仅考虑了需求面因素,将质量视作外生,因此估计得到的结果并不十分稳健。另外在对式(5.3)的估计中加入了"目的地—年份"固定效应,估计得到的产品质量测算值跨时跨国不可比,仅在同一"目的地—年份"的维度内可比。

(四)供给需求信息法

供给需求信息法以 Feenstra 和 Romalis(2014)为代表。Feenstra 和 Ro-

---

① Hallak 和 Schott(2011)认为当给定出口价格不变时,拥有贸易盈余的国家应该拥有更高的出口产品质量,并据此测算一国出口的质量水平。

malis(2014)同时考虑供给和需求两个方面的因素,在允许消费者偏好为非同位(non-homothetic)的情况下,将企业出口产品质量决策内生化,提供了另一种测算出口产品质量的分析框架。在企业最优化决策条件的基础上,假设企业的出口固定成本随企业生产效率的增加而降低,并假设企业生产效率满足帕累托分布的情况下,Feenstra 和 Romalis(2014)将不同的企业加总,得到宏观层面的测算式,并利用 UN Comtrade 数据库中不同产品和不同国家双边贸易流的数据(即进口国—出口国—SITC 4 位产品码产品—年份层面的贸易数据),测算国家—产品分类层面的平均进出口质量,相关测算结果也已被收录到宾州世界表(8.0 版本)中。

　　该方法的优点是全面考虑了需求和供给对于质量的影响,使得对于质量的测算更加稳健。缺点是该方法主要适用于宏观层面的数据,并未考虑微观数据的使用,得到的国家—产品分类层面进出口产品质量主要适用于跨国之间的比较。

二、产品质量的影响因素

　　在测算贸易产品质量的基础上,国际贸易领域出现了一系列研究产品质量影响因素的实证文献。其基本思路是将测算得到进口产品或出口产品的质量作为因变量,探讨特定因素对于质量的影响。

　　Khandelwal(2010)测算了美国进口产品的质量水平,并根据不同产品内质量水平的离散程度,构造不同产品和行业所对应的"质量梯度",质量梯度越长的产品和行业,其产品内的质量差异化程度越大,企业的质量提升空间也越大,而在这一类产品和行业中,价格和质量的正相关关系也更强。他发现来自低工资水平国家的进口竞争对于美国制造业不同行业的影响存在着异质性,"质量梯度"越短的行业,来自低工资水平国家的进口竞争造成就业和产出下降的幅度更大。Amiti 和 Khandelwal(2013)进一步研究了进口竞争与产品质量升级的联系。他们发现随着美国进口关税的下降,各国进口到美国的产品质量均有所提升;进一步地,与"前沿距离竞争理论"(distance to frontier)的预测一致,对于质量水平接近世界前沿水平的产品而言,关税下降带来的竞争加剧促进了这部分品种的质量升级,而对于质量水平远落后于世界前沿水平的产品而言,竞争加剧反而抑制了这部分品种的质量升级。Martin 和 Mejean(2014)则发现来自低工资水平国家的进口竞争有利于高工资水平的国家提高其出口产品质量,即低工资水平国家的进口竞争促使高工资水平的国家专业化于高质量产品的生产上。

　　Fan 等(2015)则关注中国的进口关税减免如何促使中国出口企业的质

量升级。具体地,中国进口关税的减免通过减少中间品进口的成本,促进中间品进口这一渠道的发展,有利于中国出口企业差异化产品的质量提升,与此同时此类产品的出口价格也有所升高。与之相反,同质化的产品的质量下降,其出口价格也下降。从进口产品质量提升的角度,余淼杰和李乐融(2016)发现进口关税减免促进了中国企业进口高质量的中间品。施炳展等(2013),施炳展和邵文波(2014)则认为中国出口产品质量的变化受到加工贸易、外资竞争、研发投入和生产效率等一系列因素的影响。樊海潮和郭光远(2015)发现出口产品质量与出口企业生产率正相关。戴觅等(2015)则发现对于中国出口企业而言,出口价格的汇率传递的程度随着产品质量的下降而递减,产品质量越高,则出口价格的汇率传递程度越低。许家云等(2015)则发现人民币升值促进了出口企业产品质量的提升。

简而言之,目前与贸易品产品质量相关的实证研究多以贸易自由化、进口竞争等自然实验或准自然实验作为识别策略,识别相应政策对于产品质量的影响。而从作用机制上看,这部分文献基本上集中关注贸易政策变化所引起的竞争加剧效应和中间品可得性提高效应这两个主要的渠道对于产品质量的影响。

第四节　产品质量作为理论机制的实证应用

除纯粹的理论建模和实证测算研究之外,另外一方面的研究通过分析一系列的典型化事实,把产品质量引入理论模型,作为解释实证现象的核心机制。这些研究既涉及微观层面企业行为,也探讨加总层面贸易模式的变化,因此在微观和宏观层面均强调了产品质量这一机制的作用。特别地,这些研究往往从国际贸易中与贸易产品价格相关的实证事实出发,试图从产品质量的角度解释价格差异。此外,这一方面的研究也强调产品质量在贸易福利实证度量方面的作用。

一、国际贸易中的价格差异:基于产品质量的解释

在微观层面,产品质量作为企业的决策变量之一,可以用于解释企业的进出口行为、价格和投入决策方面的差异。Verhoogen(2008)发现墨西哥比索的大幅贬值使得墨西哥企业面临的出口市场有所扩张,这一效应导致了墨西哥出口企业的质量升级,并引起白领工人和蓝领工人之间的工资差距扩大、企业的专利授权增多等一系列系统性差异。Kugler 和 Verhoogen(2012)发现哥伦比亚制造业企业的产品价格与企业的规模呈现显著的正相关关系;

类似地,企业的中间投入品价格与企业的规模也呈正相关关系。这显示企业的投入和产出价格在很大程度上反映了产品本身的质量,而传统的企业异质性模型往往认为企业的价格与企业的生产效率和规模是成反比的。Manova和Zhang(2012)研究了中国企业出口价格在企业间、目的地间、产品间等的差异。他们也同样发现规模更大、销售额更高的企业往往有着更高的价格。这一联系同样也显示企业的产品质量和企业的规模和能力具有正向联系。直觉上看,企业的成本加成(markup)差异并不能解释企业规模与产出价格之间的正相关关系。如果不同企业的产品没有质量差异,只有价格差异,那么销售额更大的企业的价格加成更高,但它们的价格必然较低(否则不可能销售额更高)。因此,若产品间没有质量差异,那么一般而言,销售额和销售价格之间无法产生正相关关系。Bastos等(2018)根据高收入目的国偏好高质量产品的理论基础,发现一个企业若主要将产品销售到高收入国家,那么该企业所使用的中间品质量(价格)也更高,其内涵也在于投入和产出之间的质量联系。

在宏观层面,产品质量被用于解释贸易单位价格(unit value)和贸易流量的变化。Schott(2004),Hummels和Klenow(2005)的实证研究发现,给定同一个进口国,即使在同一种产品类别内,出口国的人均收入水平与出口价格之间也存在着显著的正相关关系,即高收入国家更倾向于出口单位价格较高的产品。Schott(2004)认为这反映了不同的国家在同一产品的质量梯度上不同定位的专业化分工。Hallak(2006)则发现进口国的人均收入水平与进口价格之间也有着显著的正相关关系。Fajgelbaum等(2011)提供了高收入消费者偏好高质量产品的微观基础,并提出由于贸易成本的存在,不同质量水平产品的生产具有"母国市场效应"(home market effect)。母国市场效应的存在使得生产高质量产品的企业聚集在高收入国家,因此高收入国家成为高质量产品的净出口国。Eaton和Fieler(2017)从高收入消费者偏好高质量产品这一设定出发,意图解释Hummels和Klenow(2005)所发现的出口国收入水平与出口单价之间的正向联系。Johnson(2012)从估计引力方程的角度出发,发现出口到某个目的国的出口单价与出口到该目的国的难度成正相关,这显示了出口企业倾向于选择那些价格较高的企业,意味着价格与企业生产效率之间的正向关系,而产品质量的选择可以从微观基础上建立这一关系。

除了进出口国的人均收入水平,两国之间的运输距离也是贸易单价和质量的重要决定因素之一。这一实证观察最早可追溯至Alchian和Allen(1967)。他们发现美国华盛顿州的果农倾向于将高质量的苹果销往更远的州,而将质量较差的苹果留在本地销售,这一现象被称为"华盛顿苹果效应"。

Alchian 和 Allen(1967)认为这是由于单位运输成本的存在降低了高质量产品的相对价格,因此当运输成本较高时,对高质量产品的相对需求也较大。Hummels 和 Skiba(2004)通过研究进口价格与运输成本之间的关系,提供了"华盛顿苹果效应"的严谨实证证据。Baldwin 和 Harrigan(2011)也发现给定进口国之后,两国之间的距离与贸易产品价格呈显著的正相关关系。这一现象不仅在加总层面的贸易价格上存在,在同一企业对不同目的国的出口价格上也存在。Manova 和 Zhang(2012)发现在同一个国家的出口企业所出口的同一种产品中,目的地距离与出口价格也呈正相关关系,而且出口价格为离岸价格(free on board),因此从定义上,这一价格本身并不包含运输成本。这一企业内的"华盛顿苹果效应"在法国出口企业(Martin,2012)、美国出口企业(Harrigan et al.,2015)、美国企业的国内销售(Dingel,2016)等不同样本中均稳健。企业内的"华盛顿苹果效应"的广泛存在显示企业通过质量选择将单位运输成本的影响纳入考虑范围。

而某些贸易政策和贸易壁垒与单位运输成本起到了相似的作用。一个典型的例子是进口配额的存在。本质上,单位运输成本与进口配额均起到了增加每单位成本的作用,因此进口配额的放松与单位运输成本降低会对企业质量选择产生相似的效果。Feenstra(1988)分析了日本汽车行业的自愿出口配额(VER)对于出口汽车质量的影响。配额政策的收紧意味着单位成本的上升,因此出口产品的质量会提高。这一理论预测在 Feenstra(1988)关于日本汽车出口的实证检验中得到支持。

二、产品质量与贸易福利度量

在贸易福利度量中,如何计算可靠的准确反映实际生活成本(或对于企业来说,实际中间品成本)的价格指数是核心问题。传统的贸易理论中缺少质量这一因素,价格纯粹反映了单位成本,因此价格的升高会带来福利损失。然而,如上述文献回顾所揭示的,贸易产品价格在很大程度上反映了其内含的产品质量的差异,在存在质量差异的情况下,实际的单位成本应是每单位质量所对应的成本,即"质量调整后价格",而非每单位产品所对应的成本。

在这一前提下,使用贸易数据中记录的单位价格进行价格指数的计算有可能低估了贸易的福利所得,因为单位价格升高的背后可能反映的是产品质量的提高,而由产品质量提升带来的价格升高则不一定反映实际成本的升高。由于产品价格不可观测,因此一种方法是在假设需求结构的前提下,利用可观测到的销售额信息反推质量调整后价格,再利用反推出的质量调整后价格与可观测到的单位价格相比得出产品质量的变动。这种方法对需求结构做了假设,本质上与需求信息推断法相似,但在具体应用上则有所区别。

Redding 和 Weinstein(2017)运用这一方法,利用微观层面的美国和智利的进口数据,将进口产品的实际价格指数分解为单位价值、产品质量、产品种类、产品异质性等几方面因素的贡献,并发现在横截面上,实际价格指数50％的变动来自产品质量和产品种类的变动;而在实际价格指数的跨时变动中,这两方面因素的贡献在 90％左右。这一证据表明在贸易福利测算和价格指数计算中忽略产品质量的作用会导致极大的模型设定偏误和测量误差。

第五节　研究展望及结语

随着经济学理论的完善和相关贸易数据可得性的提高,经济学家开始寻求对产品质量这一不可直接观测的特征进行刻画和测算的方法。相关研究也已经发展出若干基于理论模型,将产品质量表示为其他可观测变量和参数函数的方法,从而对贸易产品质量进行估计和描述。进一步地,研究者还探讨有哪些因素会影响进出口产品的质量。此外,产品质量作为重要的理论机制之一,也被广泛用于解释国际贸易中关于贸易模式与企业特征等主题。Feenstra 和 Romalis(2014)提供了包含微观企业内生化产品质量行为的理论框架,但由于各个国家的微观企业产品层面的数据难以同时得到,他们选择从宏观层面测算进出口产品质量,而并未尝试将该测算方法应用到微观层面。因此在他们模型的基础上进行拓展,从供给角度(即企业的角度)将产品质量选择内生化,发展适用于微观贸易数据的产品质量测算办法,在理论和现实中将质量测算和生产率测算相结合,并通过结构化的方法将生产率和产品质量相分离,将大大推进产品质量异质性理论在实际研究中的应用。

第二个方向是研究企业质量升级的经济后果。在目前的许多相关研究中,质量的变化是结果而非原因,但产品质量的升级显然也会带来一系列的经济后果。一个可能的研究课题是,进口产品质量的提高是否会对当地的生产企业产生影响。一方面,进口产品质量的提升加剧了本国当地生产该种产品的厂商的竞争压力;另一方面,进口产品质量的提升有利于本国当地使用该种产品作为中间品投入的厂商。前者从竞争加剧渠道对企业产生作用,后者从中间品投入渠道对企业产生作用,并可能通过生产率、成本加成、利润率、进入退出等形式表现在企业层面的经济活动上,从而对整体经济造成影响。此外,将进口产品质量数据与消费者、调查数据相联系,也可考察进口产品质量提升对于消费者福利和生活水平等各个方面的影响。

第三个方向是将企业产品质量升级与宏观经济冲击相联系。目前已有研究者研究最终品关税减免、中间品关税减免等经济冲击对于进口产品和出口产品质量的影响。我们认为,还有其他的一些经济冲击可能对产品质量产生影响。一方面是贸易政策不确定性的减少。在中国加入 WTO 之前,虽然美国给予了中国最惠国的待遇,但该待遇每年均需经过美国国会的年度审查,若审查不通过则该最惠国待遇将被取消,从而构成贸易政策的不确定性。而自中国加入 WTO 之后,便获得了美国永久性的最惠国待遇,贸易政策不确定性也相应大大降低。不确定性降低往往会刺激投资增加,从而有利于产品质量的提升。另一方面,我国现在面临持续的工资水平上升,从而对企业,特别是劳力密集型的企业构成了成本压力。工资水平的上升可能增加了企业通过生产流程创新和产品创新进行成本节约的动机,而企业创新研发的后果也有可能对产品质量升级造成影响。

第四个方向是关注企业特征对于产品质量的影响。现有的相关的实证文献多关注贸易自由化等宏观层面经济政策对于产品质量的影响。但从另一个角度看,产品质量是企业异质性的重要维度,因此如何从企业特征出发解释产品质量在企业间的差异,也会是一个重要的研究课题。企业的许多行为都会对产品质量产生影响。举例来说,研发投入如何促进企业的质量升级? 进口中间品和资本设备是否有利于企业进行质量升级? 在产品质量升级行为的过程中,是否存在不同生产要素之间的替代或互补关系? 企业间的质量升级行为是一个收敛的过程还是发散的过程? 回答这些问题有助于我们构建"经济冲击发生(如关税政策变化)→企业调整相应行为(如研发创新增加)→企业质量水平变化"等一系列完整的逻辑链条和作用机制,更全面地理解企业产品质量变化的本质和来源,从而为相关的政策实践提供参考。

第五个方向是通过产品质量的理论一致地解释在不同维度和不同层面上贸易价格的差异变化。如文献所述,微观层面的贸易产品的价格在同一市场不同企业间、同一企业不同市场间均存在系统性的差异和变动;而在宏观层面,贸易产品价格又和进出口国的人均收入等特征及两国之间的距离有着系统性的关联。一个统一的基于产品质量的理论框架需要将影响产品质量的各方面机制(如企业层面的生产效率、"华盛顿苹果效应"等)纳入考虑范围,并有能力在微观层面和加总层面产生与现有研究的相关实证发现所一致的理论预测。在理想的情况下,这一产品质量的理论应该与现有的国际贸易企业异质性理论保持紧密的联系。

第六个方向是将产品质量理论纳入宏观一般均衡分析。在理论模型中,产品质量会影响贸易所得,在实证研究和价格指数测算中,产品质量被证明是影响产品价格、决定实际成本的重要因素。因此在评估经济政策对各项经济变量的冲击和对福利的影响时,我们必须将产品质量的相应变化纳入考虑范围。在目前的国际贸易研究中,强调一般均衡福利分析的量化宏观研究往往关注贸易流量的变化,运用较为标准化的模型框架研究各项冲击对于经济体的影响,而对贸易价格变化及其背后的质量调整关注较少;强调企业异质性的微观实证研究则关注微观企业的质量选择行为如何能够解释微观数据中的一系列与价格相关的现象。将具有微观产品质量选择的微观理论基础纳入一般均衡框架,在福利分析中允许产品质量这一因素产生内生的变动和调整,可以丰富政策分析工具对于现实经济运行逻辑的刻画能力,产生更加可靠的政策分析结果。

第六章 贸易自由化与进口中间品质量升级[*]

第一节 引 言

　　本章研究贸易自由化,特别是进口关税减免对进口中间品质量的影响。在过去的十几年间,随着我国贸易开放的进程大大加快,进口产品的贸易壁垒大大降低了。特别是我国在 2001 年年底加入了世界贸易组织(WTO),承诺减免进口关税,从 2001 年到 2006 年,我国的平均进口关税从 16.4％下降到 9.2％。在此期间,我国的进出口贸易量也大大增加,我国成为世界第二大贸易体。2013 年,我国成立了上海自由贸易试验区,推动了新一轮的贸易改革。那么,贸易开放能给我国的经济增长,特别是制造业的质量升级带来哪些效益? 贸易自由化除了给我国带来贸易"量"的大幅提升,能否给我国贸易和经济带来的"质"的飞跃?

　　经典的贸易与增长的模型预测,自由贸易通过为发展中国家提供新的、质量更高的中间投入品来促进其经济增长。在 Grossman 和 Helpman(1991)提出的质量梯度模型中,发达国家利用本国在创新技术上的比较优势开发出新一代的产品,而发展中国家的企业则通过模仿新产品的设计和生产工艺来实现增长。这些模仿过程正是通过进口新的、质量更高的中间品来实现的。如果我们发现,中国这样的发展中国家在贸易自由化之后确实进口了质量更高的中间品,这正印证了贸易自由化促使中国制造业进行质量升级,从而促进经济增长的猜想。进一步,如果质量更高的中间品提升了我国国内消费品和出口产品的质量,那么我国在全球价值链上将从一个生产低端廉价产品的国家走向一个生产高质量、高技术含量产品的制造业大国。

　　近年来,经济学者大量研究了贸易自由化对于企业生产率(TFP)的影响(如 Amiti and Konings,2007;Topalova and Khandelwal,2011;Yu,2015)。过去的研究主要集中在最终产品关税下降对企业生产率的影响方面。理论和实证结果表明,最终产品关税下降带来的进口竞争和新的出口机会通过优胜

---

　　[*] 本章是与美国马里兰大学李乐融博士合作的成果。原文发表在《经济学》(季刊),2016 年第 15 卷第 3 期,第 1011—1029 页。

劣汰使得全行业的生产率得到普遍的提升。这种现象不仅仅出现在发达国家,在发展中国家也非常普遍。近年来,经济学者在考虑贸易开放深化的影响时,不仅关心最终产品关税减免对企业生产率的影响,更关心中间品关税下降的影响。由于中间品关税下降会使进口厂商能够选择种类更多、质量更高的中间投入品,这同样能使国内的企业全要素生产率得到提高。

大量的实证研究也印证了这一观点,中间投入品的关税下降使得制造业企业的生产率大大提升。这些研究包括 Amiti 和 Konings(2007)率先对印度尼西亚企业的研究,Goldberg 等(2010)对印度企业的研究及 Yu(2015)对中国制造业企业的研究。那么,更进一步地,贸易自由化,特别是中间投入品关税下降是通过哪些渠道或机制使生产率提高的? Goldberg 等(2010)强调了中间品关税下降使得国内厂商可以选择更多、更便宜的进口中间品,从而为厂商节约成本,继而带来了生产率的提高。Amiti 和 Konings(2007)指出,除了更多种类的中间品,国内厂商也可能通过进口质量更高的中间品来提高生产率。而本章正是通过对中国贸易自由化过程的实证检验,试图印证进口中间品关税下降引起企业生产率提高的第二个渠道,即进口中间品质量的提高。

在理论上,在贸易自由化的背景下,贸易成本的下降,进口中间品的质量会如何变化呢? 在供给方面,在进口关税下降之前,出口国家中只有那些生产率最高的企业才能克服出口的固定成本,但在贸易自由化之后,贸易成本降低,更多生产率较低的企业也能将产品出口到中国。它们出口的中间品质量也可能更低。

在需求层面,一方面,随着我国进口中间品的关税的下降,进口中间品的国内价格下降了,同等的价格,厂商可能选择使用质量更高的中间品来进行创新,获取更多的利润。另一方面,贸易自由化中进口最终品的关税也下降了,国内的厂商在国内市场面临着更加激烈的市场竞争。在激烈的市场竞争中进行质量升级可以为企业带来新的利润空间。在实证上,Bustos(2011)发现国内市场的竞争压力使得国内的厂商投资在技术和质量升级方面。在这样的情况下,我国国内的厂商也可能通过进口质量更高的产品来实现质量升级。

总结供给和需求两方面的因素,我们看到,供给效应可能会使进口产品的平均质量下降,而需求方面的价格效应会使进口产品的平均质量提高,这两种效应谁占主导作用,还需要实证数据来印证。同时,如上所述,进口中间品的质量除了受到进口中间品关税下降的影响,还受到进口最终品关税下降的影响。本章的另一大挑战在于剔除进口最终品关税下降的影响,准确地估计出进口中间品关税下降的影响。

本章运用 2000—2005 年间我国高度细化的进口数据,探讨了贸易自由化,特别是加入 WTO 带来的关税减免,对于进口中间品质量的影响。为了准确地将产品质量从产品的价格信息中分离出来,我们运用了 Khandelwal(2010)的模型估计了来自 203 个国家的 3 714 种进口中间品的质量。在控制了关税的内生性后,我们发现,进口中间品关税的下降显著提升了一般贸易中进口中间品的质量。进一步地,由于中间品质量的提升可能受到最终产品关税减免的影响,我们选择受到关税减免保护的加工贸易为对照组,运用倍差法(difference-in-difference)进行检验,结果进一步印证了相对于加工贸易,一般贸易的进口中间品质量在关税减免之后得到了显著的提升。

本章为准确地衡量我国贸易自由化,特别是关税减免对于进口中间品质量的影响,避免实证的估计误差,主要做了三方面创新性工作:(1)使用最为细化的海关进口产品层面的数据作为样本,而不是最常见的企业层面的数据,这使得结论更加精确;(2)率先运用 Khandelwal(2010)的方法,在 HS 8 位编码产品层面上估计出各国出口到我国的中间品质量;(3)在用回归估计出中间品关税减免对进口中间品质量的影响后,创新性地采用倍差法进一步估计出整体关税减免(中间品和最终品)对于中间品质量的影响。

本章与一系列贸易自由化和生产率的研究密不可分。Amiti 和 Konings(2007)利用印度尼西亚的数据,发现进口中间品关税下降 10% 会给那些进口中间品的企业带来 12% 的生产率提升,这种由中间品关税下降带来的提升幅度是最终品关税下降所带来的提升的两倍。更重要的是,Yu(2015)利用中国的规模以上工业企业数据,发现对整个样本来说,中间品关税下降10% 会带来企业生产率提升 10%,对非加工贸易企业来说,这一提升效果更加明显。这印证了贸易自由化,特别是中间品关税下降将促进企业生产率提升的事实也发生在中国。进一步地,近期文献讨论了造成这一效应的机制。Goldberg 等(2010)发现,更低的中间品关税贡献了印度国内 31% 的新产品,而这个效应在很大程度上归因于更多种类的进口中间投入品。我们的研究则提供了使生产率提高的另一个渠道的证据,即更高质量的中间品。

由于我们研究的对象是产品的质量,那么对进口中间品质量进行准确度量有着非常重要的意义。传统上,经济学家用单位价值(unit value)作为产品质量的近似指标,但这个指标的精确度有待商榷。近期的一系列研究试图找到一个更准确的度量质量的指标。Hallak 和 Schott(2011)提出了一种方法,估计了 1989—2003 年世界上几大出口国的出口产品质量。其中的经济学理论是,如果我们控制了出口价格,那么那些拥有贸易盈余的国家出口的产品

(相对于有贸易赤字的国家的产品来说)具有更高的质量。他们发现,发达国家往往出口质量更高的产品,而单位价值并不是一个很好的度量质量的指标。进一步地,Khandelwal(2010)提出了一种方法,利用了价格和数量的信息,在最细分的产品层面估计了进口到美国的产品质量。如果一个产品在控制了价格之后仍然有较高的市场份额,那么就可以认为它的质量更高。结果发现,对于同质性的产品来说("较短质量梯度"),价格并不是度量质量的很好的指标。

国内较早的文献也通常将单位价格作为产品质量的近似指标,如施炳展(2010)发现,随着我国出口量的大幅增长,出口产品的价格并未出现相应的增长,这说明我国出口产品的质量提升有限。刘伟丽和陈勇(2012)运用了Khandelwal 的模型,估计了 2000—2008 年我国进出口产品的质量,并将中国产品的质量梯度与美国产品的质量梯度进行了比较研究,但其着眼在产品的质量梯度并不在产品质量本身。施炳展(2013)通过"回归反推法",运用了与Khandelwal 相似的逻辑,结合企业出口产量和价格的信息,估计了中国企业出口品的质量。而本章是第一篇在贸易自由化的背景下估计出进口中间品质量,考察贸易自由化对进口中间品质量的影响的文章。

相比其他方法,Khandelwal(2010)的模型有如下优点:第一,Khandelwal(2010)的方法在产品和来源国双重层面估计产品的质量,而其他方法,比如Hallak 和 Schott(2011),只能在国家层面,不能在细分产品层面估计质量。第二,Khandelwal(2010)的方法来自产业组织中经典的估计需求与供给函数的结构模型,而其他模型均为约化式回归。第三,Khandelwal(2010)的方法由于利用了价格和销量的信息,最适用于研究进口产品的质量,而其他模型多用于估计某个国家平均出口品的质量。在本章中,我们采用了 Khandelwal(2010)的方法测量进口到我国的中间品(HS 8 位制编码)的质量。

本章接下来的结构如下:第二节介绍我们使用的数据;第三节介绍质量估计的模型及结果;第四节阐述经济计量方法及主要的回归结果;第五节总结。

第二节　数　据

为了度量中间品质量并探讨进口关税下降的影响,我们使用两套数据进行研究:中国进口关税数据和中国海关贸易数据。

中国进口关税数据可以直接从 WTO 官方网站下载,可得的中国进口关税数据是在 6 位制编码(HS 6)产品层面上的。我国在 1992 年宣布建立社会主义市场经济,当时我国未加权的平均关税为 42.9%。在 WTO 乌拉圭回合后不久,为了争取早日加入 WTO,我国将关税水平从 1994 年的 35% 削减到 1997 年的 17% 左右。而在 1998 年到 2000 年期间,进口关税几乎没有变化。在入世前夕,我国将关税从 16.4% 下调至 15.3%。而在 2001 年 12 月加入 WTO 之后,当年的平均关税为 14.6%。2002 年平均关税继续下调至 11.5%,此后关税逐年下降,2003 年为 10.5%,2004 年为 9.6%,2005 年为 9.2%。2005 年后平均关税基本保持平稳。

中国 2000—2005 年细分的进口数据可从中国海关数据库中得到。对每一笔进口,这个数据库记录了三种信息:(1)基本的贸易信息,即总价值、数量、进口或出口、贸易单位及单位价值;(2)贸易方式,如进口国、进口模式(加工贸易或一般贸易)、运输方式(海运、陆运或空运);(3)进口企业的信息。为了处理方便,我们将月度的数据加总到年度层面。

由于进口贸易数据中不仅包含了中间品,也包含最终产品。我们根据广义经济分类法(broader economic categories,BEC)2002 年版本中定义的中间品,将最终产品和中间品从贸易数据中分离。最后得到的进口中间品分为工业原材料、半成品和机械零部件三部分。表 6-1 汇报了在我们的样本期间三种进口中间品的数量。

表 6-1 2000—2005 年间进口中间品数量(对数值)

	2000 年	2001 年	2002 年	2003 年	2004 年	2005 年
原材料(21)	23.41	23.93	23.69	24.02	24.24	24.53
半成品(22)	25.27	25.50	25.54	25.77	25.76	25.80
零部件(42&53)	25.40	25.48	25.79	26.08	26.33	26.59

数据来源:中国海关数据库。

第三节 质量估计

一、质量估计模型

由于我们无法直接观察到产品的质量,经济学家往往用单位价值作为产品质量的近似指标。但是,单位价值往往会受到其他原因的影响。比如,两个国家拥有不同的制造成本(劳动力工资),它们可能会为同样质量的产品制定不同的价格。如果进口国的消费者偏好一些产品的特殊性质(如款式、剪裁),那么即使是成本高的产品在进口国仍有生存的空间。

在 Khandelwal(2010)的模型中,质量被定义为任何能够增加消费者平均效用的有形或无形的特征。模型背后的直觉在于,两个国家出口相同价格的同类产品,但在进口国拥有不同的市场份额,那么这两个来自不同国家的产品必定拥有不同的质量。显然地,市场份额越大的产品拥有更高的质量。换句话说,如果一种产品在跟同类产品的竞争中能够提升自己的价格而又不损失市场份额,那么这种产品的质量一定得到了提升。

在我们的贸易数据中,我们无法观测进口产品(尤其是进口中间品)的产品特质。于是,我们估计出的质量将代表所有的能够增加消费者平均效用的特质。根据中国进口数据的结构,我们定义从 c 国进口的产品 h(8 位制编码)为一种中间品 ch。进一步地,我们根据国民经济行业分类标准(GB/T 4754-2002),将每一个制造业行业(CIC 2)定义为一个市场,所有的来自不同国家的 8 位制中间品 ch 在市场中竞争。[①] 同一个 8 位制编码的产品具有相似的特征,所以它们同属于一个类别(nest)。

根据 Berry(1994)关于异质产品的嵌套对数(nested logit)模型,Khandel-wal(2010)成功将此模型应用到面板进口数据中。于是,我们沿用 Kandelwal(2010)的模型,估计如下方程:

$$\mathrm{Log}(s_{cht}) = \lambda_{1,ch} + \lambda_{2,t} + \alpha \mathrm{Log}(P_{cht}) + \sigma \mathrm{Log}(ns_{cht}) + \lambda_{3,cht} \tag{6.1}$$

由于从同一个国家进口的同一种产品在一般贸易和加工贸易中也有可能拥有不同的质量,我们分别对一般进口和加工进口进行估计。[②] 其中,s_{cht} 是指中间品 ch 的市场份额,定义为 $\dfrac{q_{cht}}{\mathrm{market}_{it}}$,$q_{cht}$ 是中间品在 t 年的进口数量,而 market_{it} 是整个行业 i 的市场规模。为了得到行业层面的市场规模,我们用行业层面的进口数量除以行业层面的进口渗透率,即 $\mathrm{market}_{it} = \dfrac{\sum\limits_{ch \in cic_i} q_{cht}}{\mathrm{impen}_{it}}$。[③] ns_{cht} 为该中间品在同一产品类别 h(HS 8 位制编码)中的进口份额,定义为 $\dfrac{q_{cht}}{\sum\limits_{ch \in h} q_{cht}}$。如果同一种产品类别中更多中间品 ch 出口到中国,即使质量不变,它们的市场份额也会变小,加入同一类别的进口份额控制了这种因素引起的总体市场份额变小。p_{cht} 是中间品 ch 在 t 年的单位价值。最后,我

---

① 我们将 6 位制编码(HS 6)的产品与制造业行业(CIC 2)对应起来。

② 在一般进口中,中间品价格为其到岸价格;在加工进口中,由于进口中间品免关税,其到岸价格等于其离岸价格。

③ 其中,进口渗透率数据来自余淼杰(2010b)。

们控制了中间品 ch 和年份 t 的固定效应，即 $\lambda_{1,ch}$ 和 $\lambda_{2,t}$。[①]

利用估计式(6.1)所得的系数，我们定义中间品的质量为

$$\hat{\lambda}_{cht} = \hat{\lambda}_{1,ch} + \hat{\lambda}_{2,t} + \hat{\lambda}_{3,cht} \tag{6.2}$$

也就是说，我们将两个估计出来的固定效应和残差项之和定义为中间品的质量。其中的含义在于，我们将市场份额中不能被价格和进口份额解释的部分定义为产品的质量。

二、质量估计结果

我们分别对中国 27 个制造业行业(代码:13—40)估计式(6.1)。在估计之前，我们对贸易数据进行了必要的处理。首先，由于进口数据有很多噪音，我们去掉了那些进口数量为 1 的中间品;其次，我们对每个行业的市场份额和单位价格进行了 5% 水平上的缩尾，以保证我们的回归结果不受极端值的影响。表 6-2 提供了质量估计中的关键变量的统计性描述。

表 6-2 质量估计中关键变量的统计性描述

变量	均值	标准差
一般贸易		
市场份额	0.000 101	0.002 56
单位价值(美元)	16.28	15.64
组内份额	0.075 5	0.171 0
加工贸易		
市场份额	0.000 125	0.002 20
单位价值(美元)	11.59	19.69
组内份额	0.072 8	0.165 9

数据来源:作者自己计算。

我们分别对每一个行业的一般贸易和加工贸易估计质量，表 6-3 汇报了质量估计中的各个系数。除了价格系数为正的烟草制品业(代码:16)，所有的价格系数和组内份额系数都显著。其经济含义是，在控制了其他因素之后，价格越高，该产品的市场占有份额就越小。烟草行业之所以不显著，可能是由于烟草行业中主要是国有企业，存在大量的保护性补贴及要素禀赋错配。由于市场份额和价格变量都是对数值，可以认为价格的系数

---

① 在 Khandelwal(2010)的模型设定中，他加入了人口变量以控制无法观测到的产品种类。原因在于，像中国这样的出口大国可能出口更多种类的产品，但进口数据可能将这些更细分的种类记录为同一种类中更多的进口。这样可能带来估计的偏误，但如果不考虑来自中国的进口，这种偏误可以忽略不计。

反映了价格弹性,我们估计的价格弹性的均值为-0.19,中位数为-0.16。

表 6-3   质量估计中的系数

工业(编码)	一般贸易		加工贸易	
	价格($\hat{\alpha}$)	组内份额($\hat{\sigma}$)	价格($\hat{\alpha}$)	组内份额($\hat{\sigma}$)
农副食品加工业(13)	-0.40	0.77	-0.12	0.80
食品制造业(14)	-0.24	0.80	-0.22	0.79
饮料制造业(15)	-0.26	0.83	-0.38	0.74
烟草制品业(16)	0.05	0.87	-0.49	0.77
纺织业(17)	-0.22	0.76	-0.09	0.89
纺织服装、鞋帽制造业(18)	-0.08	0.88	-0.19	0.77
皮革、皮毛、羽毛(绒)及制造业(19)	-0.09	0.87	-0.14	0.82
木材加工及木、竹、藤、棕制品业(20)	-0.21	0.79	-0.16	0.81
家具制造业(21)	-0.07	0.91	-0.11	0.84
造纸及纸制品业(22)	-0.21	0.86	-0.09	0.90
印刷业和记录媒介的复制(23)	-0.06	0.89	-0.06	0.92
文教体育用品制造业(24)	-0.21	0.79	-0.27	0.73
石油加工、炼焦及核燃料加工业(25)	-0.71	0.65	-0.52	0.76
化学原料及化学制品制造业(26)	-0.26	0.79	-0.13	0.85
医药制造业(27)	-0.16	0.85	-0.16	0.79
化学纤维制造业(28)	-0.31	0.81	-0.11	0.88
橡胶制品业(29)	-0.14	0.86	-0.09	0.87
塑料制品业(30)	-0.11	0.89	-0.05	0.92
非金属矿物制品业(31)	-0.17	0.84	-0.13	0.84
黑色金属冶炼及压延加工业(32)	-0.25	0.79	-0.12	0.86
有色金属冶炼及压延加工业(33)	-0.21	0.81	-0.09	0.88
金属制品业(34)	-0.14	0.85	-0.10	0.87
通用设备制造业(35)	-0.12	0.83	-0.18	0.77
专用设备制造业(36)	-0.14	0.78	-0.13	0.77
交通运输设备制造业(37)	-0.23	0.82	-0.36	0.75
电气机械及器材制造业(39)	-0.16	0.86	-0.23	0.79
通信、计算机及其他电子设备制造业(40)	-0.18	0.82	-0.28	0.74

数据来源:作者自己计算。

在垂直的产品市场,Bresnahan(1993)发现,所有消费者都认同价格,这就相当于认同对产品质量的排序,所以价格是质量的有效指标。但如果产品拥有很多水平方向上的特质(如款式、颜色等),价格和质量之间的对应关系就不那么明显了。下面的回归探讨了不同质量梯度的产品价格和质量之间的对应关系。在 Khandelwal(2010)的模型中,质量梯度(quality ladder)被定义为同一产品中最高质量与最低质量之差,衡量了产品的异质性。由于质量梯度是产品本身的特性,与国家无关,我们采用了 Khandelwal(2010)对于质量梯度的度量方式。[①] 由此,我们估计了下面的方程:

$$\text{Log}(p_{cht}) = \alpha_h + \alpha_t + \beta_1 \hat{\lambda}_{cht} + \beta_2 \hat{\lambda}_{cht} \times \text{Log}(\text{Ladder}_h) + \varepsilon_{cht} \tag{6.3}$$

其中,$\hat{\lambda}_{cht}$ 是我们用式(6.2)估计得到的产品质量水平,α_h 和 α_t 分别表示产品和年份的固定效应。在表 6-4 的回归结果中,质量的系数显著为负,说明了质量越高,价格越低。但是交叉项前的系数 β_2 为正且显著,说明了产品异质性程度越高、质量梯度越长,质量到价格的对应就越明显,即质量越高,价格越低。但当质量梯度变短,也就是说对同质性的中间进口品,价格并不是质量的很好的度量指标。这是本章的第一个重要发现。

表 6-4　价格与质量的关系

	总进口	一般贸易	加工贸易
	(1)	(2)	(3)
质量	-0.268^{***}	-0.277^{***}	-0.273^{***}
	(-112.40)	(-83.68)	(-81.60)
质量×质量梯度	0.017^{***}	0.012^{***}	0.021^{***}
	(15.18)	(7.41)	(13.18)
产品固定效应	是	是	是
年份固定效应	是	是	是
样本数	375 383	183 978	191 405
R^2	0.353	0.367	0.352

注:括号中为按企业水平调整后的稳健性 t 值。***、** 和 * 分别表示在 1%、5% 和 10% 的水平上显著。

第四节　实证策略及主要结果

一、基准回归

通过式(6.2)得到每种中间品的估算质量后,我们来考察贸易自由化对产品质量的影响。由于系统全面的非关税壁垒数据不可得,所以,如同 Amiti 和 Konings(2007)、Topalova 和 Khandelwal(2011)及 Yu(2015)等其他研究一样,贸易自由化在本章中主要表现为关税减免。具体地,考虑以下回归:

[①]　进一步地,Khandelwal(2010)说明,质量梯度很难随时间的变化而改变。在他所测量的质量梯度中,产品期初和期末的质量梯度的相关性为 0.7。

$$\lambda_{cht} = \alpha_h + \alpha_t + \beta_1 \tau_{ht} + \beta_2 X_{cht} + \varepsilon_{cht} \tag{6.4}$$

其中，λ_{cht}代表中间品质量，而τ_{ht}代表在 6 位制编码(HS 6)的产品进口关税。α_h和α_t分别控制了 2 位制编码(HS 2)的产品固定效应和年份的固定效应。由于进口的中间品在国内市场上与企业可选的其他国内中间品构成竞争，行业特质也会影响进口中间品的质量。所以我们在X_{cht}中包括了一系列产品所属行业的特质，包括行业总雇员人数和行业生产率。由于加工贸易本身是免进口关税的，所以我们的回归只针对一般贸易中的进口中间品。

表 6-5 的第(1)列和第(2)列汇报了最小二乘法(OLS)的结果。从第(1)列，我们可以看到，进口中间品关税的下降使得一般贸易中的进口中间品的质量显著提高，估计的系数为−0.029 且在常规的统计水平上显著。在第(2)列中我们控制了产品所属行业层面的特性，关税对质量的提升作用依然稳健。我们可以看到，那些行业规模较大(雇员人数多)，生产率较高的行业对应的进口产品质量也更高。一般来说，行业规模较大，生产率较高的行业是我国具有比较优势的行业。那么此行业生产的产品也具有较高的"性价比"，那么国内厂商在进行中间品的选择时，会优先选择国内的产品。在这种情况下，如果从国外进口，进口产品的质量也会更高。

表 6-5　基准回归结果

因变量 中间品质量	最小二乘法		工具变量法	
	(1)	(2)	(3)	(4)
进口关税	−0.049*** (−45.52)	−0.051*** (−46.74)	−0.057*** (−42.83)	−0.058*** (−44.08)
行业雇员人数		0.496*** (64.42)		0.471*** (57.56)
行业平均生产率		0.401*** (21.95)		0.395*** (20.27)
产品固定效应	是	是	是	是
年份固定效应	是	是	是	是
第一阶段 F 统计量			40 169	40 284
样本数	234 735	231 057	201 381	198 230
R^2	0.164	0.186	0.169	0.185

注：括号中为按企业水平调整后的稳健 t 值。***、** 和 * 分别表示在 1%、5% 和 10% 的水平上显著。雇员人数、生产率(TFP)均为行业层面数据，TFP 的估计采用了 OP 方法。数据来源于国家统计局"规模以上工业企业"数据在行业层面的加总或平均。

但是，OLS 的回归结果可能是因为反向因果导致的内生性而使估计有偏。这是因为产品的进口关税并非外生给定的，而是受到一些产品特质的影响。产品质量较差的行业可能会将低质量归因于进口中间品关税过高,从而迫使政府降低该行业的关税。如此,这些关税降低幅度很大的行业可能进口中间品质量并没有太大的提升,这将低估进口关税对中间品质量的提升作用。工具变量估计(IV)是处理这类问题较为有效的一种方法。在这里,我们用上一年的关税作为本年关税的工具变量。直观上来看,由于关税政策存在时序相关,上一年的关税跟本年的关税相关度很高(corr=0.95)。而企业在进口本年的中间品时,会根据本年的进口关税决定进口的质量,所以上一年的关税与本年的进口中间品质量关系不大(corr=−0.10)。

　　表 6-5 的第(3)列和第(4)列汇报了工具变量法回归的结果。可以看到,在控制了关税的内生性后,关税对质量的提升作用仍然显著。与 OLS 的结果相比,进口关税减免对质量的提升作用更加明显,这跟我们预测的系数变动方向一致。此外,表 6-5 还报告了第一阶段回归的 F 统计量,所有的统计量都显著大于 10,说明我们有效地避免了弱工具变量的问题。[①]

二、产品层面(HS 8)质量变化

　　进一步地,Trefler(2004)提出了一种有效解决关税内生性问题的方法。他先将关税变动之前的时期作为对照,对回归方程取两次差分,然后用期初的行业特质作为工具变量。一方面,由于已经取过两次差分,残差不可能与期初的水平值相关;另一方面,期初的行业特质决定了期初的关税水平,从而决定了此后的关税变化。

　　我们采用这种方法再对基准回归做两阶段工具变量回归。我们注意到,一方面,如果我们继续用中间品品种 ch 作为观察单位,在两次差分之后,我们只剩下了在期初(2000 年)、期中(2001 年)、期末(2005 年)三个时期都持续存在的中间品,这将大大减少观察值;另一方面,这些存续的中间品也很难代表整个样本,因为关税下降不仅使得厂商从同一国家进口质量更高的中间品,还会使其从其他国家进口高质量的中间品。为了解决这个问题,我们以 8 位制编码(HS 8)的产品(无论来自哪个国家)为观察单位,考察在产品层面上的质量升级。

　　由于我们的数据是从 2000 年到 2005 年,所以我们选择 2000 年和 2001 年作为前 WTO 时期。具体来说,用 $\Delta\lambda_{h0}$ 代表在加入 WTO 之前质量的平均变化,用 $\Delta\lambda_{h1}$ 代表在加入 WTO 之后质量的平均变化,这意味着:

---

　　① Staiger 和 Stock(1997)认为在 2SLS 回归中,若一阶段的 F 统计量大于 10,则有效地避免了弱工具变量的问题。

$$\Delta\lambda_{h0} = (\lambda_h^{2001} - \lambda_h^{2000})/(2001-2000)$$

$$\Delta\lambda_{h1} = (\lambda_h^{2005} - \lambda_h^{2001})/(2005-2001)$$

相应地,我们分别定义 $\Delta\tau_{h0}$ 和 $\Delta\tau_{h1}$ 代表加入 WTO 之前和加入 WTO 之后进口关税的平均变化。由于我们关心关税的下降对质量提升的影响,所以我们估计下面的回归:

$$(\Delta\lambda_{h1} - \Delta\lambda_{h0}) = \beta_1(\Delta\tau_{h1} - \Delta\tau_{h0}) + \beta_2 X_h^{2000} + \varepsilon_h \qquad (6.5)$$

其中,被解释变量和主要解释变量都是加入 WTO 前后的差分。在回归中,我们也控制了产品面的初期质量。由于关税变化的内生性,最适合作为关税变化的工具变量的是 2000 年行业层面的水平值。由此,我们选择 2000 年行业的总雇员人数作为关税变化的工具变量。由于关税可能保护那些就业人数较多的行业,故行业的总雇员人数与关税变化相关。此外,我们将 2000 年的关税水平作为另一个工具变量,因为期初的关税水平与其后的关税变化也紧密相关。

表 6-6 报告了产品层面工具变量法回归的结果。由于观察单位是 8 位制编码的存续产品,我们的样本数明显地减少了。我们分别报告了对一般贸易和加工贸易的影响。从第(1)列和第(2)列可以看出,关税减免显著地提升了一般贸易中进口中间品的质量。在第(3)列和第(4)列中,关税减免对加工贸易中的进口中间品质量的影响并不显著。这可能是由于加工贸易从一开始就是免除进口关税的,所以关税的下降对其质量的提升作用微乎其微。这也为我们后面使用倍差法提供了实证基础。

表 6-6　8 位制(HS 8)产品层面工具变量法结果

因变量	一般贸易		加工贸易	
质量变化差	(1)	(2)	(3)	(4)
关税变化差	-0.417^{***}	-0.354^{**}	-0.098	-0.033
	(-2.58)	(-2.23)	(-1.07)	(-0.36)
质量梯度		0.026		0.061^{**}
		(0.62)		(2.15)
初期质量		0.054^{**}		0.053^{***}
		(2.39)		(4.35)
一阶段 F 统计量	9.00	25.82	10.82	19.92
样本量	2 611	1 999	2 607	1 997

注:括号中为按企业水平调整后的稳健性 t 值。***、** 和 * 分别表示在 1%、5% 和 10% 的水平上显著。

另外,由于我们的进口中间品由原材料、半成品和零部件组成,那么关税减免是否对三类中间品的质量有着不同的影响? 表 6-7 汇报了在一般贸易中的关税减免对三类中间品质量的影响。其中,进口关税减免显著提升了进口半成品和零部件的质量,对进口机械零部件的质量提升效应特别明显。但有意思的是,回归发现进口关税减免会降低进口原材料质量,其中的原因可能是原材料的价格和质量更多地由中间品关税以外的因素(如最终品关税减免)决定。所以我们先前的回归可能因存在遗漏变量问题产生了另一种内生性,从而使我们的估算可能有偏。我们下面具体地来看如何有效地控制这种内生性。

表 6-7　关税减免对三类进口中间品质量的影响

	(1)	(2)	(3)
	原材料	半成品	零部件
进口关税	0.173***	−0.022***	−0.085***
	(17.87)	(−16.90)	(−39.49)
产品固定效应	是	是	是
年份固定效应	是	是	是
样本数	4 231	170 036	60 468
R^2	0.57	0.14	0.21

　　注:括号中为按企业水平调整后的稳健性 t 值。***、** 和 * 分别表示在 1%、5% 和 10% 的水平上显著。其中中间品的分类根据广义经济分类法确定。

三、倍差法回归

　　进口的中间品可能加工成不同的产成品,产成品的关税下降也可能引起本行业进口中间品的质量提高。例如,国内汽车生产厂商在面临汽车进口关税减免时,国内市场更加激烈的竞争会使得国内汽车厂商进口质量更高的轮胎。而在我们的回归样本中,因为样本已根据广义经济分类法界定为中间品,所以在回归中对照的关税就是中间品关税。而因为即使同一中间品(如橡胶)也可以加工成不同的最终品(如不同的轮胎、塑料产品),所以研究者无法在回归中控制产成品关税,这使得我们之前的回归很难完全估计出整体关税减免(包括中间品和最终产品关税下降)对中间品质量提升的影响。

　　幸运的是,加工贸易的存在为我们考察贸易自由化对于进口中间品质量的影响提供了一个自然的随机实验。作为中国贸易最显著的特征,加工贸易是指国内的厂商从国外进口原材料,经过本地的加工,再将产成品出口到国外的过程。2000—2005 年,中国总贸易量的 76% 的构成是加工贸易。表 6-8 说明了 2000—2005 年中国的进口构成。

表 6-8 2000—2005 年中国进口构成

(单位:千万美元、%)

	2000 年	2001 年	2002 年	2003 年	2004 年	2005 年
加工进口量	6 409	7 556	8 622	12 879	18 670	21 850
加工进口份额	78.0	74.6	76.7	75.8	76.7	77.2
一般进口量	1 810	2 570	2 620	4 100	5 680	6 450
一般进口份额	22.0	25.4	23.3	24.2	23.3	22.8
总进口量	8 219	10 126	11 242	16 979	2 350	28 300

数据来源:中国海关数据库。

最重要的是,加工贸易在中国得到关税豁免的政策优惠,正因为如此,贸易自由化带来的进口关税(包括中间品关税和产成品关税)下降对加工贸易没有影响,进一步地,加工贸易中进口中间品质量也不应该受到影响。之前的回归结果也印证了在产品层面上,进口关税对加工贸易中进口中间品的质量的影响是不显著的。因此,我们利用这一特征,将总的进口分为一般贸易和加工贸易,并选择一般贸易为实验组,加工贸易为控制组。

在运用双重差分的方法之前,我们需要验证,除关税影响外,一般贸易和加工贸易的差距是否不随时间变化而变化? 一般贸易的产成品销往国内,而加工贸易的产成品销往国外,那么在样本期间国内国外市场经济环境的不同,可能会造成两者之间的差异发生变化。但国内厂商对一般贸易或加工贸易的选择是内生的,如果国外市场竞争加剧,国内厂商可能会转为一般贸易,主攻国内市场。那么,一般贸易和加工贸易的构成就会发生变化。但是在短期来看,我们可以认为加工贸易和一般贸易之间的差距是稳定的。另外,在我们的样本期间,除了关税政策,没有其他政策仅影响加工贸易或仅影响一般贸易。那么,我们就可以利用加工贸易和一般贸易在关税变化前后的差距来估计出进口关税的影响。

具体来说,我们比较在中国加入 WTO 前后一般贸易相对于加工贸易的进口中间品质量变化。我们估计以下方程:

$$\lambda_{cht} = \alpha_{ht} + \beta_1 \text{Treatment}_s \times \text{Post}_t + \beta_2 \text{Treatment}_s + \delta X_{cht} + \varepsilon_{cht} \qquad (6.6)$$

其中,λ_{cht} 代表中间品 ch 在 t 年的质量,Treatmnet_s 是一个哑变量,如果中间品进口属于一般贸易,取值为 1,如果属于加工贸易,取值为 0。Post_t 也是一个哑变量,当年份在中国加入 WTO 之后,取值为 1。X_{cht} 是一系列控制变量,包括产品行业层面的总雇员人数和生产率。

表 6-9 汇报了估计式(6.6)的结果。第(1)列的交叉项系数显著大于 0,表明在加入 WTO 之后,一般贸易的进口中间品质量相对于加工贸易显著提

高了。表示一般贸易的哑变量前的系数也显著为正,表明一般贸易的进口中间品质量普遍较高。第(2)列控制了 HS 2 位制的产品固定效应,也就是说,我们的比较是基于同一个产品类型的,交叉项的系数仍然显著为正。第(3)列加入了一系列产品层面的控制变量,这并没有显著地影响回归结果。不过,由于被解释变量之间可能存在着显著的时序相关性,第(1)列至第(3)列的标准差可能存在偏差。为解决这一计量上的问题,我们仿照 Betrand 和 Duflo(2004),在第(4)列将加入 WTO 前后的时期平均为两期,再用倍差法估计,得到的结果仍然是稳健的。

表 6-9　双重差分结果

	(1)	(2)	(3)	(4)
一般贸易×	0.088^{***}	0.109^{***}	0.135^{***}	0.122^{***}
加入 WTO 后	(5.74)	(7.68)	(9.46)	(6.10)
一般贸易	0.223^{***}	0.234^{***}	0.228^{***}	0.228^{***}
	(17.18)	(19.5)	(18.94)	(14.59)
总雇员人数			0.459^{***}	
			(83.46)	
行业生产率			0.146^{***}	
			(11.66)	
产品固定效应	否	是	是	是
年份固定效应	是	是	是	是
样本数	521 801	521 801	514 137	232 882
R^2	0.008	0.160	0.172	0.161

注:括号中为按企业水平调整后的稳健性 t 值。***、** 和 * 分别表示在 1%、5% 和 10% 的水平上显著。

四、稳健性检验

在 Khandelwal(2010)的模型中,质量梯度代表着产品的异质性程度,质量梯度较短的产品是相对同质性的产品,而质量梯度较长的产品是相对异质性的产品。那么关税的下降对于不同质量梯度的产品来说,影响是否不同呢?我们将一般贸易中的产品按照其质量梯度分为四等分,然后对每一等分做基准回归。表 6-10 报告了回归的结果,可以看到,关税对前 25% 和后 25% 质量梯度的产品影响最大,也就是说,关税减免对同质性最强的产品和异质性最强的产品的质量的提升作用最为明显。这可能是由于同质性较强的产品的进口关税减免幅度较小,从而造成系数较高。而第(2)列、第(3)列、第(4)列的回归结果则表明,产品的异质性越高,关税减免对质量提升的效果越明显。

表 6-10　关税减免对于不同异质性产品的影响

因变量	质量梯度			
中间品质量	第一分位数	第二分位数	第三分位数	第四分位数
进口关税	−0.084 ***	−0.007 *	−0.024 ***	−0.036 ***
	(−26.44)	(−2.55)	(−9.04)	(−14.81)
产品固定效应	是	是	是	是
年份固定效应	是	是	是	是
样本数	42 718	42 286	38 631	42 865
R^2	0.207	0.249	0.211	0.222

注:括号中为按企业水平调整后的稳健性 t 值。*** 、** 和 * 分别表示在 1%、5% 和 10% 的水平上显著。

第五节　结　论

　　本章我们估计了我国贸易自由化,特别是关税减免对进口中间品质量的影响。我们参考了国际文献中最新的估计质量的计量方法,较为准确地估计了在 2000—2005 年,来自 203 个国家的 3 714 种进口中间品的质量,并利用中国进口中间品关税豁免的特性,创新性地运用倍差法,解决了内生性问题,得到了中间品关税下降显著地提高了一般贸易中进口中间品的质量这一结论。

　　在贸易文献中,产品质量很少作为一个研究变量,其主要原因在于产品质量难以准确估计。传统上,我们认为价格越高的产品质量越高,而这一逻辑在国际贸易中往往难以成立,因为不同国家的物价水平不同,价格高的产品并不一定质量高。Khandelwal(2010)利用产业组织的文献构造了一个结构模型解决了这一难题,在国际贸易领域引发了广泛关注。进口产品层面的数据纷繁复杂,目前运用这一层面来估计进口产品质量的文献屈指可数。本章是国内第一支利用 Khandelwal(2010)的方法估计进口中间品质量(产品层面)的文献,一定程度上解决了我国进出口产品质量度量的难题。

　　进一步地,由于进口中间品的质量有可能受到最终品关税的影响,而最终品关税在估计中难以控制,我们创新性地运用了倍差法来解决这个问题。由于我国的加工贸易占了总贸易量的半壁江山,而加工贸易的进口不受最终品关税下降的影响,我们将总体进口中间品分为一般贸易和加工贸易,利用倍差法,解决了这一难题。

产品质量是国际贸易研究中的一个非常重要的变量,现代国际贸易理论认为国家之间的分工不仅存在于不同产品的层面上,也存在于同一产品的不同质量层面上。所以本章解决的进口产品的质量度量问题为未来的研究打下了重要的基础。不仅仅是进口,出口产品的质量也可以运用相似的逻辑和方法来估计。所以估计贸易自由化对产品质量的影响将是未来一个重要的研究方向。

本章通过实证发现进口关税的下降提升了进口中间品的质量。这验证了一方面,进口关税下降提升企业生产率是通过提升中间品质量来实现的;另一方面,贸易自由化引起我国进口中间品质量提升,势必引起国内产品及出口品的质量提升,这将对我国在全球价值链上的提升有重大影响。在政策上,进一步扩大贸易开放,将对我国制造业转型升级、经济可持续发展发挥关键性的作用。

最后,本章可以从以下几个方面进行拓展研究。① 首先,因为我国全样本的非关税壁垒数据尚无法得到,所以目前我们的贸易自由化指标只包括关税减免。如可以把研究拓展到包括非关税数据在内的全方位衡量的贸易自由化上,这是我们未来的一个研究方向。其次,我们也注意到,不同来源国的进口中间品本身就存在质量差异,因此,进口中间品质量的提高可能是因为中间品质量本身就高,而非完全是贸易自由化的结果。本章所要强调的是,在控制了其他因素之后,贸易自由化能够显著地提高产品的质量,特别是一般进口品的质量。但来源国的进口中间品本身的质量差异也是以后一个有意思的研究方向。最后,因数据所限,我们的样本只关注人民币大幅度升值前的时间段(2000—2005 年),如果完整、系统、准确的新期间微观海关样本可得的话,可再对其进行拓展研究。

---

① 感谢两个匿名审稿人提出的有益建议。

第七章　贸易自由化、加工贸易与企业成本加成[*]

第一节　引　言

本章主要研究了贸易自由化对于我国制造业企业成本加成（markup）的影响，并着重考察了加工贸易在其中所起的作用。从 20 世纪 80 年代以来，我国关税总体水平不断下降。虽然已经有一些文献对贸易自由化的影响进行了探讨，但研究贸易自由化对企业成本加成影响的文献却非常稀少。

成本加成是经济学中非常重要的概念，它揭示了企业的市场力量，一般用价格与成本的比表示。经济运行中的成本加成现状及影响因素从 20 世纪 90 年代以来一直是经济学研究领域的重要话题，Levinsohn（1993），Harrison（1994），Melitz 和 Ottaviano（2008），De Loecker 等（2015），Lu 和 Yu（2015），盛丹和王永进（2012），盛丹（2013），钱学锋、潘莹和毛海涛（2015），罗长远、智艳和王钊民（2015）等均对这个问题从理论或实证上进行过研究，但文献对这个问题的讨论仍然有待完善，尤其是着重考察在发展中国家广泛存在的加工贸易行为对贸易自由化的成本加成效应所起作用的文章更显稀少。

加工贸易在包括中国在内的众多发展中国家（如越南、墨西哥）广泛存在，是一种十分常见的贸易方式，对于像中国这样的发展中国家来说，其发挥着尤为重要的作用。加工贸易是指贸易企业从国外进口原料、材料或零部件，利用本国廉价的土地或劳动力资源，加工成最终品后再出口的贸易模式。由于各国政府通常鼓励加工贸易的发展，对作为中间投入品的进口原材料通常给予免税待遇，因此在贸易自由化过程中，存在加工贸易行为的企业感受到的关税下降幅度应该更小。故理论上来说，加工贸易占企业总贸易额比重较大的企业，贸易自由化对其企业成本加成的影响可能会与其他贸易企业有所差异。

当然以前已经有一些文献对于加工贸易进行了相关研究。Görg（2000）、

---

[*]　本章是与北京大学国家发展研究院袁东博士合作的成果，原文发表在《管理世界》，2016 年第 9 期，第 33—43 页。

Egger 和 Egger（2005）探讨了加工贸易分布的决定因素。Manova 和 Yu
（2012）的研究表明加工贸易的存在使更多面临信贷约束的企业能够参与贸
易，进而从贸易中获益。Koopman、Wang 和 Wei（2012）研究了在加工贸易广
泛存在的情况下该如何对企业国内增加值份额进行估计。Yu（2015）的研究
表明加工贸易对关税下降的生产率获益产生调节作用，从事加工贸易份额越
高的企业从关税下降中获益越小。考虑到加工贸易在中国广泛存在，我们在
研究贸易自由化对企业成本加成产生何种影响时，着重考察了加工贸易的作
用。理论上来说，由于加工贸易本来就享受免税待遇，对于加工贸易参与度
越高的企业，贸易自由化对其成本加成的影响应该越小，对此我们也将在后
文进行实证检验。

　　正如 Lileeva 和 Trefler（2010）、Amit 和 Konings（2007）、Topalova 和
Khandelwal（2011）所强调的一样，在全球价值链不断深入发展的当代，若只
研究一种关税的影响，则对贸易自由化的理解可能有偏。此前还未有文献同
时探讨外国关税、本国最终品关税和投入品关税下降对于企业成本加成的影
响，而本章将弥补此文献缺口。Melitz 和 Ottaviano（2008）通过理论模型说明
了关税下降导致的市场融合会使企业成本加成下降，不过这仅考虑了最终品
关税下降的影响。De Loecker 等（2015）使用印度的数据，构造产品层面的成
本加成，说明了最终品关税的下降会导致成本加成的下降，而投入品关税的下
降则会导致成本加成的上升。Lu 和 Yu（2015）将中国加入 WTO 作为自然实
验，通过双重差分论证了贸易自由化导致中国制造业行业层面成本加成分散度
的减小。而正如 Lileeva 和 Trefler（2010）所指出，外国关税对于企业尤其是出
口企业来说具有重要影响：因为外国关税下降意味着贸易壁垒下降，从而有利
于本国企业出口，进而影响企业生产行为。

　　为了更全面地考察贸易自由化对于企业成本加成的影响，参考 Yu
（2015）的做法，我们构建了企业层面的外国关税、最终品关税和投入品关税。
从理论上来说，最终品关税的下降将导致在国内销售同类最终品的企业面临
更加激烈的市场竞争，从而促使产品价格下降，进而导致企业成本加成下降。
同时，更低的投入品关税将使企业有利于降低投入成本，从而降低边际生产
成本，促使企业成本加成上升。此外，外国关税的下降给出口企业提供了两
种选择：一种选择是在出口成本下降的同时保持出口价格不变或小幅下降，
从而促使企业成本加成上升；另一种选择是相同幅度降低出口价格以扩大出
口集约边际，从而不会对企业成本加成带来显著影响。所以外国关税下降给
企业成本加成带来的影响需要用实证来进一步检验。

　　最后，我们对企业成本加成的估计不依赖于任何对市场结构和需求曲线

的假设。在 De Loecker 和 Warzynski(2012)、De Loecker 等(2015)研究之前,估计成本加成的方法总会引入一些有关供给、需求条件或市场结构的假设。为了估计行业层面的成本加成,Hall 等(1986)假设技术变动等冲击可以被视为对潜在的常数比率的偏离,从而推导出成本加成不随时间变化,进一步可估算出各行业的成本加成。同样,在估计企业成本加成时,Levinsohn(1993)要基于不完全市场竞争的假设,而 Harrison(1994)则要基于规模报酬不变的假设。而 De Loecker 和 Warzynski(2012)放松了对于市场结构与需求曲线的假设,只需要假设企业生产面临成本最小化问题且存在至少一种可变投入成本。参考 De Loecker 和 Warzynski(2012)、De Loecker 等(2015)的做法,我们估计了中国企业层面的成本加成,在估计时也对生产函数做了更适合中国具体情况的调整,比如考虑了加工贸易的作用。

综上可知,本章的创新点在于三点:其一,本章全面地考察了贸易自由化对于企业成本加成的影响,具体来说,我们首次研究了三种关税下降对于企业成本加成的影响;其二,本章着重探讨了加工贸易这一在中国广泛存在的贸易形式所起的任用;其三,本章对于企业成本加成的估计不依赖于对市场结构和需求曲线的假设,而且按中国实际情况对生产函数进行调整使成本加成的估计更精准。

通过构建企业层面的三种关税和成本加成,我们发现:首先,外国关税和投入品关税的下降会促使企业成本加成的上升,而国内最终品关税的下降由于给在国内销售类似最终品的企业带来了降价压力,会导致企业成本加成下降。其次,本章对于加工贸易的考察也有利于增强我们对加工贸易作用的理解。我们发现关税下降对成本加成的影响对于从事加工贸易的企业来说效果更弱,并且在控制住加工贸易自选择效应和内生性问题后,我们发现随着加工贸易参与度的增加,关税对成本加成的影响效果逐渐变弱。最后,本章的估计结果有利于加深对于贸易获益的理解,即贸易自由化不仅有利于企业生产率的提高(Amiti and Konings,2007;Topalova and Khandelwal,2011;Yu,2015),还可能对企业成本加成带来促进作用。

本章接下来结构安排如下:第二节介绍所用数据;第三节对企业成本加成的估计、关税的度量及实证设定进行说明;第四节报告相应估计结果;第五节做总结。

第二节　数　据

本章所用数据主要涉及三个部分:工业企业数据库、产品层面的贸易数据及关税数据。

首先,本章所用的第一个重要数据库是中国工业企业数据库。该数据库包含了全国所有国有企业和年销售收入在 500 万元及以上的非国有工业企业。本章所用数据的时间跨度为 2000—2006 年。该数据库涵盖了中国所有制造业行业,指标包括企业产品信息及会计上的三大报表数据等一百多个变量信息。在分析之前,我们按照标准的分析步骤先剔除异常样本。本章先参考 Feenstra 等(2014)的做法,将缺失资产总额、工业总产值和固定资产净值等主要财务指标的样本剔除。再将从业人员数少于 8 人的样本剔除,因为这些企业处于不同的法律制度下(Brandt *et al.*,2012;Yu,2015)。按照一般公认的会计准则(GAAP)将存在以下情况的样本剔除:(1)流动资产大于总资产;(2)总固定资产大于总资产;(3)固定资产净额大于总资产;(4)企业的识别码(法人代码)缺失;(5)无效的成立时间(成立时间在 1 月之前或 12 月之后的)。

其次,本章使用的第二个数据库是中国产品层面的贸易数据库,时间跨度也是 2000—2006 年。该数据库记录了企业—产品层面进出口的丰富信息,包括产品数量、产品价格、贸易方式等。根据本章的研究目的,我们能够很方便地区分出每笔交易是一般贸易还是加工贸易。

最后,本章还涉及关税数据的使用。本章所用关税数据来源于联合国贸易和发展会议的贸易分析与信息系统(TRAINS),以及 WTO,覆盖 HS 6 位数层面中国 2000—2006 年的关税及其他国家所征收的进口关税。由表 7-1 可知,2000—2006 年,我国企业层面的最终品关税下降幅度最大,投入品关税降幅次之,外国关税的下降较少。

表 7-1　2000—2006 年中国企业层面关税下降情况

(单位:%)

	外国关税	本国最终品关税	投入品关税
2000 年	7.72	15.62	2.69
2006 年	7.61	7.69	1.7
下降	1.43	50.77	36.8

注:本表报告的关税以从价值度量。外国关税、本国最终品关税和投入品关税依照第三节介绍的企业层面的关税指标进行构建。外国关税表示企业出口到国外的商品被征收的关税税率(产品价格的百分比,下同);本国最终品关税表示外国产品进入中国被征收的关税税率;投入品关税表示企业进口的投入品被征收的关税税率。

将这三部分数据联合使用面临的最大难题就是如何将工业企业数据和海关数据进行合并。因为虽然这两个数据库都有自己的企业标识编号,但两个数据编码系统却完全不同。贸易数据库中的企业代码是 10 位的,而企业数据库代码是 9 位的,所以不能直接通过企业代码将两个数据库进行合并。参考 Yu 和 Tian(2012)的做法,我们联合使用两种合并方式将两个数据库进行联结。其一,我们将企业名称和年份相同的企业合并;其二,为了获得更多的合并样本,我们将邮政编码相同并且电话号码后七位也相同的企业进行合并。在合并过程中,我们剔除了邮政编码和电话号码缺失或无效的企业,包括以下几类:(1)邮政编码或电话号码缺失;(2)邮政编码无效(即邮政编码数值小于 100 000);(3)7 位电话号码无效(即号码数字小于 1 000 000)。使用剔除无效数据的样本合并后,我们一共得到 76 823 个样本。文中使用的主要变量的描述性统计如表 7-2 所示。

表 7-2　主要变量描述性统计

变量	均值	标准差
外国关税(%)	7.69	7.49
本国最终品关税(%)	8.30	7.68
本国投入品关税(%)	1.97	3.83
加工贸易虚拟变量	0.31	0.46
国有企业虚拟变量	0.11	0.31
外商投资企业虚拟变量	0.23	0.42
企业成本加成	1.15	0.24

注:为便于查看,本表报告的关税以百分比作为单位,但实际回归中采用的关税为此处关税除以一百所得值,即为 0—1 之间的数。当企业从事加工贸易时,加工贸易虚拟变量取 1,否则取 0;当企业所有者类型为国有时,国有企业虚拟变量取 1,否则取 0;当企业所有者类型为外商时,外商投资企业虚拟变量取 1,否则取 0。成本加成的度量参考下文将介绍的 De Loecker 等(2015)的做法。

第三节　企业成本加成、关税度量与实证设定

一、企业成本加成的度量

本章使用扩展的 De Loecker 和 Warzynski(2012)方法来估计企业层面的成本加成。假设企业 i 在第 t 年的生产函数可表示为

$$Q_{it} = Q_{it}(K_{it}, L_{it}, M_{it}, \Omega_{it}) \tag{7.1}$$

其中 K_{it} 代表资本,其投入量在前一期中就已经决定;L_{it} 和 M_{it} 分别代表可变的劳动和中间投入;Ω_{it} 指代企业层面的生产率;并且假设生产函数 $Q_{it}(\cdot)$ 连续且对于可变投入二阶可导。

假设生产者面临成本最小化问题,其生产的拉格朗日函数可以写为

$$L(K_{it}, L_{it}, M_{it}, \omega_{it}, \lambda_{it}) = r_{it}K_{it} + w_{it}L_{it} + p_{it}^m M_{it} + \lambda_{it}[Q_{it} - Q_{it}(\cdot)] \tag{7.2}$$

其中 r_{it}、w_{it} 和 p_{it}^m 分别代表资本、劳动和中间投入品的投入价格。那么在给定产量 Q_{it} 的情况下，企业最小化生产成本，对于可变成本 M_{it}[①] 的投入满足一阶条件：

$$\frac{\partial L(\cdot)}{\partial M_{it}} = w_{it}^m - \lambda_{it} \frac{\partial Q_{it}(\cdot)}{\partial M_{it}} = 0 \qquad (7.3)$$

其中 λ_{it} 表示生产的边际成本。将式(7.3)整理可得

$$\frac{\partial Q_{it}(\cdot)}{\partial M_{it}} \frac{M_{it}}{Q_{it}} = \frac{p_{it}^m}{\lambda_{it}} \frac{M_{it}}{Q_{it}} = \frac{P_{it}}{\lambda_{it}} \frac{p_{it}^m M_{it}}{P_{it} Q_{it}} \qquad (7.4)$$

其中 P_{it} 代表产出品价格。显然，式(7.4)左边为产出的中间投入弹性，我们用 θ_{it}^l 表示；右边由两部分组成，即企业成本加成 $\dfrac{P_{it}}{\lambda_{it}}$ (用 μ_{it} 表示)和中间投入份额 $\dfrac{p_{it}^m M_{it}}{P_{it} Q_{it}}$ (用 α_{it}^m 表示)。若产品价格在各期分别确定，则企业成本加成可表示为

$$\mu_{it} = \theta_{it}^m \times (\alpha_{it}^m)^{-1} \qquad (7.5)$$

由于中间投入份额 α_{it}^m 可以直接从数据中算出，故估算成本加成的关键就是要通过估算生产函数计算出产出的可变投入(此处为中间投入)弹性。对于每个行业，我们可以在各种设定下计算出产出的可变投入弹性：基于 Cobb-Douglas 生产函数的 Olley-Pakes(OP)估计、基于超越对数生产函数(TransLog Production Function)的估计。

基于柯布-道格拉斯(Cobb-Douglas)生产函数的扩展的 OP 估计。假设生产函数满足如下设定：

$$Y_{it} = A_{it} K_{it}^{\beta_k} L_{it}^{\beta_l} M_{it}^{\beta_m} \qquad (7.6)$$

其中 Y_{it} 表示企业 i 在第 t 年的产出，K_{it}、L_{it} 和 M_{it} 分别表示资本存量、劳动投入和中间投入。考虑到 OLS 估计会产生选择性偏误和联立偏误，本章采用 Olley 和 Pakes(1996)的方法(OP 方法)来对式(7.6)进行估计。

需要注意的是，如果在估计生产函数时不对可能影响生产函数的因素进行控制，传统的 OP 方法所估计出的生产率也可能有偏(De Loecker，2011；De Loecker et al.，2015)。考虑到国有企业的生产经营活动并不一定以利润最大化为决策标准，从而可能会有不一样的生产函数(Hsieh and Klenow，2009)，我们在估计生产函数时加入了是否是国有企业的虚拟变量；同理，外资企业可能会有更加先进的生产技术，所以我们在估计生产函数时也加入了

---

① Melitz(2003)、Bernard 等(2003)均证明当一个经济体由封闭经济变为开放经济时，经济体中生产率最高的企业能够同时进行内销和出口，其规模和利润都会上升；而生产率最低的企业由于面临外国企业的竞争，最终会退出市场不再生产。

外资企业的虚拟变量。此外,由于出口企业和非出口企业可能会面临不同的生产环境(De Loecker,2007),故本章在估计生产函数时也引入"是否有出口"这一虚拟变量以允许出口企业与非出口企业拥有不同的生产函数。基于此扩展的 OP 方法,我们可以先估计出产出的中间投入弹性,进而得到成本加成 μ_m^{OP}。

更为重要的是,考虑到中国出口企业中许多企业从事加工贸易(Yu,2015),当企业从事加工贸易时,它们不需要进行利润最大化的生产投入决策(Feenstra and Hanson,2005),这导致其生产函数可能会与非加工贸易企业存在显著差异。为此,我们采用两种方法来控制这种差异:一是将加工贸易企业和非加工贸易企业分开,分别估计 2 位数行业的生产函数,进而计算出企业层面的成本加成(用 μ_m^{OP1} 表示);二是在估计生产函数时,我们可以将加工贸易虚拟变量直接引入生产函数估计方程,进而求出企业成本加成 μ_m^{OP2}。

在理想的情况下,可以用企业层面的价格指数来平减企业的产出,但遗憾的是,这样的数据在众多数据库中均不存在。参考 Amiti 和 Konings(2007)、Topalova 和 Khandelwal(2011)、Brandt 等(2012)以及 De Loecker 和 Warzynski(2012)的做法,我们使用行业层面的价格指数对企业产出进行平减。我们采用永续盘存法来刻画真实资本存量和投资之间的动态变化关系,其中企业层面的折旧率从数据中直接计算得出。

虽然 OP 方法允许资本随不可观测的生产率变动,但事实上劳动也可能会对生产率的冲击产生反应(Ackerberg et al.,2006)。为了将各种投入在面对生产率冲击时的可能动态效应予以刻画,参考 Ackerberg 等(2006)、De Loecker 等(2015)、Lu 和 Yu(2015)等的做法,我们采用超越对数生产函数(translog production function)形式对生产函数进行刻画:

$$y_{it}^j = \left[\beta_0^j + \beta_k^j k_{it}^j + \beta_l^j l_{it}^j + \beta_m^j m_{it}^j + \frac{1}{2}\beta_{kk}(k_{it}^j)^2 + \frac{1}{2}\beta_{ll}(l_{it}^j)^2 \right.$$

$$\left. + \frac{1}{2}\beta_{mn}(m_{it}^j)^2 + \beta_{kl}k_{it}^j l_{it}^j + \beta_{km}k_{it}^k m_{it}^k + \beta_{lm}l_{it}^k m_{it}^k + \beta_{klm}k_{it}^k l_{it}^k m_{it}^k \right]$$

$$(1 + \gamma_{k(or\, l,m)}^j \, \mathrm{PE}_{it}) + B(w_{it}, x_{it}, \beta) + \psi_{it} + \sigma_i + \eta_t + \varepsilon_{it} \qquad (7.7)$$

其中 y_{it}、k_{it}、l_{it} 和 m_{it} 分别代表对数化的产出、资本存量、劳动和中间投入。PE_{it} 为加工贸易虚拟变量,当企业 i 在第 t 年从事加工贸易时取 1,否则取 0。ψ_{it} 指代企业的全要素生产率。$B(w_{it}, x_{it}, \beta)$ 用以控制难以观测的企业层面投入价格。σ_i、η_t 和 ε_{it} 分别表示企业个体固定效应、年份固定效应和扰动项。

对于式(7.7)的估计,我们参考 De Loecker 等(2015)提出的控制函数方法(control function approach)来解决 OP 方法中由于企业层面投入价格指数的缺失可能带来的生产函数估计偏误问题;为了使本章数据利于计算,参考

Lu 和 Yu(2015)的做法,我们使用产品出口价格、市场份额、是否从事加工贸易,以及这些变量与经过平减的中间投入的交叉项来控制企业层面的中间投入价格。当然,与以前的文献类似,我们也仅依靠单产品企业对生产函数进行估计;在假设多产品企业与单产品企业在同一行业使用相同的生产技术的基础上,我们可以计算出企业—产品层面的成本加成,然后对每个企业按照出口产值将产品层面的成本加成加权平均,从而得到每个企业各年的成本加成。将各未知参数估计出来后,我们可以计算出中间投入的产出弹性,进而根据式(7.5)得到各产品的成本加成,进而按产品产值加权平均得到各企业的成本加成 μ_m^{DGKP}。

在基准回归中,我们既使用了基于 OP 方法计算出的成本加成 μ_m^{OP}、μ_m^{OP1} 和 μ_m^{OP2},也使用了基于超越对数生产函数估计出的成本加成 μ_m^{DGKP} 作为企业成本加成的度量指标;考虑到 De Loecker 等(2015)的方法允许多产品企业中不同产品拥有不同生产技术,并且用控制函数的方法较为有效地解决了企业层面投入价格不可观测的问题,我们在随后更精细的分析中主要采用了 μ_m^{DGKP} 作为企业成本加成的估计量。

二、企业和行业层面关税的度量

为了估计关税下降对于企业成本加成的影响,我们构建了几种企业和行业层面的度量指标。

参考 Lileeva 和 Trefler(2010)、Yu(2015)的做法,我们构建了企业层面的外部关税指标 FET_{it},

$$\mathrm{FET}_{it} = \sum_k \left[\left(\frac{X_{i,\,\mathrm{initial\_year}}^k}{\sum_k X_{i,\,\mathrm{initial\_year}}^k} \right) \sum_c \left(\frac{X_{i,\,\mathrm{initial\_year}}^{kc}}{\sum_c X_{i,\,\mathrm{initial\_year}}^{kc}} \right) \tau_t^{kc} \right] \qquad (7.8)$$

其中 $X_{i,\,\mathrm{initial\_year}}^{kc}$ 指企业 i 在初始年份向国家 c 出口的产品 k 的金额(采用初始年份的出口份额能够较好控制企业由于外国不同产品进口关税下降幅度不同带来的企业出口选择内生性问题);$X_{i,\,\mathrm{initial\_year}}^k$ 代表企业 i 在初始年份所出口的产品 k 的总额;τ_t^{kc} 指国家 c 进口产品 k 时征收的从价税。

为了研究进口中间品关税的下降对于企业成本加成的影响,我们构建了企业层面的中间投入关税 FIT_{it}:

$$\mathrm{FIT}_{it} = \sum_{k \in O_i} \left(\frac{m_{i,\,\mathrm{initial\_year}}^k}{\sum_{k \in M_i} m_{i,\,\mathrm{initial\_year}}^k} \right) \tau_t^k \qquad (7.9)$$

其中,为了控制不同进口产品的关税下降幅度不同带来的企业中间投入份额的内生变化,我们参考 Amiti 和 Konings(2007),以及 Topalova 和 Khandelwal(2011)的做法,采用初始年份的中间投入额 $m_{i,\,\mathrm{initial\_year}}^k$(表示企业 i 在初始年份所使用的进口中间投入 k 的金额)来构建中间投入份额的权重。τ_t^k 代表产品 k 在第 t 年的从价进口关税;M 指企业 i 的总进口集合。由于加工贸易(用 P 表示)是免税的,故关税的下降仅会影响非加工贸易(用 O 表示,并且 $P \cup O = M$)的进口,进而加工贸易的集合并没有出现在式(7.9)外层的求和中。

此外,为了研究企业层面最终品关税下降对于企业成本加成的影响,我们还构建了企业层面的最终品关税指标。最理想的做法是使用产品层面的销售额来度量进口竞争效应,但遗憾的是这类数据难以获得。参考 Yu(2015)的做法,基于国内有竞争力、销售量多的产品也会在国外销售相对较多的假设,我们构建了如下的企业层面的最终品关税指标 FOT_{it}。

$$\text{FOT}_{it} = \sum_{k \in E_{it}} \left[\frac{X_{i,\text{initial\_year}}^k}{\sum_{k \in E_{it}} X_{i,\text{initial\_year}}^k} \right] \tau_t^k \tag{7.10}$$

其中,$X_{i,\text{initial\_year}}^k$、$\tau_t^k$ 的含义与上文相同;E_{it} 为企业 i 在第 t 年的出口集合。同样需要强调的是,我们使用的是企业出现在样本中的初始年份的相关数据来构建关税权重。需要说明的是,对于 FOT_{it} 的度量应该注意以下两点:其一,显然 FOT_{it} 这个指标对于纯内销企业和纯外销企业来说并不适用,为了解决这个问题,我们将这两类企业在后续所有回归中都剔除了。其二,对一个既有内销又有外销的企业,一种出口产品在所有出口中所占份额与该产品国内销售额占国内总销售额的份额相等这个假设也比较强。但因为数据的限制,我们不能对第二个问题进行直接的验证。不过,这个问题对于 FOT_{it} 衡量所带来的偏误很可能会与行业加工贸易的比重有关;因此,我们可以按行业加工贸易密集度对样本进行划分,然后分别对不同子样本进行检验。事实上,后文的稳健性结果表明,这种企业内产品组成的差异并不影响本章主要结论。

当然,虽然企业层面的关税指标能够较好衡量企业所面临的各种关税,但为了能与以前文献相比,我们也构建了行业层面的三种关税指标。参考 Amiti 和 Konings(2007)的做法,在每个两位数行业下,我们将 HS 6 位数层面的关税进行简单平均,以求出两位数层面的最终品关税 IOT_{jt}[①],其中 j 表示行业、t 表示时间。同样,在每个两位数行业下,我们将 HS 6 位数层面外国(所有当年从我国进口该 HS 6 位数产品的国家)的关税也进行简单平均,

---

① Melitz(2003)、Bernard 等(2003)均证明当一个经济体由封闭经济变为开放经济时,经济体中生产率最高的企业能够同时进行内销和出口,其规模和利润都会上升;而生产率最低的企业由于面临外国企业的竞争,最终会退出市场不再生产。

计算出两位数行业 j 的外部关税 IET_{jt}。最后,我们借助 2002 年的投入产出表(简称 IO 表)构建行业层面的中间投入关税 IIT_{jt}。

$$\mathrm{IIT}_{jt} = \sum_n \left[\frac{\mathrm{input}_{nj}^{2002}}{\sum_n \mathrm{input}_{nj}^{2002}} \right] \tau_{nt} \tag{7.11}$$

其中 τ_{nt} 表示投入品 n 在第 t 年的进口关税;$\mathrm{input}_{nj}^{2002}$ 表示在产业 j 的产出过程中投入品 n 的投入量。[①]

三、实证设定

为了探究关税下降对于企业成本加成的影响,我们建立了如下的回归模型:

$$\begin{aligned}
\ln \mu_{it} = {} & \beta_0 + \beta_1 \ln \mathrm{FET}_{it} + \beta_2 \ln \mathrm{FET}_{it} \times \mathrm{PE}_{it} + \beta_3 \ln \mathrm{FOT}_{it} \\
& + \beta_4 \ln \mathrm{FOT}_{it} \times \mathrm{PE}_{it} + \beta_5 \ln \mathrm{FIT}_{it} + \beta_6 \ln \mathrm{FIT} \times \mathrm{PE}_{it} \\
& + \beta_7 \times \mathrm{PE}_{it} + \Theta X_{it} + \sigma_i + \eta_t + \varepsilon_{it}
\end{aligned} \tag{7.12}$$

其中 μ_{it} 是企业 i 在第 t 年的成本加成。FET_{it}、FOT_{it} 和 FIT_{it} 分别指企业 i 在第 t 年的外国关税、本国最终品关税和中间投入关税。考虑到关税下降给企业带来的成本加成的变化可能会因为企业是否从事加工贸易而有所差异,我们在回归中控制了企业是否从事加工贸易虚拟变量 PE_{it},以及其与三种关税变量的交叉项。

此外,X_{it} 控制了企业层面的其他影响因素,包括企业所有权属性、企业规模,以及企业资本劳动比、企业生产率等因素。一方面,因为国有企业并不总是以利润最大化为导向的(Hsieh and Klenow,2009),所以其成本加成可能会与其他企业不一样,故需要在回归中予以控制;另一方面,外商投资企业可能有更高的管理绩效和更好的生产技术(Helpman et al.,2004;Keller and Yeaple,2009),从而在其他状况相同的条件下会有更高的成本加成。参考以前的研究(Kugler and Verhoogen,2012),我们用从业人数来控制企业规模对于企业定价策略和产品质量的影响。此外,我们也在回归中控制了资本劳动比,以控制资本密集度的影响(Bernard et al.,2006)。最后,为了控制企业潜在的技术冲击对于成本加成的影响,我们还在回归中控制了企业生产率。σ_i、η_t 和 ε_{it} 分别指代企业固定效应、时间固定效应及扰动项。

在使用式(7.12)估计贸易自由化对于企业成本加成的影响时,有一点需要特别注意:在式(7.12)中,只要一个企业从事加工贸易,不论其加工贸易占总贸易的

---

① Melitz(2003)、Bernard 等(2003)均证明当一个经济体由封闭经济变为开放经济时,经济体中生产率最高的企业能够同时进行内销和出口,其规模和利润都会上升;而生产率最低的企业由于面临外国企业的竞争,最终会退出市场不再生产。

份额有多少，PE_{it}均为1。显然不论企业加工贸易占比很低还是很高，这种做法没有区分这两种情形，从而影响了我们精确度量贸易自由化对于企业成本加成影响的估计。为了解决这个问题，我们把加工贸易从虚拟变量改为以加工贸易占该企业当年总贸易额比重的连续型变量 $Pext_{it}$，从而将式(7.12)变为

$$
\begin{aligned}
\ln\mu_{it} = {} & \beta_0 + \beta_1 \ln FET_{it} + \beta_2 \ln FET_{it} \times Pext_{it} + \beta_3 \ln FOT_{it} \\
& + \beta_4 \ln FOT_{it} \times Pext_{it} + \beta_5 \ln FIT_{it} + \beta_6 \ln FIT \times Pext_{it} \\
& + \beta_7 \times Pext_{it} + \Theta X_{it} + \sigma_i + \eta_t + \varepsilon_{it}
\end{aligned} \tag{7.13}
$$

不过需要注意的是，因为企业会内生选择是否从事加工贸易，式(7.13)也会面临模型识别的挑战。由于从事加工贸易的门槛比从事一般贸易的门槛低(Dai *et al.*,2016)，从而可能带来低成本加成的企业选择进行加工贸易的内生性问题；另外，考虑到加工贸易的异质性效果，β_2、β_4、β_6 和 β_7 可能会随企业的不同也有所差异，那么式(7.13)就是存在系数包含与加工贸易份额内生相关的随机系数模型(Wooldridge,2008)。本章采用 Heckman 两步法来估计式(7.13)，具体来说，我们使用基于外生变量 Z_{it} 所估计出的加工贸易份额的预测值来代替其原始值(Z_{it} 的选择将在下一节详细阐述)，即设定

$$
Pext_{it} = E(Pext_{it} \mid Z_{it}) + \varphi_{it}, \quad E(\varphi_{it} \mid Z_{it}) = 0 \tag{7.14}
$$

将式(7.14)代入式(7.13)可得

$$
\begin{aligned}
\ln\mu_{it} = {} & \beta_0 + \beta_1 \ln FET_{it} + \beta_2 \ln FET_{it} \times E(Pext_{it} \mid Z_{it}) + \beta_3 \ln FOT_{it} \\
& + \beta_4 \ln FOT_{it} \times E(Pext_{it} \mid Z_{it}) + \beta_5 \ln FIT_{it} + \beta_6 \ln FIT \\
& \times E(Pext_{it} \mid Z_{it}) + \beta_7 \times E(Pext_{it} \mid Z_{it}) + \Theta X_{it} + \sigma_i + \eta_t + \psi_{it}
\end{aligned} \tag{7.15}
$$

其中 $\psi_{it} = \varepsilon_{it} + (\beta_2 FET_{it} + \beta_3)\varphi_{it}$。值得注意的是，$\psi_{it}$ 与条件于 Z_{it} 的解释变量不相关，所以我们可以得到式(7.15)系数的一致估计量；最后由于回归中采用的是估计的加工贸易份额，我们通过自举法来修正估计系数的标准误。

第四节　估计结果

在这一部分，我们先给出贸易自由化对于企业成本加成影响的基准回归结果，然后考虑加工贸易的自选择效应，采用 Heckman 两步法估计方程所给定的相关随机系数模型，然后再对可能存在的内生性问题加以处理。

一、基准回归结果

我们在表 7-3 中报告了使用行业层面关税来度量贸易自由化程度的基准回归结果。第(1)列的回归结果显示，在控制住时间和企业固定效应以后，本国最终品关税与企业成本加成呈显著正相关，说明由于最终品关税下降带

来的外国产品进口竞争效应确实存在；而行业投入品关税的下降会引起企业成本加成上升，说明投入成本的下降会促使企业边际收益上升，这两点与 De Loecker 等（2015）的发现类似。从行业外国关税的估计系数来看，外国关税与企业成本加成呈负相关关系，这说明外国关税的下降，在一定程度上降低了企业出口成本，在出口价格的降幅一定的情况下，企业成本加成将上升。考虑到纯内销企业并不会直接受到外国关税下降的影响，纯出口企业不会直接受到本国最终品关税下降的影响，所以为排除这两类企业的影响，我们在第（2）列回归中将这两类企业直接剔除。第（2）列结果表明排除这两类企业后，原结论仍然成立，本国最终品关税与企业成本加成呈显著正相关关系，而外国关税、投入品关税与成本加成呈显著负相关关系。

表 7-3　关税下降与成本加成——基准回归结果

因变量	$\ln\mu_m^{OP}$		$\ln\mu_m^{OP1}$	
	(1)	(2)	(3)	(4)
行业外国关税	−0.340***	−0.328***	−0.371***	−0.373***
	(−23.00)	(−19.09)	(−20.23)	(−18.11)
行业本国最终品关税	0.180***	0.205***	0.134***	0.126***
	(6.69)	(6.57)	(3.61)	(2.98)
行业投入品关税	−0.984***	−0.908***	−0.915***	−1.023***
	(−11.41)	(−8.96)	(−6.83)	(−6.76)
年份固定效应	是	是	是	是
企业固定效应	是	是	是	是
纯内销企业	是	否	是	否
纯出口企业	是	否	是	否
观测值数	78 922	56 192	73 476	52 574
R^2	0.04	0.05	0.02	0.02

注：括号中报告的是稳健的 t 统计量；***、** 和 * 分别表示在 1%、5% 和 10% 的显著性水平下显著。μ_m^{OP} 为基于扩展的 OP 方法计算的成本加成；μ_m^{OP1} 为将加工贸易企业和非加工贸易企业分开，基于扩展的 OP 方法分别估计 2 位数行业的生产函数，进而计算出的企业层面的成本加成。

考虑到加工贸易企业可能与普通贸易企业的生产函数存在显著差异（Yu，2015），我们将加工贸易企业和非加工贸易企业分别分行业估计生产函数，用所得结果 μ_m^{OP1} 再进行回归估计，结果见第（3）列和第（4）列。结果显示，允许加工贸易企业存在不同生产函数时，三种关税下降对于企业成本加成的影响仍然稳健。

考虑到行业层面的关税只在行业间存在差异，不能较好地衡量进出口份额不同的企业所面临的关税。我们按照式（7.8）、式（7.9）和式（7.10）的度量方法,采用企业层面的关税再对贸易自由化对企业成本加成的影响进行估计,结果见表 7-4。考虑到纯内销企业不会直接受到外国进口关税的影响,纯外销企业不会直接受到本国最终品关税的影响,我们在表 7-4 中所用样本将这两类企业均排除在外;其中,第(1)列所用因变量 μ_m^{OP1} 为加工贸易和非加工贸易企业分别估计的结果,第(2)列中 μ_m^{OP2} 为直接将加工贸易虚拟变量引入生产函数估计的结果;第(3)列 μ_m^{DGKP} 为参考 De Loecker 等(2015)的方法,考虑多产品企业并解决企业层面投入价格缺失问题所估计的成本加成。从表 7-4 第(1)列至第(3)列可知,在采用企业层面关税度量时,投入品关税与外国关税对成本加成仍然呈显著负向影响,而最终品关税对成本加成呈显著正向影响,这也与表 7-3 的结果类似。

考虑到 De Loecker 等(2015)的方法允许多产品企业中不同产品拥有不同生产技术,并且用控制函数的方法较为有效地解决了企业层面投入价格不可观测的问题,我们将在后文的分析中主要采用 μ_m^{DGKP}。为了考察关税下降对于企业成本加成可能带来的异质性影响,我们在第(4)列引入加工贸易虚拟变量及其与三种关税的交叉项。从第(4)列可知,外国关税和投入品关税的系数仍然显著为负,最终品关税的系数仍然显著为正;此外,加工贸易企业相对于非加工贸易企业拥有更低的成本加成;从加工贸易与关税的交叉项来看,外国关税和投入品关税下降对加工贸易企业成本加成的促进作用更弱,最终品关税的下降对加工贸易企业成本加成带来的下行压力也更弱,这说明三种关税下降给加工贸易企业带来的成本加成的影响均小于给非加工贸易企业的影响,这也与本章的理论分析相一致。考虑到资本劳动比、企业性质及企业生产率均可能对企业成本加成产生影响,我们在第(5)列的回归中将这些潜在影响因素予以控制,结果显示结论仍然成立。

第(4)列和第(5)列所用加工贸易指标为"是否从事加工贸易"的虚拟变量,由于有些企业加工贸易的比重非常低,在这种指标衡量下,加工贸易的作用可能会被高估。为了更加合理地衡量加工贸易的作用,我们采用一个企业进口加工份额(进口加工贸易额/总进口额)来衡量该企业在该年从事加工贸易的程度,估计结果见第(6)列和第(7)列。从第(6)列可知,上文中三种关税下降对企业成本加成的影响仍然显著,并且对从事加工贸易的企业来说这种效应更弱,且随着从事加工贸易程度的加深,关税下降的影响越来越弱;第(7)列的结果表明,控制住其他可能的影响因素后,该结论仍然稳健。

表 7-4　企业层面关税下降与成本加成变化

因变量				加工贸易虚拟变量		加工进口的份额	
	$\ln\mu_{im}^{OP1}$	$\ln\mu_{im}^{OP2}$	$\ln\mu_{im}^{DGKP}$	$\ln\mu_{im}^{DGKP}$	$\ln\mu_{im}^{DGKP}$	$\ln\mu_{im}^{DGKP}$	$\ln\mu_{im}^{DGKP}$
	(1)	(2)	(3)	(4)	(5)	(6)	(7)
外国关税	−0.226***	−0.275***	−0.248***	−0.401***	−0.520***	−0.265***	−0.428***
	(−6.60)	(−9.46)	(−9.05)	(−10.07)	(−10.23)	(−6.16)	(−7.60)
外国关税×加工贸易变量				0.667***	1.082***	0.197*	0.733***
				(4.98)	(6.61)	(1.82)	(8.02)
本国最终品关税	0.092***	0.084***	0.074***	0.147***	0.223***	0.146***	0.238***
	(11.67)	(12.13)	(11.12)	(13.67)	(14.32)	(13.23)	(13.34)
本国最终品关税×加工贸易变量				−0.015	−0.115***	−0.003	−0.116***
				(−1.62)	(−7.94)	(−0.31)	(−6.46)
投入品关税	−1.396***	−1.114***	−1.881***	−2.341***	−3.359***	−2.528***	−3.629***
	(−9.32)	(−8.63)	(−13.90)	(−13.27)	(−13.20)	(−14.25)	(−13.87)
投入品关税×加工贸易变量				0.667***	1.867***	0.967***	2.049***
				(2.55)	(5.15)	(3.28)	(5.31)
加工贸易变量				−0.107***	−0.064***	−0.089***	−0.057**
				(−7.67)	(−3.20)	(−5.47)	(−2.49)
Log(资本劳动比)					0.076***		0.074***
					(6.45)		(6.38)
国有企业					−0.067		−0.061
					(−0.85)		(−0.78)
外商投资企业					0.088***		0.088***
					(3.33)		(3.32)
企业生产率					0.230***		0.229***
					(5.02)		(5.03)

（续表）

因变量	加工贸易虚变量					加工进口的份额	
	$\ln\mu_{fm}^{OP1}$	$\ln\mu_{fm}^{OP2}$	$\ln\mu_{fm}^{DGKP}$	$\ln\mu_{fm}^{DGKP}$	$\ln\mu_{fm}^{DGKP}$	$\ln\mu_{fm}^{DGKP}$	$\ln\mu_{fm}^{DGKP}$
	(1)	(2)	(3)	(4)	(5)	(6)	(7)
年份固定效应	是	是	是	是	是	是	是
企业固定效应	是	是	是	是	是	是	是
观测值数	48 421	40 848	48 471	43 967	26 139	43 967	26 139
R^2	0.02	0.03	0.03	0.05	0.10	0.05	0.10

注：本表中所有回归均剔除了纯内销和纯粹出口企业。括号中报告的是稳健的 t 统计量；***、**和*分别表示在 1%、5% 和 10% 的显著性水平下显著。μ_{fm}^{OP1} 为将加工贸易企业分开、基于 OP 方法估计生产函数，进而计算出的企业层面的成本加成。μ_{fm}^{OP2} 为基于 OP 方法将加工贸易虚拟变量直接引入生产函数估计方程，进而求出的企业成本加成；μ_{fm}^{DGKP} 为参考 De Loecker 等（2015）提出的基于超越对数生产函数估计方法估计出的成本加成。

二、考虑加工贸易自选择效应

根据表 7-5 可知，相较于非加工贸易企业，加工贸易企业具有显著更低的生成加成。这可能是生产率低、市场力量弱的企业内生选择进行加工贸易的结果，这也说明加工贸易参与度存在一定内生性（Yu,2015）。为了控制这种内生性，我们采用二元样本选择模型，即第二类 Tobit 模型（Cameron and Trivedi,2005）来对加工贸易的自选择效应进行控制。

表 7-5　加工贸易企业与非加工贸易企业成本加成差异

	均值	标准差		均值	标准差	差异
非加工贸易企业成本加成	1.149	0.239	加工贸易企业成本加成	1.122	0.254	0.026***

注：***、**和*分别表示加工贸易贸易与非加工贸易企业成本加成的均值在 1%、5%和 10%的显著性水平下是否存在显著差异。表中所用成本加成为 μ_m^{DGKP}。

我们假设企业是否从事加工贸易可以由一个潜变量 V_{it} 决定，当 $V_{it} \geqslant 0$ 时，企业从事加工贸易，反之则不从事加工贸易，那么企业加工贸易参与度 Pext_{it} 可表示为

$$\mathrm{Pext}_{it} = \begin{cases} \mathrm{Pext}_{it} & \text{if} \quad V_{it} \geqslant 0 \\ 0 & \text{if} \quad V_{it} < 0 \end{cases} \tag{7.16}$$

我们采用 Heckman 两步法对方程进行估计，其中，在第一步我们基于一个 Probit 模型来估计企业是否从事加工贸易，

$$P(\text{processing trade}_{it} = 1) = P(V_{it} \geqslant 0) = \Phi(X_{i,t-1}) \tag{7.17}$$

其中 $\Phi(\cdot)$ 为一个正态分布的分布函数，$X_{i,t-1}$ 包括企业生产率、企业性质（国有企业、外商投资企业）、资本存量、从业人数和企业年龄。在第二步，引入基于第一步估计得到的逆米尔斯比率（inverse Mills ratio）（Heckman,1979），我们使用线性回归模型来估计企业的进口加工份额。因为在 Heckman 两步法中，需要有一个变量只在第一步估计中出现，而在第二步估计中不出现，我们将企业年龄选作此变量。因为根据 Amiti 和 Davis（2012）的研究，成立时间越久的企业出口的概率越高，并且在我们的样本中，企业年龄与加工贸易的份额相关系数非常低（不到 0.1），这就表明我们将企业年龄放入第一阶段回归，而不放入第二阶段回归也是合理的。

表 7-6 给出了式（7.16）的 Heckman 两步法估计结果。从第一步的估计结果可知，生产率更低的企业更有可能从事加工贸易；而国有企业从事加工贸易的概率更低，外商投资企业由于更深入地参与全球生产分工，也有更高的概率从事加工贸易。在控制住企业参与加工贸易内生选择性的情况下，我

们可以在第二步对企业加工贸易的参与程度进行回归估计,并据此求出企业
加工贸易参与程度的拟合值,然后将其用于后文的相关分析中。

表 7-6　加工贸易份额的 Heckman 两步法估计

因变量	第一步 是否从事加工贸易	第二步 加工贸易的参与程度
企业生产率	−0.219***	−0.174***
	(−11.33)	(−14.85)
国有企业	−0.264***	−0.097***
	(−5.94)	(−4.68)
外商投资企业	0.959***	0.059
	(61.89)	(1.50)
资本存量	0.218***	0.068***
	(42.20)	(8.11)
从业人数	−0.036***	−0.060***
	(−4.54)	(−16.66)
企业年龄	0.004***	
	(4.75)	
逆米尔斯比率		−0.096*
		(−1.77)
观测值数	53 467	19 162

注:为了避免同时变动带来的内生性问题,回归中所用自变量(除逆米尔斯比率外)均
为滞后一期值。企业生产率采用的是扩展的 OP 方法的估计值。括号中报告的是稳健的 t
统计量;***、**和*分别表示在 1%、5%和 10%的显著性水平下显著。

三、内生性问题

虽然上文已经对贸易自由化对成本加成的影响进行了较为细致的实证
检验,但表 7-3 和表 7-4 的估计结果仍然可能受到内生性问题的影响。反向
因果是潜在内生性问题的重要来源:虽然加入 WTO 后整体关税下降是外生
的过程,但仍然可能存在某些行业由于竞争能力弱、成本加成低,以此游说政
府使这些行业的关税下降幅度更慢的情况(Grossman and Helpman,1994),
从而在一定程度上导致了内生性问题的发生。

为了缓解内生性问题的影响,我们采用工具变量的方法再对式(7.15)进
行重新估计。要找到企业层面随时间变化的工具变量颇有难度,参考 Amiti
和 Konings(2007)的做法,我们采用滞后一期的外国关税[①]、最终品关税和投

---

① Melitz(2003)、Bernard 等(2003)均证明当一个经济体由封闭经济变为开放经济时,经济体
中生产率最高的企业能够同时进行内销和出口,其规模和利润都会上升;而生产率最低的企业由于
面临外国企业的竞争,最终会退出市场不再生产。

入品关税作为当期值的工具变量。这样做的逻辑是原来受到高额关税保护的行业,因为利益集团的游说,在下一年中其关税保护应该更强;国外关税也是同样的道理。我们采用企业首次进入样本时的产品出口(进口)份额作为构建企业外国关税和本国最终品关税(投入品关税)的权重①,以避免企业进出口产品构成受关税下降影响而变化所带来的企业层面关税内生的问题。工具变量的估计结果见表 7-7。②

表 7-7　贸易自由化与成本加成——工具变量估计结果

因变量: $\ln\mu_m^{DGKP}$	(1)	(2)	加工贸易程度高		加工贸易程度低	
			(3)	(4)	(5)	(6)
外国关税	−0.740***	−0.814***	−0.904**	−1.055***	−0.715*	−0.700**
	(−2.84)	(−3.45)	(−2.18)	(−2.64)	(−1.88)	(−1.97)
外国关税×加工贸易变量	0.797*	0.741*	0.985*	0.997*	1.017	0.579
	(1.70)	(1.72)	(1.66)	(1.66)	(1.06)	(0.62)
本国最终品关税	0.307***	0.284***	0.422***	0.366***	0.225***	0.245***
	(8.69)	(6.58)	(8.34)	(6.88)	(4.00)	(4.36)
本国最终品关税×加工贸易变量	−0.232***	−0.238***	−0.391***	−0.352***	−0.106	−0.207*
	(−3.89)	(−3.63)	(−5.39)	(−4.45)	(−0.80)	(−1.79)
投入品关税	−5.389***	−4.545***	−4.316***	−3.321**	−4.050***	−3.451***
	(−12.75)	(−11.41)	(−3.20)	(−2.34)	(−6.64)	(−3.95)
投入品关税×加工贸易变量	2.443***	2.221***	2.274***	1.978***	0.151	0.636
	(11.28)	(11.40)	(4.82)	(4.58)	(0.17)	(0.55)
加工贸易变量	−1.244***	−0.973***	−1.102***	−0.812***	−1.014***	−0.576***
	(−16.34)	(−10.87)	(−11.26)	(−7.88)	(−5.50)	(−3.16)
Log(资本劳动比)		0.133***		0.161***		0.049***
		(25.84)		(26.56)		(4.07)
国有企业		−0.469***		−0.480***		−0.437***
		(−16.36)		(−10.95)		(−9.56)
外资投资企业		0.035**		0.061***		−0.029
		(2.34)		(3.74)		(−1.17)
企业生产率		0.227***		0.142***		0.611***
		(12.39)		(7.39)		(11.43)
年份固定效应	是	是	是	是	是	是

①　Melitz(2003)、Bernard 等(2003)均证明当一个经济体由封闭经济变为开放经济时,经济体中生产率最高的企业能够同时进行内销和出口,其规模和利润都会上升;而生产率最低的企业由于面临外国企业的竞争,最终会退出市场不再生产。

②　同上。

（续表）

因变量 $\ln\mu_m^{DGKP}$	(1)	(2)	加工贸易程度高		加工贸易程度低	
			(3)	(4)	(5)	(6)
行业固定效应	是	是	是	是	是	是
Kleibergen-Paap LM 统计量	468.41***	345.40***	248.45***	216.32***	137.88***	92.58***
Kleibergen-Paap Wald F 统计量	118.20	85.04	55.44	48.32	41.51	27.18
观测值数	15493	13501	9982	8892	5511	4609
R^2	0.51	0.55	0.49	0.54	0.54	0.61
一阶段回归情况						
IV1:滞后一期的外国关税	1.171***	1.175***	1.181***	1.171***	1.158***	1.171***
	(74.03)	(68.20)	(44.22)	(41.06)	(48.13)	(43.89)
IV2:滞后一期的外国关税×加工贸易变量	1.202***	1.210***	1.206***	1.220***	1.208***	1.210***
	(71.94)	(67.03)	(45.83)	(43.79)	(35.37)	(31.83)
IV3:滞后一期的本国最终品关税	0.564***	0.550***	0.581***	0.578***	0.539***	0.509***
	(17.56)	(15.74)	(13.47)	(12.34)	(9.76)	(8.12)
IV4:滞后一期的本国最终品关税×加工贸易变量	6.359***	6.700***	6.262***	6.540***	7.632***	7.935***
	(25.63)	(25.80)	(19.51)	(19.78)	(9.65)	(8.89)
IV5:滞后一期的投入品关税	0.462***	0.456***	0.618***	0.595***	0.507***	0.498***
	(18.67)	(16.89)	(11.46)	(10.19)	(12.02)	(10.46)
IV6:滞后一期的投入品关税×加工贸易变量	0.552***	0.540***	0.495***	0.495***	0.412***	0.382***
	(19.71)	(17.62)	(8.15)	(7.51)	(8.77)	(7.57)

注:本表中所有回归均剔除了纯内销和纯出口企业。所用的加工贸易变量是使用 Heckman 两步法估计的加工贸易份额的拟合值;我们也将三种关税的滞后一期值与拟合的加工贸易份额的交叉项作为回归中的工具变量。括号中报告的 t 统计量使用基于自举法修正的标准误计算;***、** 和 * 分别表示在 1%、5% 和 10% 的显著性水平下显著。μ_m^{DGKP} 为参考 De Loecker 等(2015)提出的基于超越对数生产函数的方法估计出的成本加成。在一阶段回归中,IV1 报告的是当期外国关税作为因变量,滞后一期外国关税作为自变量的一阶段回归系数;IV2 报告的是当期本国关税与拟合的加工贸易份额作为因变量,滞后一期外国关税与拟合的加工贸易份额作为自变量的一阶段回归系数。IV3—IV6 报告了与 IV1、IV2 类似的有关本国最终品关税和投入品关税的一阶段回归系数。各列中每个潜在内生变量(共六个潜在的内生变量,包括三种关税,以及三种关税与加工贸易程度的乘积)的一阶段 F 统计量均显著大于 10,考虑到篇幅限制,未在此列出。

从表 7-7 第(1)列可知,在控制住反向因果以后,我们仍然发现外国关税下降和投入品关税下降会导致企业成本加成上升,而最终品关税的下降会促使企业成本加成下降;且这三种关税下降效应均会随着企业进口加工份额的提升而减小。从一阶段回归来看,各潜在内生变量与其目标工具变量均显著相关,同时 Kleibergen-Paap LM 统计量也显示工具变量与内生变量显著相关。此外,以 10 作为参考值(Stock *et al.*,2002),Kleibergen-Paap Wald F 统计量也拒绝了弱工具变量的原假设,说明本章使用的工具变量可用(下同)。从表 7-7 第(2)列可知,在控制住资本劳动比、企业生产率和企业性质以后,三种关税下降对企业成本加成的影响仍然稳健。从关税下降的边际效应来看,投入品关税下降带来的成本加成边际变化率更大。从第(2)列的估计结果来看,投入品关税下降 10 个百分点,会带来企业成本加成上升 45.5%,外国关税下降 10 个百分点会带来成本加成上升8.1%,而最终品关税下降 10 个百分点会带来企业成本加成下降 2.8%;而随着加工贸易份额的上升,这三种关税效应均将大幅减弱。根据表 7-6 的估计,企业加工贸易参与度的拟合值平均约为 0.5,那么平均来说,外国关税下降 100 个百分点可以带来企业成本加成上升 0.443 5($-(-0.814+0.741\times0.5)=0.443$ 5);本国最终品关税和中间投入品关税下降 100 个百分点对成本加成的影响分别为 -0.165($-(0.284-0.238\times0.5)=-0.165$)和 3.434 5($-(-4.545+2.221\times0.5)=3.434$ 5)。考虑从 2000年到 2006 年,我国制造业企业面临的三种关税百分点的下降分别是 0.11、7.93 和 0.99,我们可以粗略估算出贸易自由化对中国制造业进出口企业的影响为($0.11\times0.4435-0.165\times7.93+3.4345\times0.99)/100\approx0.021$ 4。

此外,如前文所提到的,我们对于产出品关税的度量略有不足,因为企业在国内销售的产品组成和出口的产品构成可能会有较大差异。为了弥补这个不足,我们在表 7-7 的所有估计中均剔除了纯内销企业和纯外销企业。考虑到内销和外销产品构成可能会因行业加工贸易参与度的不同而出现行业性差异,我们按各行业加工贸易参与度的高低将总样本划分为两个子样本[①]再进行回归,见表 7-7 第(3)列至第(6)列。结果显示,前两列的结论基本不受行业加工贸易程度高低的影响。

四、更多稳健性检验

考虑到 2005 年人民币升值以来,国内企业遇到的国际经济环境发生了重大变化,出口企业在一定程度上进入了新的经济阶段。为了检验本章

---

① Melitz(2003)、Bernard 等(2003)均证明当一个经济体由封闭经济变为开放经济时,经济体中生产率最高的企业能够同时进行内销和出口,其规模和利润都会上升;而生产率最低的企业由于面临外国企业的竞争,最终会退出市场不再生产。

结果在不同经济周期中的稳健性，我们将 2005 年和 2006 年的样本剔除后，仅使用 2000—2004 年的子样本按照上文所述方法再进行检验，结果显示本章主要结论仍然稳健，即外国关税和投入品关税的下降会带来企业成本加成的上升，而本国最终品关税的下降会促使企业成本加成降低，但关税带来的成本加成效应随着加工贸易份额的提升而减弱。限于篇幅，结果未在此列出。

第五节　结　论

一个国家关税下降究竟会给其企业市场带来怎样的影响呢？随着实证产业组织学术研究领域的推进，学术界对这个问题的关注度也不断上升。本章基于中国制造业进出口企业，研究了贸易自由化给企业成本加成带来的影响。

中国加入 WTO 后，进口关税不断下降，同时中国出口到外国被征收的关税也相应下降，因此全面地（而非仅从最终品关税角度）考察关税下降所带来的影响对于深入理解贸易自由化的作用非常重要。基于此，根据企业的出口份额，我们构建了企业层面的外国关税和最终品关税；并根据企业进口份额构建了企业所面临的投入品关税，进而我们研究了三种关税下降对于企业成本加成的作用。据笔者所知，本章是研究贸易自由化对企业成本加成影响的文献中第一篇考虑外国关税作用的文章。我们发现，外国关税和投入品关税的下降会促使企业成本加成上升，而国内最终品关税的下降由于给内销企业带来了直接的降价压力，会导致企业成本加成下降。

由于加工贸易广泛存在于包括中国在内的发展中国家，因此对于加工贸易在贸易自由化的成本加成效应中所起作用的探讨也非常重要。本章对于加工贸易的考察也有利于增强我们对加工贸易作用的理解。由于加工贸易在进口时是免税的，出口到国外时，外国关税也非常低，所以对于从事加工贸易的企业来说，关税下降对成本加成的影响效果更弱，并且在控制住加工贸易自选择效应和内生性问题后，我们发现随着加工贸易参与度的增加，关税对成本加成的影响效果逐渐变弱。

此外，本章对于成本加成的估计不依赖于对市场结构和需求体系的假设，而且在生产函数的估计中根据中国的实际特点进行了改进（如允许加工贸易企业拥有不同的生产函数），这也使得本章的估计结果更加精准。本章的估计结果也有利于加深对于贸易获益的理解，即贸易自由化不仅有利于企业生产率的提高(Amiti and Konings,2007;Topalova and Khandel-wal,2011;Yu,2015),而且会对企业成本加成带来影响。

　　本章的研究也具有丰富的政策含义。从平均意义上讲,贸易自由化能够促使我国企业成本加成的上升,所以更应该坚定不移地实行对外开放的政策。另外,虽然最终品关税的下降会给企业定价带来较大压力,但通过使用性价比高的进口中间投入品也能促使企业成本加成上升,提高企业市场竞争力。从这个意义上来讲,企业更应该关注全球市场,实现全球最优的投入品采购。

第八章 中国制造业出口质量的准确衡量：挑战与解决方法[*]

第一节 引 言

自 2001 年我国加入 WTO 之后，我国的出口呈现持续快速增长。2002—2008 年，全球金融危机之前，我国每年出口额增长均保持在 20% 以上，在危机之后的 2010 年又迅速反弹至 30% 左右。快速增长的出口行业成为经济增长的重要动力，与此同时，中国出口产品的质量水平在此期间如何变化，则成为令人瞩目的重要问题。以往研究发现发达国家倾向于出口高质量的产品（Hallak and Schott，2011；Feenstra and Romalis，2014；等等），因此出口产品的质量水平被认为标志着一个国家的经济发展水平，也标志着一个国家的产业和企业在国际市场上的竞争力。而在当前劳动力成本上升、外需不确定性加剧等不利条件下，我国能否成功实现产品质量升级，从而提升中国制造业在全球价值链中的地位，是我国能否改变目前制造业普遍"大而不强"的现状，实现创新驱动、质量为先的产业转型升级，最终成功跨越"中等收入陷阱"，提高人民生活水平的一个关键环节。因此，准确地描述新世纪以来中国出口产品质量水平的变化趋势，从各个角度对其进行全面刻画，具有重要的现实意义和政策含义。

然而，如何精确测算在跨时和跨国意义上可比的出口产品质量，一直是国际贸易研究中的一大挑战，相关研究最近才开始出现。[①] 在本章中，我们提出，目前较为广泛使用的出口质量测算方法（Khandelwal *et al.*，2013）在理论上仅考虑需求面而忽略供给面，其实证的关键价格变量存在测量误差，且得到的测算值跨时跨国不可比。为了有效解决现有方法存在

---

  [*] 本章是与北京大学国家发展研究院张睿博士合作的成果，原文发表在《经济学》（季刊），2017 年第 2 期，第 463—484 页

  [①] 部分研究并不直接研究产品质量的变化，而是通过其他变量的变化对出口质量的变化情况做推测。典型例子如 Verhoogen（2008）。他发现在墨西哥比索贬值危机期间，墨西哥的高生产率企业提高了出口强度和白领工人的相对工资，增加了 ISO 9000 的认证数目，他将这一现象解读为企业的质量升级行为。

的问题,准确测算出口质量,我们同时考虑供给和需求两方面因素,基于Feenstra 和 Romalis(2014)企业内生化质量决策框架,提出新的适用于微观数据的企业—产品层面出口质量测算办法。运用这一方法,我们重新测算中国制造业一般出口企业在 2000—2006 年的出口质量水平,从总体、分行业、分国别、动态边际等方面对出口质量情况做了详细描述分析。我们测算所得产品质量所具有的特征,也与质量研究的一些经典结论一致。

在理论研究意义上,本章对于产品质量的测算方法论应用做出贡献。在以往相关的文献研究中,出现了若干种测算产品质量的方法,可归结为以下几类:(1)单价法;(2)特定产品特征法;(3)以 Khandelwal 等(2013)为代表的需求信息回归推断法,这也是目前最为广泛使用的方法;(4)以Feenstra 和 Romalis(2014)为代表的供给需求信息加总测算法。这几种办法都存在其相应的不足之处,我们简要回顾现有方法并指出其优缺点。

单价法将产品出口或进口单价(unit value)作为质量的代理变量,其逻辑是高质量产品一般单价也较高。这种方法优点在于较为简便,因此为许多研究所采用。① 缺点是忽略了企业生产率异质性所导致的差异,将价格差异完全归因于质量差异,无法将质量与价格分离。

特定产品特征法将研究范围限定为某种特定产品,利用产品具体特征构造质量指标。典型做法如 Goldberg 和 Verboven(2001)、Auer 等(2014)通过引入与汽车具体特征有关的指标(如引擎马力等)来控制汽车的质量差异;Crozet 等(2012)、Chen 和 Juvenal(2016)分别将香槟手册上对于不同品牌香槟的评级,以及专家对葡萄酒质量的打分作为质量指标。该方法优点在于对特定产品构造特定的质量指标,最大限度地量化质量;缺点则是对数据的要求很高,需要包含每种特定产品详细的个性化特征,研究方法和得到的结论难以推广。

需求信息回归推断法是目前应用最为广泛的方法。其中具代表性的Khandelwal 等(2013)方法(以下简称"KSW 方法")适用于测算一国微观企业—产品层面的出口质量,也被大量相关研究所采用(如 Fan *et al.*,2015;王雅琦等,2015;许家云等,2015)。该类方法在需求方引入消费者对质量的偏好,将质量表示为销量和价格等需求层面的信息,然后利用这些信息估计需求函数和质量,其逻辑是,若两个品种价格相等,市场份额较大的质量也较高。② 该类方法提供了对产品质量更精确、更一般化的测算,

---

① 采用单价法的研究包括 Bastos 和 Silva(2010)、Manova 和 Zhang(2012)等。
② 该类方法还包括 Khandelwal(2010)、Hallak 和 Schott(2011)等。

也富有经济学含义。其缺点在于仅考虑了需求面因素，将质量视作外生，忽略企业内生决定质量这一事实。在具体的方法上，由于数据可得性的限制，KSW 方法通常利用出口离岸价代表出口目的地消费者所面对的价格，在从量贸易成本（per-unit trade cost）广泛存在的情况下，这一做法会导致对价格这一关键变量的测量误差。另外在实证估计中，KSW 方法利用国家—年份固定效应去除难以观测的宏观价格和收入因素，导致所得的产品质量测算值跨时跨国不可比，从而为描述总体出口质量变化带来困难。

供给需求信息加总测算法以 Feenstra 和 Romalis（2014）（以下简称"FR方法"）为代表，在理论框架上与我们提出的方法最为接近。Feenstra 和 Romalis（2014）同时考虑供给和需求两方面的因素，将企业出口产品质量决策内生化，提供了另一种测算出口产品质量的分析框架。在此基础上，Feenstra 和 Romalis（2014）将企业加总得到宏观层面的测算式，利用宏观层面贸易数据测算国家—产品分类层面的平均进出口质量。FR 方法的优点是全面考虑了需求和供给对于质量的影响，使得对于质量的测算更加稳健。缺点是该方法主要适用于宏观层面的数据，得到的国家—产品层面进出口产品质量主要用于跨国之间的比较，而并未考虑微观数据的使用。

我们所提出的方法，具体来说，在以下几个方面做了创新和改进：（1）采用 Feenstra 和 Romalis（2014）的理论框架，全面考虑供给和需求因素，并证明我们所用的理论框架实际上包含了目前广泛使用的 KSW方法；（2）提出适用于微观数据的测算办法，体现了企业生产率异质性的作用，测算企业—产品层面的出口质量；（3）消除价格的测量误差，同时避免使用固定效应去除宏观因素，从而保证测算得到的质量指标在跨时和跨国意义上可比。

在现实意义上，我们的研究对中国制造业出口产品质量的相关研究有重要意义。首先，中国制造业出口质量如何变化，一直是学术界所关心的问题。许多学者对中国出口产品质量做了测度和分析，得到的结论却不尽相同：施炳展（2013）、施炳展和邵文波（2014）发现中国企业出口产品质量在 2000—2006 年呈上升趋势；李坤望等（2014）的研究却得到了相反结论；张杰等（2014）发现中国出口产品质量在 2000—2006 年间呈现先降后升的 U 形走势；樊海潮和郭光远（2015）则刻画了出口产品质量和出口企业生产率之间的正相关关系。在现有出口质量测算办法存在缺陷的情况下，目前对于中国出口质量水平的描述可能存在一定的偏差，我们在准确测算出口质量的基础上，从总体、不同类型企业、不同行业、不同目的国等角度对中国一般出口质量变化情况做详细描述，并从微观基础上进一步刻画我国制造业出口质量变化的主要来源。

其次,中国加入 WTO 这一贸易自由化进程对中国进出口产品的质量产生了深远影响。因此许多学者尝试运用现有方法测算产品质量进行相关研究。Fan 等(2015)发现中国进口关税的减免使差异化产品提高出口产品的质量和单价,使同质化产品降低出口产品的质量和单价;Bas 和Strauss-Kahn(2015)发现贸易自由化带来的进口关税减免使得中国出口企业使用更多高质量的进口中间品,从而提高了相应的出口产品的价格和质量;余淼杰和李乐融(2016)也发现关税自由化使得中国企业进口更多高质量的中间品。我们所提出的质量测算方法,丰富了微观层面上方法论的基础,有利于相关研究的进一步深入开展。

利用中国制造业一般出口企业出口质量的测算结果,我们有以下主要发现。(1)2000—2006 年期间,中国制造业出口质量水平呈现分布总体右移、分布形态平稳的特征,出口质量水平总体上升约 15%。(2)大部分行业的出口质量水平有显著提升,出口到高收入国家的产品质量水平更高。(3)在贸易自由化进程中,持续出口品种的质量提升是最为重要的原因,退出品种和进入品种的产品质量相对较低,分别促进和减缓了总体质量提升的进程;在持续出口品种的质量提升中,品种自身质量水平提升和不同品种间的市场份额再分配效应之比大约为 1∶3,市场份额再分配效应起主导作用。

本章接下来结构安排如下:第二节介绍产品质量测算的理论框架;第三节描述研究所用的数据和质量测算的具体办法,并比较本章方法与广泛使用的 KSW 方法,以及 FR 方法的区别;第四节利用测算得到的中国企业出口产品质量,从各个角度详细描述 2000—2006 年期间中国出口质量水平的变化情况;第五节总结全文。

第二节　产品质量测算的理论框架

这一节我们阐述如何在 Feenstra 和 Romalis(2014)所构建的理论框架的基础上,构造可应用于微观数据的产品质量测度的新的方法。

在需求方面,消费者的效用不仅依赖于所消费产品的数量,还依赖于所消费产品的质量。对于 j 国的消费者,在每个产品类别 g 中(本章以海关税则编码 6 位分类码(HS 6 位产品)为依据定义产品类别)存在连续的差异化产品品种 ω,消费者的偏好满足式(8.1)所示的支出函数。

$$E_{jg} = U_{jg} \times P_{jg} = U_{jg} \left[\int_{\omega} \left(\frac{p_{\omega j}}{z_{\omega j}^{\alpha_{jg}}} \right)^{(1-\sigma_g)} \mathrm{d}\omega \right]^{\frac{1}{1-\sigma_g}} \tag{8.1}$$

其中效用 $U_{jg}>0$，$\alpha_{jg}=1+\gamma_g \ln (U_{jg})$。$p_{\omega j}$ 和 $z_{\omega j}$ 分别为在 j 国销售的产品品种 ω 的到岸价格和质量。参数 α_{jg} 反映了 j 国消费者对于产品类别 g 的"质量偏好程度"。σ_g 为在同一产品类别 g 中不同品种之间的替代弹性。由于 α_{jg} 的值依赖于效用，因此该支出函数所对应的效用函数是非同位的。需求函数可由式(8.2)得到：

$$q_{\omega j}=\frac{\partial E_{jg}}{\partial p_{\omega j}}=\left(\frac{\partial E_{jg}}{\partial \overline{p_{\omega j}}}\right)\frac{1}{(z_{\omega j})^{\alpha_{jg}}}=E_{jg}\times P_{jg}^{\sigma_g-1}\times p_{\omega j}^{-\sigma_g}\times z_{\omega j}^{\alpha_{jg}(\sigma_g-1)} \quad (8.2)$$

其中 $\overline{p_{\omega j}}\equiv p_{\omega j}/(z_{\omega j})^{\alpha_{jg}}$ 为产品的质量调整后价格，可以看到，这一指标为价格与质量之比，因此质量调整后价格的下降可理解为企业产品的性价比上升。

我们接着考虑供给面以内生化产品质量。企业在垄断竞争的市场结构中同时决定其生产的差异化产品品种的质量和价格。对于在 j 国销售产品类别 g 的企业 i 来说，$p_{ijg}{}^*$ 为产品的离岸出口价，z_{ijg} 为产品的质量。企业 i 的利润最大化问题以式(8.3)表示：

$$\underset{p_{ijg}{}^*,z_{ijg}}{\mathrm{Max}}\left[\left(p_{ijg}{}^*-c_i(z_{ijg},w)\right)\right]\frac{\tau_{ijg}q_{ijg}}{\mathrm{tar}_{jg}} \quad (8.3)$$

其中 $c_i(z_{ijg},w)$ 为依赖于产品质量 z_{ijg} 和投入品成本水平 w 的单位生产成本，q_{ijg} 为企业 i 销往 j 国的产品类别 g 的数量，tar_{jg} 为 j 国对产品类别 g 所征收的进口关税。企业出口面临两种贸易成本：从价(ad valorem)成本 τ_{ijg} 和从量(per-unit)成本 T_{ijg}，离岸出口价 $p_{ijg}{}^*$ 和到岸出口价 p_{ijg} 之间的关系满足式(8.4)：

$$p_{ijg}=(p_{ijg}{}^*+T_{ijg})\tau_{ijg} \quad (8.4)$$

这一到岸价格 p_{ijg} 为 j 国消费者所面临的价格。参照 Feenstra 和 Romalis(2014)的做法，我们假设单位生产成本的函数形式为 $c_i(z_{ijg},w)=w(z_{ijg})^{1/\theta_g}/\varphi_i$，企业在提高产品质量时面临边际成本递增，而 $0<\theta_g<1$ 则为在产品类别 g 中衡量这一成本递增效应大小的参数。φ_i 为企业 i 的生产率。由企业优化问题的一阶条件可得到式(8.5)：

$$\frac{w(z_{ijg})^{\frac{1}{\theta_g}}}{\varphi_i\theta_g}=\left[p_{ijg}{}^*-\frac{w(z_{ijg})^{\frac{1}{\theta_g}}}{\varphi_i}\right]\times\left[\alpha_{jg}(\sigma_g-1)\right] \quad (8.5)$$

等式两边取对数并整理得到

$$\ln(z_{ijg})=\theta_g\left[\ln(\kappa_{1jg}p_{ijg}{}^*)-\ln\left(\frac{w}{\varphi_i}\right)\right]$$

其中 $\kappa_{1jg}=\alpha_{jg}\theta_g(\sigma_g-1)/[1+\alpha_{jg}\theta_g(\sigma_g-1)]$。对于不同的年份 t，我们可以将产品质量表达为

$$\ln(z_{ijgt})=\theta_g\left[\ln(\kappa_{1jg})+\ln(p_{ijgt}{}^*)+\ln(\varphi_{it})-\ln(w_t)\right] \quad (8.6)$$

我们利用式(8.6)计算企业层面的出口产品质量。式(8.6)有以下几个重要含义:(1)企业生产率异质性对于产品质量有重要作用,企业的生产率越高,其生产产品的质量也越高;(2)产品的质量与价格正相关,因此以往研究采用出口单价作为产品质量的代理有一定的合理性;(3)投入品成本水平越高,产品质量越低,这是因为投入品成本水平w_t越高时,若企业质量水平不变,则提高质量的边际成本增加,而提高质量的边际收益不变。为了确保利润最大化,企业通过降低质量来降低该边际成本,保持边际成本等于边际收益。

第三节　数据来源和测算方法

我们在这一节详细介绍如何将本章提出的基于 Feenstra 和 Romalis (2014)框架的新的出口质量测算办法应用到中国的微观数据中,并详细对比本章的方法与两种目前较为广泛使用的出口质量测算方法(KSW 方法和 FR 方法)的区别,进一步指出本章方法的创新之处。

一、出口离岸单价和企业生产率的计算及合并方法

出口离岸单价的数据来自 2000—2006 年中国企业层面的海关进出口贸易数据库,这一数据由中国海关总署统计和维护。该数据库中记录了每个企业每笔进出口交易的交易价值、交易数量、HS 8 位的产品类别、出口目的地等详细信息。如 Yu(2015)所发现的,中国的加工贸易出口在出口总量中占相当的份额。由于加工贸易完全使用进口中间品及部分进口资本品,其成本水平w_t与国内投入品的成本水平差别很大,难以获得。因此我们仅保留一般贸易出口的数据进行分析。

我们构造"企业—目的地—产品—年份"层面的离岸单位价值uv_{ijgt},将企业 i 在 t 年中出口到 j 国的属于产品类别 g 的离岸价值(数量)加总得到总价值(总数量),将总价值除以总数量即出口离岸单价,如下所示:

$$uv_{ijgt} = \frac{value_{ijgt}}{quantity_{ijgt}} \tag{8.7}$$

其中$value_{ijgt}$为 i 企业在 t 年向 j 国出口的属于产品类别 g 的出口离岸价值,$quantity_{ijgt}$为相应的出口数量,uv_{ijgt}是出口离岸单价。产品类别 g 以 HS 6 位产品分类码为准,并在 HS 1996 和 HS 2002 两个版本之间进行了协调统一。

我们接着测算企业全要素生产率(TFP)作为φ_{it}的度量。传统上,企业 TFP 的度量采用索洛剩余方法,即假设企业的生产技术满足 Cobb-Douglas 形式:$Y_{it} = \varphi_{it} K_{it}^{\alpha} L_{it}^{\beta} M_{it}^{\gamma}$。其中$Y_{it}$为企业的总产出,$K_{it}$、$M_{it}$、$L_{it}$分别表

示企业的资本存量、中间投入和劳动力投入。将等号两边取自然对数,即可通过最小二乘法进行估计,其残差值即为 $\ln(\varphi_{it})$ 的估计值。然而,传统的最小二乘法存在瞬时偏差和选择偏误,因此会导致对 TFP 的不准确估计。因此我们参照 Amiti 和 Konings(2007)、Yu(2015)的做法,使用 Olley和 Pakes(1996)所提出的半参数方法(OP 方法)对 TFP 进行估计,以克服瞬时偏差和选择偏误。依照实际情况,我们在 OP 方法的基础上进一步考虑中国入世、国有企业等问题,并分行业对企业的生产函数和生产率进行估计。[①]

我们利用 2000—2006 年的制造业企业数据库构造企业层面的 TFP。该数据库为年度面板数据,包含了所有的国有工业企业,以及年销售额在500 万元以上的非国有工业企业。数据库包括了财务报表的主要信息和生产方面的信息。我们参考了 Feenstra 等(2014)的方法进行了数据清理。参照 Ahn 等(2011),我们也将仅从事贸易中介活动的企业从样本中剔除。

计算出企业的出口离岸单价和全要素生产率之后,我们需要对这两部分的数据进行合并。由于工业企业数据库的法人代码与海关数据中的法人代码编码系统并不一致,因此无法通过法人代码进行合并。我们参照Yu(2015)的方法,采用海关数据和工业企业数据库中的企业名称和年份将这两个数据库之间进行匹配合并;另一方面,为了提高匹配度,我们也利用两个数据库内企业的邮政编码和电话号码的后七位数字进行匹配。

二、投入品成本水平

我们接下来构造式(8.6)中的投入品成本水平 w_t。Feenstra 和 Romalis(2014)假设企业在生产过程中只需要劳动力一种投入品,但实际上企业的投入品还包括中间投入和资本品。因此单纯使用表示劳动力成本的投入品成本水平代替 w_t 并不恰当。我们将 w_t 定义为包含有三种投入要素价格的"投入品成本水平",即

$$\ln(w_t) = \alpha' \ln(w^L_t) + \beta' \ln(w^K_t) + \gamma' \ln(w^M_t) \tag{8.8}$$

如式(8.8),企业所面对的投入品成本水平实际上包含了劳动、资本和中间投入三部分的成本 w^L_t、w^K_t 和 w^M_t,以及其相应的份额 α'、β' 和 γ'。由于我们仅研究一般贸易出口,因此生产用的所有(或绝大部分)中间投入均来自国内市场。如前所述,我们对产出和中间投入均进行价格平减,且所

---

① 受篇幅所限,我们在正文中略去 TFP 的具体计算过程,感兴趣的读者可联系作者索取相关附录。

有行业的产出同时作为本行业和其他行业的中间投入,因此在均衡中 w^M_t =1,有

$$\ln(w_t) = \alpha'\ln(w^L_t) + \beta'\ln(w^K_t) \qquad (8.8')$$

α' 与 β' 分别表示劳动成本和资本成本在投入品成本水平中所占的比例。我们将每个中国国民经济行业分类(CIC)的 2 位码行业中每年出口企业的应付工资总额和应付福利总额加总并予以价格平减,除以该行业每年出口企业的总雇员人数,即得到 CIC 2 位码行业层面每年的劳动成本。

$$w^L_t = \frac{\text{Wage}_t + \text{Compensation}_t}{\text{Employee}_t}$$

我们将每个 CIC 2 位码行业中每年出口企业的折旧总额加总并予以价格平减,除以该行业每年出口企业的总真实资本存量,即得到 CIC 2 位码行业层面每年的资本成本。

$$w^K_t = \frac{\text{Depreciation}_t}{\text{Capital}_t}$$

在生产函数满足 Cobb-Douglas 形式 $Y_{it} = \varphi_{it} K_{it}^\alpha L_{it}^\beta M_{it}^\gamma$ 的前提下,α' 与 β' 的具体数值可根据生产函数的投入品弹性计算得到,即

$$\alpha' = \frac{\alpha}{\alpha+\beta+\gamma}, \quad \beta' = \frac{\beta}{\alpha+\beta+\gamma}$$

各个 CIC 2 位码行业的 α、β 和 γ 的估计值可以由估计企业全要素生产率的过程中得到,据此可以计算各种成本在投入品成本水平中所占份额,进而依据式(8.8')计算每个 CIC 2 位码行业每年的投入品成本水平。

三、结构性参数

为了最大限度地保证产品质量估计值的完整性,以允许我们描述质量跨时和跨国的差异,我们利用 Feenstra 和 Romalis(2014)所估计出的每个国家每种 SITC 第二版 4 位码产品层面上的结构性参数 α_{jg}、θ_g 和 σ_g 的数值,依据式(8.6)计算产品质量。我们将 HS 6 位产品码与 SITC 第二版 4 位码匹配,从而得到每个 HS 6—国家层面的 α_{jg}、θ_g 和 σ_g 参数值。由于一部分 HS 6 位码所对应的 SITC 4 位码层面的参数值为缺失,我们将这些 HS 6 位码所对应的 SITC 4—位码内的平均 α_{jg}、θ_g 和 σ_g 参数值作为其对应的参数值,最大限度地保证样本的完整。

根据我们计算得到出口离岸单价 p_{ijgt}^*,企业生产率 φ_{it},每个行业的投入品成本水平 w_t,以及 HS 6—国家层面上的参数值 α_{jg}、θ_g 和 σ_g,我们可根据式(8.6)直接计算出口产品质量 $\ln(z_{ijgt})$(其中 $\kappa_{1jg} = \alpha_{jg}\theta_g(\sigma_g-1)/[1+\alpha_{jg}\theta_g(\sigma_g-1)]$)。

四、KSW 方法与本文方法

(一)理论方面

我们简要介绍 KSW 方法的理论框架。假设 j 国的消费者在产品类别 g 上的效用函数为 CES 形式:

$$U_{jg} = \left[\int_{\omega} (z_{\omega j} \times q_{\omega j})^{\frac{\sigma_g - 1}{\sigma_g}} d\omega \right]^{\frac{\sigma_g}{\sigma_g - 1}} \quad (8.9)$$

$q_{\omega j}$ 为 j 国消费者消费品种 ω 的数量,$z_{\omega j}$ 为相应 ω 的质量,σ_g 为产品类别 g 中不同品种间的替代弹性。在预算约束 $\int_{\omega} p_{\omega j} \times q_{\omega j} d\omega = I_{jg}$ 下,消费者对品种 ω 的需求函数如式(8.10)所示:

$$q_{\omega j} = z_{\omega j}^{\sigma_g - 1} \times p_{\omega j}^{-\sigma_g} \times P_{jg}^{\sigma_g - 1} \times I_{jg} \quad (8.10)$$

$P_{jg} = \left[\int_{s} (p_{sj} / z_{sj})^{1 - \sigma_g} ds \right]^{1/(1 - \sigma_g)}$ 为产品类别 g “质量调整后”综合价格指数。将式(8.10)两边取对数整理得式(8.10′):

$$(\sigma_g - 1)\ln(z_{\omega j}) = \ln(q_{\omega j}) + \sigma_g \ln(p_{\omega j}) - (\sigma_g - 1)\ln(P_{jg}) - \ln(I_{jg})$$
$$(8.10′)$$

式(8.10′)有如下的经济学直觉:如果不同品种的到岸价格相等,则销量更大的品种应有更高的质量。在这一理论框架中,产品质量被视作外生给定,最大化消费者的效用即导出产品质量的表达式(8.10′),因而仅考虑了需求面的因素。而在我们的方法中,若令式(8.2)中的 $\alpha_{jg} = 1$,也可得到式(8.10′),因此,从这一意义上说,我们所提出的方法本身即包含了 KSW 方法的思想。

但另一方面,产品质量也是企业的重要决策变量,因此我们通过考虑供给面因素,内生化企业的质量决策,导出产品质量的表达式(8.6)。Feenstra 和 Romalis(2014)指出仅依赖需求面因素进行产品质量估计,可能导致产品质量估算值更多反映了模型对供给方的假设。从这一意义上,我们的方法全面地考虑了供给和需求,相对更稳健可靠。同时,式(8.6)也强调了企业生产率异质性的作用,这和自 Melitz(2003)、Bernard 等(2003)以来迅速发展的新新国际贸易理论的理论基础紧密联系,而这一点在仅考虑需求面因素的方法中无法体现。

(二)实证方面

在式(8.10)的基础上,由于现有数据普遍存在年份维度 t,因此将式(8.10′)变为式(8.10″):

$$(\sigma_g - 1)\ln(z_{\omega jt}) = \ln(q_{\omega jt}) + \sigma_g \ln(p_{\omega jt}) - (\sigma_g - 1)\ln(P_{jgt}) - \ln(I_{jgt})$$
$$(8.10'')$$

考虑不同企业 i 不同产品类别 g 的出口，并进一步整理式（8.10″）得到式（8.11）：

$$\ln(q_{ijgt}) + \sigma_g \ln(p_{ijgt}) = (\sigma_g - 1)\ln(P_{jgt}) + \ln(I_{jgt}) + (\sigma_g - 1)\ln(z_{ijgt})$$
$$(8.11)$$

目前普遍的做法是分别加入年份—国家固定效应 μ_{jt} 和产品类别固定效应 μ_g（Khandelwal *et al.*，2013；Fan *et al.*，2015），得到式（8.11′）：

$$\ln(q_{ijgt}) + \sigma_g \ln(p_{ijgt}) = \mu_{jt} + \mu_g + \varepsilon_{ijgt} \qquad (8.11')$$

利用 i 企业在 t 年出口到 j 国的产品类别 g 的销量 q_{ijgt} 和到岸价格 p_{ijgt}，以及 Broda 和 Weinstein（2006）对于不同产品类别 g 的需求弹性估计值 σ_g，可以估计式（8.11′），得到的 ε_{ijgt} 估计值即产品质量 $(\sigma_g - 1)\ln(z_{\omega j})$ 估计值。这一方法在实证上存在两个问题。

第一，由于在实际可得的微观数据中，往往只能观察出口离岸价，因此 KSW 方法通常使用出口离岸价代替式（8.11′）中的到岸价 p_{ijgt}。但由式（8.5）可知，到岸价在离岸价的基础上，包含了可加的从量贸易成本，如运输费用和保险费用等。Irarrazabal 等（2011）的测算结果表明，从量贸易成本平均占出口价格的 14%。因此利用离岸价代替到岸价的做法可能产生较大误差。

第二，由于一般 j 国产品类别 g 的综合价格指数 P_{jg} 和 j 国在产品类别 g 上的总支出 I_{jg} 难以观测，KSW 方法利用年份—国家固定效应 μ_{jt} 和产品固定效应 μ_g 将 $(\sigma_g - 1)\ln(P_{jgt}) + \ln(I_{jgt})$ 剔除。但由于固定效应 μ_{jt} 的存在，产品质量 $(\sigma_g - 1)\ln(z_{\omega j})$ 的估计值在出口目的地—时间维度上的均值也被减去。得到的 $(\sigma_g - 1)\ln(z_{\omega j})$ 的估计值，实际上是企业 i 在 t 年出口到 j 国产品类别 g 的质量，相对于该年出口到该国所有该类别产品质量均值的离差。这一估计值在同一年份—国家组别内依然可比，但是却无法刻画出口到不同国家 j 和 j' 的产品绝对质量差异，或出口到同一国家不同年份 t 和 t' 的绝对质量变化。

我们的方法则从两个角度解决以上问题：一方面，我们对出口质量的计算基于估计式（8.6），其中的价格即为出口离岸价，可直接从数据计算得到，因此避免了 KSW 方法中从量贸易成本引起的测量误差；另一方面，我们避免使用固定效应去除未知参数，直接利用 Feenstra 和 Romalis（2014）估算得到的相应参数值根据式（8.6）计算产品质量，得到的出口质量指标在跨时和跨国的意义上均可以直接比较。

五、FR 方法与本文方法

Feenstra 和 Romalis(2014)侧重于在提出理论框架的基础上,利用宏观的国家—产品层面贸易数据进行产品质量的测算。由于数据可得性的问题,他们并未使用各个国家的企业和进出口微观数据,而仅使用了 UN Comtrade 数据库(联合国商品贸易统计数据库)提供的国家—产品层面的贸易流数据,因此无法计算微观企业层面生产率φ_{it}等信息。结合出口企业的零利润条件和企业生产率符合帕累托分布的假设,Feenstra 和 Romalis(2014)对一国的所有出口企业进行加总,将生产率等信息从测算式中消去,得到适用于宏观贸易数据的加总层面测算式,最终得到国家—产品(SITC 第二版 4 位码产品)—年份层面上的平均相对进口和出口质量。因此 FR 方法主要适用于宏观层面贸易数据,得到的进出口产品质量主要适用于跨国间的比较,而并未分析一国进出口质量的跨时变化,测算得到的结果也无法反映企业之间的异质性。

我们的方法虽然借鉴了 Feenstra 和 Romalis(2014)的理论框架,但在测算的具体办法、适用对象等方面均与 FR 方法有所区别。我们关注中国这一出口大国的出口质量表现,而非不同国家间的比较。由于我们使用了 2000—2006 年制造业企业数据库,以及高度细化的海关进出口贸易数据库,我们可以直接计算微观企业的生产率φ_{it},各个行业的投入品成本水平w_t,每个企业出口到各个目的国各种产品的出口离岸单价$p_{ijgt}{}^*$等信息,因此我们并不需要如 Feenstra 和 Romalis(2014)一样对所有出口企业进行加总,而可以直接利用式(8.6)测算企业—目的国—产品—年份层面的出口质量,体现不同企业之间的异质性,这也是我们这一方法的优势所在。我们所提出的方法适用于微观层面的数据,可用于分析一国出口到各个目的国各种产品的质量分布变化状况。

第四节   中国制造业出口质量情况

我们利用 2000—2006 年的海关进出口贸易数据,结合中国制造业企业数据和结构性参数的信息,依据式(8.6)计算产品质量。为了避免极端值的影响,我们将每个 HS 6 位码类别中低于 1‰ 分位数和高于 99‰ 分位数产品质量的观测值剔除。得到的产品质量 $\ln(z_{ijgt})$ 在同一 HS 6 产品类别内跨时、跨国可比。我们进一步对产品质量进行标准化,以允许不同产品类别的产品质量可加总、可比,如式(8.12)所示:

$$\text{qual}_{ijgt} = \ln(z_{ijgt}) - \ln(z_{10\%_g}) \tag{8.12}$$

我们将 i 企业在 t 年出口到 j 国属于产品类别 g 的产品质量减去相应产品类别 g 内总体产品质量的 10%分位数，得到标准化的产品质量指标 qual_{ijgt}。这一指标衡量了特定品种的质量与其所属产品类别内参考质量水平（10%分位数）的差距，因此我们可以对标准化后的产品质量进行跨产品比较和加总。

一、总体情况

我们先关注中国制造业出口产品质量（已标准化）在 2000—2006 年的分布如何变化。表 8-1 呈现了每年出口标准化产品质量的分布情况。从均值和中位数水平上看，中国制造业总体出口质量在 2000—2003 年间维持在较为平稳的水平上，自 2004 年开始，总体的出口产品质量开始有明显增长。2000—2006 年，总体出口质量的均值和中位数均增长了 15%左右，出口产品质量的 25%和 75%分位数的增长幅度也在 14%—16%左右。值得注意的是，产品质量分布的标准差在 2000—2006 年非常稳定，仅增长了0.036。因此总体上，中国出口产品的质量在 2000—2006 年呈现分布总体右移、分布形态平稳的特点。

表 8-1　2000—2006 年中国出口产品总体质量分布

年份	样本数	均值	中位数	25%分位	75%分位	标准差
2000	42 256	0.711	0.536	0.172	1.048	0.854
2001	57 551	0.720	0.540	0.176	1.054	0.856
2002	76 284	0.712	0.524	0.165	1.039	0.858
2003	205 935	0.710	0.535	0.192	1.034	0.834
2004	345 489	0.769	0.586	0.242	1.089	0.846
2005	392 192	0.826	0.643	0.287	1.149	0.859
2006	506 333	0.868	0.678	0.302	1.213	0.890
总体	1 626 040	0.800	0.617	0.256	1.132	0.865

我们接下来考察不同所有制企业之间的出口质量变化有何差别。我们将样本中的出口企业根据制造业企业数据库中的"登记注册类型"分为五个类别，分别为国有企业、集体企业、民营企业、港澳台资企业、外资企业五个类别，结果如表 8-2 所示。

表 8-2 和图 8-1 刻画了样本期间不同所有制企业出口产品质量中位数的变化。可以看到，在样本初期（2000 年），外资企业和港澳台资企业的出口产品质量最高，国有企业和民营企业次之，集体企业的出口质量最低。

在整个样本期间,私营企业、集体企业和港澳台资企业的整体出口质量均有提升,提升幅度为 15%—20%;国有企业的出口质量波动较大,在 2001 年达到高峰后又有回落,之后保持较为平稳的增长,总体有所上升;外资企业的出口质量在样本期间呈现轻微的倒 U 形特点,总体也上升了 7% 左右。截至样本末期,国有企业、私营企业和港澳台资企业三种类型企业的出口质量已经非常接近,外资企业与内资企业之间的质量水平差距已大大缩小,内资企业整体呈现明显的质量追赶态势。[①]

表 8-2　不同所有制企业出口产品质量情况(中位数)

年份	国有企业	集体企业	民营企业	港澳台资企业	外资企业
2000	0.469	0.304	0.472	0.525	0.709
2001	0.647	0.332	0.460	0.514	0.665
2002	0.501	0.413	0.437	0.534	0.638
2003	0.517	0.428	0.465	0.539	0.651
2004	0.545	0.485	0.529	0.586	0.677
2005	0.544	0.527	0.587	0.637	0.737
2006	0.654	0.511	0.627	0.664	0.773

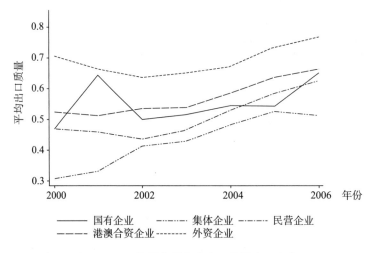

图 8-1　不同所有制企业出口质量水平变化

二、分行业情况

我们进一步细分行业,研究哪些具体的行业经历了最大幅度的质量升

---

① 我们还对比了不同地区间的出口质量增长情况,限于篇幅未予汇报,感兴趣的读者可联系作者索取。

级或降级。我们根据 CIC 2 位码行业，计算不同行业在期初（2000 年）和期末（2006 年）的标准化出口产品质量均值，由于 2001 年年末中国加入 WTO 这一重大事件的发生，我们也同样计算 2002 年各行业的出口产品质量均值，结果如表 8-3 所示。

表 8-3　CIC 2 位码行业出口产品质量情况

CIC 2 位码行业	总体	2000 年	2002 年	2006 年	2000—2006 年	2002—2006 年
农副食品加工	0.463	0.833	0.738	0.455	−0.377***	−0.282***
食品制造	0.849	0.949	0.909	0.844	−0.105***	−0.065**
饮料制造	0.697	0.750	0.521	0.722	−0.029	0.201***
纺织	0.498	0.304	0.329	0.545	0.241***	0.216***
纺织服装鞋帽制造	0.567	0.510	0.483	0.627	0.117***	0.144***
皮革毛皮羽毛(绒)及其制品	0.602	0.539	0.529	0.634	0.094***	0.104***
木材加工及木竹藤棕草制品	0.636	0.627	0.453	0.725	0.098***	0.273***
家具制造	0.733	0.409	0.523	0.900	0.491***	0.378***
造纸及纸制品	0.487	0.312	0.252	0.613	0.301***	0.361***
印刷业和记录媒介的复制	1.143	0.923	0.928	1.346	0.423***	0.418***
文教体育用品制造	0.894	0.717	0.767	0.976	0.260***	0.209***
化学原料及化学制品制造	0.703	0.627	0.571	0.753	0.127***	0.183***
医药制造	1.444	1.164	1.368	1.554	0.390***	0.186***
化学纤维制造	1.244	0.970	1.225	1.288	0.318***	0.062*
橡胶制品	1.517	1.215	1.430	1.641	0.426***	0.211***
塑料制品	1.095	0.847	0.945	1.193	0.346***	0.249***
非金属矿物制品	0.718	0.542	0.734	0.818	0.276***	0.084***
黑色金属冶炼及压延加工	0.259	0.216	0.341	0.262	0.046*	−0.079***
有色金属冶炼及压延加工	0.553	0.297	0.273	0.478	0.181***	0.205***
金属制品	0.730	0.808	0.911	0.737	−0.072***	−0.174***
通用设备制造	0.982	0.961	0.866	1.061	0.100***	0.195***
专用设备制造	1.455	1.137	1.256	1.547	0.410***	0.290***
交通运输设备制造	0.772	0.861	0.701	0.830	−0.031	0.129***
电气机械及器材制造	0.830	—	—	0.827		
通信设备计算机及其他电子设备制造	1.245	0.783	0.566	1.415	0.632***	0.850***
仪器仪表及文化办公用机械制造	1.291	1.748	1.278	1.382	−0.366***	0.104***
工艺品及其他制造	0.642	1.153	1.118	0.632	−0.521***	−0.486***

注：***、** 和 * 分别表示在 1%、5% 和 10% 的水平上显著。

表 8-3 显示，无论是 2000—2006 年还是 2002—2006 年，在全部 26 个制造业行业中，大部分行业的出口均呈现质量升级。以 2000—2006 年为例，质

量增长速度最快的行业包括通信设备计算机及其他电子设备制造(63.2%)、家具制造(49.1%)、印刷业和记录媒介的复制(42.3%)、橡胶制品(42.6%)、专用设备制造(41.0%)和医药制造(39.0%)。呈现平均质量下降的行业则包括工艺品及其他制造(52.1%)、农副食品加工(37.7%)、仪器仪表及文化办公用机械制造(36.6%)和食品制造(10.5%)。由于不同行业之间存在异质性,影响各个行业出口质量的因素也不同,我们的测算结果显示,中国大部分行业出口质量在 2000—2006 年和 2002—2006 年均有显著的提升。

三、目的地收入水平

我们比较中国出口到不同国家的制造业产品质量有何特点。我们按照式(8.13)对 t 年出口到 j 国所有产品类别的质量进行加权平均。

$$\text{qual}_{jgt} = \frac{\text{qual}_{ijgt} \times \text{value}_{ijgt}}{\sum_i \text{value}_{ijgt}} \tag{8.13}$$

若在 t 年的某一 HS 6 位码产品类别 g 中,出口到 j 国的 qual_{jgt} 为最高,则我们将这一产品定义为所谓的"质量领导者"(quality leader),构造相应的虚拟变量 leader_{jgt},如式(8.14)所示:

$$\text{leader}_{jgt} = \begin{cases} 1 & \text{if } \text{qual}_{jgt} = \max_l \text{qual}_{lgt} \\ 0 & \text{if } \text{qual}_{jgt} \neq \max_l \text{qual}_{lgt} \end{cases} \tag{8.14}$$

依照 Amiti 和 Khandelwal(2013)的方法,我们将 j 国在 t 年所有类别 g 的 leader_{jgt} 加总,得到中国在 t 年出口到 j 国的"质量领导者"的数量,将其加 1 取对数得

$$\ln(\text{num-of-leader}_{jt}) = \ln\left(1 + \sum_g \text{leader}_{jgt}\right)$$

因此 $\ln(\text{num-of-leader}_{jt})$ 反映了中国在 t 年对 j 国出口产品总质量的高低。在图 8-2 中,我们将 2000 年、2002 年、2004 年和 2006 年每个国家的 $\ln(\text{num-of-leader}_{jt})$ 指标对各国当年人均国民收入(人均 GNI)(不变价)做散点图和线性拟合,结果表明在跨国层面上,出口品质量与目的地收入水平有很强的正相关,且这一关系在不同年份均相当稳定:四年内相应的相关系数分别为 0.53、0.56、0.61 和 0.59。Hallak(2006)、Hallak 和 Schott(2011)、Feenstra 和 Romalis(2014)等研究均发现进口国的收入水平与进口产品质量正相关,我们的描述性事实支持了这一现象的存在。

四、总体质量变化动态分解

我们进一步探讨在中国制造业总体出口质量的动态变化中,持续出口

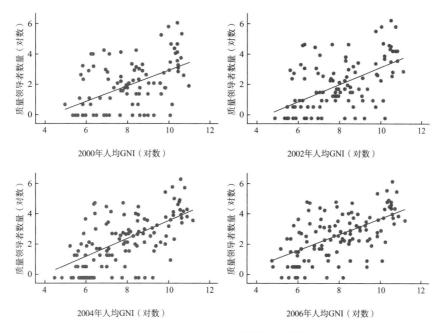

图 8-2　人均 GNI 与"质量领导者"数量

品种的效应和进入/退出品种的效应，即集约边际和扩展边际。利用 Melitz 和 Polanec(2015)提出的动态 Olley-Pakes(OP)分解方法，我们首先将样本期间出口质量的总体变化分解为持续出口品种的效应、新进入品种的效应和退出品种的效应；之后我们进一步在持续出口品种的效应中区分两种效应：一是品种自身的质量提升效应，即品种内效应；二是不同品种之间市场份额再分配的效应，即品种间效应。①

　　我们将一年作为区间长度进行逐年分解。表 8-4 呈现了对总体质量变化的分解结果。总体产品质量在 2000—2003 年逐年下降，降幅逐步收窄。这三年质量降级的主要原因有所不同：贸易自由化前(2000—2001 年)退出品种是质量降级的主要原因(−14％)，而贸易自由化发生之后(2001—2002 年、2002—2003 年)质量降级主要由进入品种导致(−4.8％和−8％)。这暗示在贸易自由化前，出口市场存在一定的错配现象：与持续出口品种相比，退出出口市场的品种质量反而更高；贸易自由化发生之后，一部分相对低质量的品种开始进入出口市场，因此导致进入品种成为质量降级的主要原因。这三年持续出口品种的贡献由负转正。

---

　　①　限于篇幅，我们略去动态 Olley-Pakes 分解方法的推导过程，感兴趣的读者可联系作者索取。

表 8-4　出口产品质量动态分解：集约边际与扩展边际

样本期	持续出口品种	新进入品种	退出品种	平均
A　逐年分解				
2000—2001	−0.003	0.044	−0.140	−0.099
2001—2002	−0.013	−0.048	0.025	−0.036
2002—2003	0.067	−0.080	−0.009	−0.022
2003—2004	0.069	−0.029	0.032	0.073
2004—2005	0.091	−0.031	0.040	0.100
2005—2006	0.016	−0.005	0.016	0.027
B　贸易自由化前后对比（2000—2001 与 2001—2006）				
2000—2001	−0.003	0.044	−0.140	−0.099
2001—2006	0.387	−0.412	0.166	0.141

　　而自 2003 年之后，每年的总体质量逐步上升，在 2004—2005 年达到最高，为 10％。在这期间持续出口品种和退出品种对质量升级均有正向贡献，且均在 2004—2005 年达到最高，分别为 9.1％和 4.0％，退出品种的正贡献表明一部分相对低质量的品种退出出口市场是质量升级的重要原因；进入品种的贡献持续为负，意味着在开放期间，另一部分相对低质量的品种进入出口市场，对总体质量提升造成了负向作用。

　　我们对贸易自由化的前后两段时期（2000—2001 年时期和 2001—2006 年时期）进行动态 OP 分解。表 8-4 的 B 栏呈现了分解结果。其中贸易自由化前的分解结果与 2000—2001 年的结果相同，而 2001—2006 年的分解结果显示，贸易自由化发生之后，中国总体出口质量提升了 14.1％，其中持续出口品种贡献 38.7％，退出品种贡献 16.6％，进入品种贡献−41.2％。因此，在贸易自由化进程中，持续出口品种是总体质量提升的主要驱动因素，而一部分相对低质量的品种退出市场也是总体质量提升的重要原因。此外，贸易自由化也使另一部分相对低质量的品种进入出口市场，其影响总体上大于退出品种的提升作用，减缓了总体质量提升的进程。

　　我们进一步探讨其中品种自身质量提升和不同品种间市场份额再分配两种效应的贡献，进行逐年分解和贸易自由化前后的分解，结果如表 8-5 所示。

　　表 8-5 的 A 栏表明，在 2000—2001 年和 2001—2002 年两期，持续出口品种的质量降级主要来自市场份额再分配效应，这说明在此期间市场份额的错配导致了持续出口品种总体质量的下降，而持续出口品种自身质量则有所提高。2002 年之后，持续出口品种的总体质量水平持续上升，两种效应均为正贡献，说明在贸易自由化之后，品种自身的质量持续提升，同时相对高质量

的品种也获得了更大的市场份额,从市场份额再分配这一渠道促进了持续出口品种总体质量的提升。表 8-5 的 B 栏呈现了贸易自由化前后两种效应各自的贡献,可以看到,在贸易自由化发生之后,持续出口品种总体质量水平提升了 38.7%,其中 10.0% 来自品种自身质量水平的提升,28.7% 来自市场份额分配的改善,高质量的品种获得了更大的市场份额。两种效应的贡献之比大约为 1:3,不同品种间的市场份额再分配效应起主导作用。

表 8-5　集约边际动态分解:品种内/品种间效应

样本期	存活品种	品种内效应	品种间效应
A　逐年分解			
2000—2001	−0.003	0.019	−0.022
2001—2002	−0.013	−0.005	−0.008
2002—2003	0.067	0.006	0.061
2003—2004	0.069	0.031	0.038
2004—2005	0.091	0.039	0.052
2005—2006	0.016	0.013	0.004
B　贸易自由化前后对比(2000—2001 与 2001—2006)			
2000—2001	−0.003	0.019	−0.022
2001—2006	0.387	0.100	0.287

第五节　结　语

中国制造业的出口质量在新世纪以来如何变化? 回答这一问题要求我们准确地测算出口产品质量。在本章中,我们提出,目前应用较为广泛的出口质量测算方法(Khandelwal *et al.*,2013,即 KSW 方法)在理论和实证意义上分别存在局限性:(1)理论上,现有方法仅考虑了需求面因素,将质量作为外生给定,忽略供给面的重要因素;(2)数据上,现有方法采用出口离岸单价(FOB 价格)代替出口到岸单价(CIF 价格)作为出口目的地消费者所面对的价格,引起变量测量误差;(3)估计上,现有方法在估计出口质量时使用固定效应去除不可观测因素的做法,会导致质量测算值跨时跨国不可比。为了解决现有方法存在的问题,我们提出新的出口产品质量测算办法,从以下几方面进行创新和改进:(1)采用 Feenstra 和 Romalis(2014)的理论框架,全面考虑供给和需求因素,并证明我们所用的理论框架实际上包含了目前广泛使用的 KSW 方法;(2)提出基于微观数据的测算办法,体现企业生产率异质性的重要作用,测算企业—产品层面的出口质量;(3)消除价格的测量误差,同时避免使用固定效应去除宏观因素,保证测算得到的质量指标在跨时和跨国意义上可比。

我们利用中国制造业企业数据和海关进出口数据,准确测算中国制造业一般出口企业出口质量,有以下主要发现:(1)2000—2006 年,中国制造业总体出口质量水平呈现分布总体右移、分布形态平稳的特征,出口质量水平总体上升约 15%。(2)大部分行业的出口质量水平有显著提升,出口到高收入国家的质量水平更高。(3)在贸易自由化进程中,持续出口品种的质量提升是最重要的原因,退出品种和进入品种的产品质量相对较低,分别促进和减缓了总体质量提升的进程;在持续出口品种的质量提升中,品种自身质量水平提升和不同品种间的市场份额再分配效应之比大约为 1∶3,市场份额再分配效应起主导作用。

我们的研究结论表明,中国制造业出口质量水平呈现整体提升的趋势。而发挥市场机制、完善资源配置,能够通过减少市场份额错配这一渠道助推质量升级。在国际金融危机之后,全球产业竞争格局发生重大变革,发达国家开启"再工业化"进程,发展中国家也积极参与产业再分工,我国的制造业面临全球竞争加剧的格局,风险与机遇共存。世界市场一体化和竞争的日趋激烈会如何影响企业的产品质量和竞争力?这是我们在今后研究中希望进一步深入探讨的问题。

第九章　人民币升值对出口质量的提升效应[*]

人民币升值如何影响出口企业决策？本章从出口质量的角度研究汇率变动与企业决策的关系。我们利用 2000—2006 年制造业企业和海关进出口贸易数据库，修正了以往的出口质量测算方法，更准确地测算出口质量。在此基础上，我们的实证证据表明，人民币升值带来的竞争压力促进了出口质量提升：10％的人民币升值使企业出口质量平均上升 0.19％。我们进一步发现在质量差异化程度大的行业中，人民币升值对出口质量的提升效应为 0.4％，而在质量差异化程度小的行业中该效应不明显。此外，人民币升值减少了出口企业数目，且升值对出口质量的提升效应在非核心产品及低生产率企业中更明显。本章发现了汇率变动影响企业决策的新渠道，同时也表明竞争强度是质量升级的重要决定因素。

第一节　引　言

自 2001 年年底我国正式加入世界贸易组织（WTO）之后，贸易自由化进程促进了我国出口行业的快速扩张，为我国的经济增长提供了重要动力。通常认为，我国的出口产品在全球市场的竞争力主要来源于低成本所带来的价格优势，但随着我国人口红利消减，劳动力成本持续上升，出口的低价优势正逐渐被其他低成本的发展中国家所侵蚀，其中，人民币的持续升值也是关键的因素。在这一大背景下，转变以往依赖于低廉价格的策略，通过出口产品的质量升级提升产品竞争力，是我国出口企业保持可持续竞争优势的必然选择。人民币升值对于我国出口企业的影响是多方面的：一方面，升值提高了出口企业的生产成本，削弱了价格优势，降低了利润，因此对出口有不利影响；但另一方面，也有观点认为，升值威胁了出口企业的生存，加剧了其面临的竞争压力，会迫使企业改变策略，转型升级，从而提高企业自身产品质量水平，从根本上增强企业的产品竞争力。因此，人民币升值对于我国出口企业的影响方向是一个实证问题。对这一问题的回答具有很强的政策含义：从微

＊ 本章是与中国社会科学院崔晓敏研究员、北京大学国家发展研究院张睿博士合作的成果，原文发表在《管理世界》，2017 年 第 5 期，第 28—40 页。

观的角度上看,这有助于评估我国出口企业的经营状况,加深我们对汇率通过何种机制影响出口企业的理解;而从宏观的角度来看,在当今产业变革和我国经济加快转变发展方式的共同机遇下,我们的研究也有助于识别我国制造业实现"创新驱动、质量为先"这一长期目标的动力和来源,以最终实现产业优化升级和经济的可持续健康发展。

本章关注人民币汇率变动对于中国制造业企业出口质量的作用。一方面,在政策意义上,人民币汇率是我国对外贸易乃至对外关系中的焦点,人民币汇率是否被低估,从而使得中国出口企业从中得益,是经常引起争论的话题,近期汇市的大幅波动也使得人民币汇率问题更受瞩目;另一方面,在理论意义上,现有研究多关注汇率变动如何影响出口企业的出口量、出口价格、出口种类等(如 Berman *et al*.,2012;Li *et al*.,2015;余淼杰和王雅琦,2015;等等),而少有研究探究汇率变动如何影响出口质量,本章从这一视角出发进行深入研究。此外,以往被广泛使用的测算出口产品质量的方法,如 Khandelwal 等(2013)提出的需求信息回归推断法,在理论和实证上均存在问题,从而引起测量偏差:理论上该方法仅考虑需求面因素而忽略供给面因素;实证中关键变量价格存在测量误差,且质量测算值在跨时和跨国意义上不可比。为了克服这些问题,与以往的研究相比,本章依据 Feenstra 和 Romalis(2014)所提出的质量测算框架,使用余淼杰和张睿(2017)开发的微观层面出口质量测算办法,准确衡量出口质量,在此基础上从产品质量这一新视角探究汇率对于出口企业的影响,发现人民币升值会导致企业出口质量的提升。这一发现将汇率对于企业出口决策的影响拓展到出口质量层面,发掘了汇率对出口企业产生作用的新的机制。

人民币对于一国货币的相对升值如何影响中国企业出口到该国产品的质量呢? 具体来说,人民币升值在国内市场和国外市场上均加剧了出口企业所面对的竞争压力:在国内市场上,国外企业更容易通过出口渗透到中国市场;在相应的国外市场上,中国企业则面临更大的成本劣势。在竞争压力加剧的情况下,企业的利润空间受到挤压,因此出口企业会通过提升自身的出口质量水平增强竞争力,以图生存。人民币升值通过加剧竞争,促使出口企业提升出口质量,驱动了中国出口总体质量水平的提升,这一发现也增进了我们对中国出口质量变化原因的理解。

我们的研究对两方面的文献有所贡献:第一个方面的文献是关于(进)出口产品质量的影响因素的。现有研究主要关注进口关税减免对企业产品质量的影响,如 Amiti 和 Khandelwal(2013)发现美国进口最终品关税的减免促进了高质量产品的质量升级,抑制了低质量产品的质量升级。Fan 等(2015)发现中国进口中间品关税的减免提高了差异化产品的出口质量和单价,降低了同质化产品的出口质量和单价。Bas 和 Strauss-Kahn(2015)发现进口关税减免使中国出口企业可以使用更多高质量的进口中间品,从而提高了出口产品的价格和质量。余淼杰和李乐融(2016)也发现进口关税减免促进了中国企业进口高质量的中间品。另外 Hallak(2006)、Hallak 和 Schott(2011)、Feenstra 和 Romalis(2014)均发现人均收入与进口产品的质量正相关。施炳展等(2013)、施炳展和邵文波(2014)认为加工贸易、外资竞争、研发投入和生产效率等一系列因素均影响中国出口产品质量的变化。樊海潮和郭光远(2015)则发现出口产品质量与出口企业生产率正相关。我们的研究发现汇率变动也影响出口企业的质量决策,拓展了文献中对于出口质量影响因素的认识。

第二个方面的文献是关于汇率如何影响企业决策的。目前这一部分的研究主要关注汇率变动对于出口价格的影响,即出口企业的汇率传递行为(exchange rate pass-through)或因市定价行为(pricing-to-market),并同时考虑企业生产率异质性的特征。Berman 等(2012)利用法国的出口企业数据,发现高生产率企业汇率传递程度更低。Rodríguez-López(2011)的理论模型则预测高生产率企业汇率传递程度更高。Garetto(2014)的实证结果支持了 Rodríguez-López 模型的预测。Amiti 等(2014)发现规模较大的出口企业往往也进口许多中间品,由于汇率变动对于进口中间品价格的对冲作用,这部分企业往往有着较低的汇率传递程度。关于中国情况的研究则普遍发现,与其他国家相比,中国出口企业的汇率传递程度极高,接近于所谓的"生产者定价"(陈学彬等,2007;陈斌开等,2010;胡冬梅等,2010;文争为,2010;等等),与此同时,出口企业的出口量受汇率变动影响很大(Li et al.,2015)。余淼杰和王雅琦(2015)的研究表明人民币升值使得企业出口的种类减少。Zhang 和 Zhang(2016)则发现汇率变动作为跨国经营的潜在风险来源之一,会显著影响中国跨国企业的资本结构选择。也有一部分研究将汇率传递行为与产品质量相结合。Auer 和 Chaney(2009)、Auer 等(2014)、Chen 和 Juvenal(2016)、王雅琦等(2015)在实证上均发现汇率传递程度随着产品质量递减。但 Goldberg 和 Knetter(1997)在汇率传递相关研究的文献评述中指出,这方面的研究忽略了价格差别已包含了质量差别这一事实,因此这些研究发现的汇率变动导致的出口价格变动,有可能部分来自汇率变动引起的出口质量变动。Verhoogen(2008)发现在墨西哥比索贬值危机期间,墨西哥的高生产率企业增加了出口份额,提高了白领工人的相对工资,增加了 ISO 9000 的认证数目,他将这一现象解读为企业的质量升级。许家云等(2015)发现人民币升值促进了出口产品质量的提升,但一方面,他们采用 Khandelwal 等(2013)提出的方法测算出口质量,如前所述,这种方法会造成对于质量的测量偏差,从而影响估计结果的准确性;另一方面,他们所研究的是企业层面加总有效汇率的变动对该企业出口到各国产品质量的作用,其结果可能受加总谬误的影响。我们在消除对出口质量的测量偏差,准确测算出口质量的前提下,估计人民币与一国货币之间的汇率变动对企业出口到该国产品质量水平的影响,所识别的效应更为清晰直接。我们发现汇率变动显著影响企业的出口产品质量,从而提出汇率影响出口企业决策的一个新的渠道。

我们在本章中综合利用需求和供给两方面的信息,在准确测算中国微观层面制造业出口产品质量的基础上,发现人民币升值加剧了出口企业所面临的竞争压力,促使企业提升出口质量水平。具体来说,10%的人民币升值引起企业出口产品质量平均上升 0.19%。我们进一步发现升值对出口质量的提升效应主要存在于质量差异化程度较高的行业中,10%的升值引起这类行业出口质量水平上升约 0.4%,而对质量差异化程度较低的行业,该质量提升效应则不明显。人民币升值减少了出口企业数目,且升值对出口质量的提升效应在非核心产品及低生产率企业中更加明显,这都表明了升值通过加剧出口企业面临的竞争压力这一机制影响出口企业的质量决策。我们的实证结果在考虑了 2005 年人民币汇率制度改革、ATC 协议到期、加工贸易企业及进口中间品等一系列潜在问题之后依然稳健。

本章以下行文安排如下:第二节简述目前广泛使用的出口质量测算方法及其存在的问题,并介绍我们所使用的微观层面出口质量的新测算方法,解决现有方法存在的问题,准确衡量出口质量;第三节简要刻画出口质量测算值的变化,并展现其与汇率变动之间的描述性关系;第四节进行实证计量分析,识别汇率变动对于中国制造业企业出口质量水平的影响,分析其作用机制,并进行稳健性检验;第五节总结全文。

第二节   准确测算微观层面出口质量

准确测算微观层面的出口质量,是本章分析的关键。这一节首先简要介绍目前广泛使用的微观层面出口质量测算方法(Khandelwal *et al.*,2013)并指出其不足,之后介绍我们使用的新的出口质量测算方法,解决现有方法存在的问题,更为准确地衡量微观层面出口质量水平。

一、目前出口质量测算方法的问题

以往的研究多采用以 Khandelwal 等(2013)为典型代表的需求层面信

息回归推断法(以下简称 KSW 方法),这一方法的基本思路是在消费者的 CES 结构效用函数中加入质量因素,导出相应的需求函数,并将其线性化,得到与式(9.1)类似的表达式。

$$\ln(q_{\omega j}) + \sigma_g \ln(p_{\omega j}) = (\sigma_g - 1)\ln(P_{jg}) + \ln(I_{jg}) + (\sigma_g - 1)\ln(z_{\omega j})$$

$$(9.1)$$

其中$z_{\omega j}$为出口到 j 国的品种 ω 的质量,$q_{\omega j}$、$p_{\omega j}$为相应品种的销售量和到岸价格(CIF 价格),P_{jg}为 j 国产品类别 g 的"质量调整后"综合价格指数,I_{jg}为 j 国消费者花费在产品类别 g 上的总收入(支出),σ_g为产品类别 g 内各个品种间的替代弹性。

在实际应用中,研究者一般将微观数据中企业 i 在 t 年出口到 j 国的产品类别 g 的出口数量q_{ijgt}代入$q_{\omega j}$,将相应的出口离岸价格 p_{ijgt}^* 代入$p_{\omega j}$,将 Broda 和 Weinstein(2006)估计的不同产品类别 g 所对应的替代弹性代入σ_g,并利用目的地—年份和产品类别的固定效应μ_{jt}和μ_g去除$(\sigma_g - 1)\ln(P_{jg}) + \ln(I_{jg})$,得到

$$\ln(q_{ijgt}) + \sigma_g \ln(p_{ijgt}^*) = \mu_{jt} + \mu_g + \varepsilon_{ijgt} \qquad (9.1')$$

估计式(9.1′),得到的回归残差ε_{ijgt}即为产品质量$(\sigma_g - 1)\ln(z_{ijgt})$的测算值。进一步利用 Broda 和 Weinstein(2006)所估计的σ_g,可计算 $\ln(z_{ijgt})$ 作为出口质量的估计值。

KSW 方法具有直观的经济学含义:给定两个品种价格相等,销售量更大的品种,其质量应该更高。但该方法存在以下几个缺陷:(1)其所依赖的理论模型将质量当作外生给定,仅考虑需求面消费者的因素而忽略供给面企业的因素;(2)实证测算中,如式(9.1′)所示,通常利用出口离岸价格(FOB 价格)代替到岸价格(CIF 价格),但在实际中,从量贸易成本(per-unit trade cost)广泛存在,造成了离岸价格和到岸价格之间的差异,因此利用出口离岸价格代替到岸价格会产生较大的测量误差[①];(3)由于 KSW 方法利用目的地—年份固定效应去除未知参数和变量$(\sigma_g - 1)\ln(P_{jg}) + \ln(I_{jg})$,因此所得的质量测算值仅在同一目的地—年份组别内可以比较,而在跨时和跨国的意义上不可比。

二、准确测算出口质量:微观层面的新方法

为了解决现有方法的问题,准确衡量微观层面出口质量水平,我们借助

[①]　这是因为将到岸价格取对数时,可将从价贸易成本(ad valorem trade cost)与离岸价格分离,但无法将从量贸易成本(specific trade cost)与离岸价格分离,具体可见式(9.5)。而 Irarrazabal 等(2015)的测算表明,从量贸易成本平均占出口离岸价格的 14%,因此忽略从量贸易成本的影响可能导致较大的测量偏误。

Feenstra 和 Romalis(2014)所构建的质量测算框架,采用余淼杰和张睿(2015)所提出的方法,构造企业—产品层面的出口产品质量。在需求方,消费者的偏好由式(9.2)的支出函数所刻画:

$$E_{jp} = U_{jg} \left[\int_\omega \left(\frac{p_{\omega j}{}^{\alpha_{jg}}}{z_{\omega j}} \right)^{(1-\sigma_g)} \mathrm{d}\omega \right]^{\frac{1}{1-\sigma_g}} \tag{9.2}$$

对于 j 国的消费者,在每个产品类别 g 中均存在连续的品种(以 ω 表示)。其中效用 $U_{jg} > 0$, $\alpha_{jg} = 1 + \gamma_g \ln (U_{jg})$。$p_{\omega j}$ 和 $z_{\omega j}$ 分别为在 j 国销售的产品品种 ω 的价格和质量。参数 α_{jg} 反映了 j 国消费者对于产品类别 g 的"质量偏好程度", α_{jg} 越大,则高质量产品为消费者带来的效用就越大。σ_g 为在同一产品类别 g 中,不同品种之间的替代弹性。需求函数可由式(9.3)得到。

$$q_{\omega j} = \frac{\partial E_{jp}}{\partial p_{\omega j}} = \frac{\partial E_{jp}}{\partial P_{\omega j}} \times \frac{1}{(z_{\omega j})^{\alpha_{jg}}} \tag{9.3}$$

其中 $P_{\omega j} \equiv p_{\omega j} / (z_{\omega j})^{\alpha_{jg}}$ 为产品的"质量调整后价格",可以看到,这一指标为价格与质量之比,因此质量调整后价格的下降可理解为企业产品的性价比上升。

　　在供给方,企业面临垄断竞争的市场结构。企业同时决定其生产产品的质量和价格。对于在 j 国销售产品类别 g 的企业 i 来说,$p_{ijg}{}^*$ 为产品的离岸出口价格,z_{ijg} 为产品的质量。企业 i 的利润最大化问题以式(9.4)表示。

$$\underset{p_{ijg}{}^* , z_{ijg}}{\mathrm{Max}} \left[(p_{ijg}{}^* - c_i (z_{ijg}, w)) \right] \times \frac{\tau_{ijg} q_{ijg}}{\mathrm{tar}_{jg}} \tag{9.4}$$

其中 $c_i (z_{ijg}, w)$ 为依赖于产品质量 z_{ijg} 和投入品成本水平 w 的单位生产成本,q_{ijg} 为企业 i 销往 j 国的产品类别 g 的数量,tar_{jg} 为 j 国对产品类别 g 所征收的进口关税。企业出口面临两种贸易成本:从价(ad valorem)成本 τ_{ijg} 和从量(per unit)成本 T_{ijg},离岸出口价格(FOB 价格)$p_{ijg}{}^*$ 和到岸出口价格(CIF 价格)p_{ijg} 之间的关系满足式(9.5),即

$$p_{ijg} = (p_{ijg}{}^* + T_{ijg}) \tau_{ijg} \tag{9.5}$$

这一价格 p_{ijg} 为 j 国消费者所面临的价格。假设单位生产成本的函数形式为 $c_i (z_{ijg}, w) = w (z_{ijg})^{1/\theta_g} / \varphi_i$,企业在提高产品质量时面临边际成本递增,而 $0 < \theta_g < 1$ 则为在产品类别 g 中衡量这一成本递增效应大小的参数。φ_i 为企业 i 的生产率。最大化企业利润可得到

$$w (z_{ijg})^{1/\theta_g} [1 + \alpha_{jg} \theta_g (\sigma_g - 1)] = \alpha_{jg} \theta_g (\sigma_g - 1) p_{ijg}{}^* \varphi_i$$

等式两边取对数得到

$$\ln (z_{ijg}) = \theta_g \left[\ln (\kappa_{1jg} p_{ijg}{}^*) - \ln \left(\frac{w}{\varphi_i} \right) \right]$$

其中 $\kappa_{1jg} = \alpha_{jg} \theta_g (\sigma_g - 1) / [1 + \alpha_{jg} \theta_g (\sigma_g - 1)]$。对于不同的年份 t,我们可以

将产品质量表达为

$$\ln(z_{ijgt}) = \theta_g \left[\ln(\kappa_{1jg}) + \ln(p_{ijgt}^{\;*}) + \ln(\varphi_{it}) - \ln(w_t)\right] \qquad (9.6)$$

给定其他因素不变,企业的生产率越高,则产品质量越高;所生产产品的离岸单价越高,则产品质量越高,这一点也说明了以往研究采用出口单价作为产品质量的代理变量有一定的合理性;另外,投入品成本水平越高,则产品质量越低。

我们利用式(9.6)计算企业层面的出口产品质量 $\ln(z_{ijgt})$,所需变量为企业 i 在 t 年出口到 j 国产品类别为 g 的出口离岸单价 $p_{ijgt}^{\;*}$;企业 i 在 t 年的生产率 φ_{it};t 年的投入品成本水平 w_t;以及不同国家 j 和产品类别 g 的参数值 α_{jg}、θ_g 和 σ_g。我们利用中国海关总署所统计和维护的 2000—2006 年中国企业层面的海关进出口贸易数据库,以及中国国家统计局所统计和维护的制造业企业数据库计算 $p_{ijgt}^{\;*}$、φ_{it} 和 w_t。我们也使用了 Feenstra 和 Romalis(2014)所估算的 α_{jg}、θ_g 和 σ_g 的估计值。这些变量的计算和处理方法均参照余淼杰和张睿(2015)(详见附录 9A)。据此我们可以得到 2000—2006 年中国各个企业 i 在 t 年出口到 j 国的产品类别为 g 的出口产品质量测算值。[①]

与以往被广泛采用的 KSW 方法相比,我们使用的出口质量测算办法有以下优点:(1)将产品质量内生化,充分考虑需求和供给两个层面的信息;(2)所得估算式(9.6)直接利用出口离岸单价(FOB 价格)测算质量,避免了由于从量贸易成本的存在而引起的对到岸价格的测量误差;(3)避免采用目的地—年份固定效应去除未知参数,而是直接利用可得的参数值代入式(9.6)计算产品质量,保证所得的出口质量估计值在跨国和跨时的意义上可比。我们围绕测算得到的微观层面出口产品质量进行后续分析。

第三节　数据描述

我们呈现了对于中国制造业出口企业总体出口产品质量的总体描述。由于加工贸易出口生产使用的全部中间品和部分资本品均来自进口,其投入品成本水平 w_t 与国内投入品的成本水平差别很大,难以获得。因此为了

---

① 在本章的测算中,产品类别 g 以海关协调产品代码 6 位数(HS 6 位码)为依据进行定义。我们的数据期间为 2000—2006 年,其中 2000—2001 年数据的产品代码为 HS 1996 版本,2002—2006 年数据的产品代码为 HS 2002 版本。我们利用 WTO 关税数据库中提供的 HS 1996 版本 6 位产品代码和 HS 2002 版本 6 位产品代码的对应表,将不同版本的 HS 6 位产品代码进行了对应统一,以保证产品分类的一致性和结果的可比性。

避免投入品成本水平不准确造成的产品质量的测算误差,引起分析上的困难,我们仅保留海关数据中一般贸易出口的样本进行测算和分析。我们将每个 HS 6 位码类别中低于 1% 分位数和高于 99% 分位数的观测值进行缩尾处理,以避免极端值的影响。我们得到的出口产品质量指标 $\ln(z_{ijgt})$ 在同一产品类别内跨年跨国可比。为了使得不同产品类别的出口质量可比可加总,我们进一步将出口产品质量在每个产品类别内标准化,如式(9.7)所示:

$$qual_{ijgt} = \ln(z_{ijgt}) - \ln(z_{10\%_g}) \tag{9.7}$$

其中 $\ln(z_{10\%_g})$ 为特定产品类别 g 在样本内质量分布的 10% 分位数。标准化之后的质量指标 $qual_{ijgt}$ 衡量了某个品种与同一产品类别 g 内 10% 分位数质量水平的差距,因而在一定意义上允许我们将产品质量进行跨产品类别的比较。我们可以据此描绘在 2000—2006 年期间,中国制造业出口产品质量的总体分布变化情况(见表 9-1)。

表 9-1 2000—2006 年中国制造业出口产品质量总体分布

年份	观测值	均值	中位数	25% 分位	75% 分位	标准差
2000	35 855	0.722	0.553	0.184	1.060	0.853
2001	50 871	0.729	0.552	0.187	1.064	0.852
2002	62 337	0.719	0.534	0.174	1.038	0.859
2003	171 686	0.717	0.546	0.201	1.042	0.829
2004	293 182	0.780	0.603	0.253	1.103	0.844
2005	338 575	0.831	0.651	0.293	1.152	0.856
2006	434 599	0.873	0.687	0.310	1.219	0.886
总体	1 387 105	0.808	0.628	0.265	1.140	0.862

表 9-1 呈现了 2000—2006 年中国制造业微观出口质量指数 $qual_{ijgt}$ 的总体分布变化情况。可以看到,在均值意义上,中国制造业出口质量在此期间上升了约 15%,中位数则上升了约 13%;25% 和 75% 分位数同样也上升了 13%—15%,因此在此期间,中国制造业的出口质量呈现总体上升的趋势,同时质量分布的离散程度也有一定的上升,从 2000 年的 0.853 上升到 2006 年的 0.886。

我们对于中国制造业出口质量的测算和描述显示,2000—2006 年,总体上中国制造业出口质量呈现上升的趋势。促进出口产品质量提升的可能因素很多,譬如企业的生产率进步、在此期间发生的贸易自由化等。本章则关注人民币汇率变动对出口质量的作用。图 9-1 描绘了中国制造业出口到美国、日本、欧盟和印度的平均质量水平(实线)和人民币与这些经济体货币之间的双边真实汇率(虚线)在 2000—2006 年的关系。我们采用间接标价法表示双边真实汇率,因此真实汇率上升表示人民币真实升值。总体而言,人民币与一国货币之间的汇率与中国企业出口到该国的平均质量水平成正相关关系,这一现象对于美国、日本和欧盟这三个发达经济体来说尤为明显。而人民币对卢比的汇率与中国出口到印度的质量水平在 2001—2003 年和 2004—2006 年也呈现较为明显的联动走势。这在某种程度上暗示人民币升值可能会提升中国制造业企业出口到该国的产品质量。

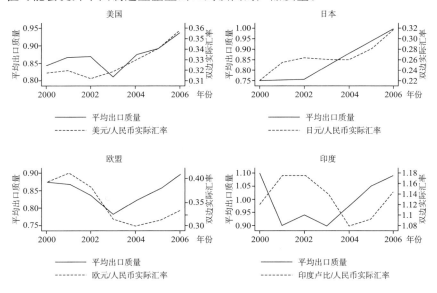

图 9-1 平均出口质量与实际汇率

人民币对一国货币的相对升值如何影响中国企业销售到该国的产品质量水平呢?以对美国的出口为例,当人民币相对美元升值时,一方面,与美国企业及出口到美国的第三国企业(如日本企业)相比,中国企业在美国市场面临更大的成本劣势,竞争压力加大;另一方面,美国企业也更容易出口到中国市场,从而在国内市场进一步与中国企业竞争。这两方面的效应都加剧了中国企业所面临的竞争,竞争的加剧迫使中国出口企业提升其产品质量,以维持原有的市场份额。因此人民币升值可能加剧了出口企业所面临的竞争,从而促使出口企业提升产品质量。

图 9-1 展示的双边实际汇率和出口质量之间的联动关系可能仅反映了二者之间的相关性,甚至反向的因果关系。举例来说,根据巴拉萨-萨缪尔森效应,如果一国可贸易部门的生产率相对进步,则其货币会相对升值;同时生产率的进步又带来出口质量的提升,因此我们需要进一步控制其他变量,更加精确地识别汇率变动对于出口质量的影响。

第四节　实证分析

在这一部分中,我们设定计量模型,通过数据验证人民币升值对于制造业出口企业产品质量的提升效应。我们通过区分质量差异化程度不同的行业,进一步验证人民币升值确实引起了出口产品质量的提升,发现升值对出口质量的提升效应在不同的产品和企业样本中存在异质性,并进一步验证了人民币升值主要通过竞争效应发挥作用影响出口质量。我们的结论也通过了一系列稳健性的分析。

一、回归设定和基准结果

为了研究汇率变动如何影响中国制造业出口企业产品质量决策,我们设定如式(9.8)所示的基准回归式。

$$\text{qual}_{ijgt} = \beta_1 \times \ln \text{RER}_{jt} + \beta_2 \times \ln \varphi_{it} + \theta \times X_{ijgt} + \mu_{ijg} + \gamma_t + \varepsilon_{ijgt} \tag{9.8}$$

我们所关心的是参数β_1的估计值,其代表的是人民币与j国货币之间的双边实际汇率变动对于i企业出口到j国的g类别的产品质量的影响。我们同时将企业全要素生产率$\ln \varphi_{it}$作为控制变量:一方面,我们希望研究在给定企业生产率不变的前提下,产品质量如何随着汇率变动而变化,因此我们对企业层面的生产率加以控制;另一方面,根据以往研究,巴拉萨-萨缪尔森效应广泛存在,这意味着若一国生产可贸易品企业的生产率总体上升,则会带动该国货币真实升值,同时生产率的上升也带来产品质量的提升,因此从这一意义上,控制企业生产率也避免了巴拉萨-萨缪尔森效应所带来的潜在遗漏变量偏误。

我们还控制了一系列的控制变量X_{ijgt}。Hallak和Schott(2011)、Feenstra和Romalis(2014)等均发现高收入国家倾向于消费高质量的产品,因此我们在回归中控制出口目的国的不变价人均GNI,$\ln \text{GNI\_pc}_{jt}$。出口目的国的关税壁垒可能影响出口到该国的产品质量,同时本国的进口关税自由化进程也可能对相应产品的出口质量造成影响,因此我们控制了出口目的国和中国在HS 6产品层面上的平均实际进口关税(applied tariffs)f_tar_{jgt}和h_tar_{gt}。我们还控制了企业层面的控制变量:企业的资本劳动比$\ln K/L_{it}$和雇员人数的对数值$\ln L_{it}$,以及代表企业所有制性质的国有企业SOE_{it}和外资企业FIE_{gt}虚拟变量(根据企业登记注册类型进行划分)。① 我们最后加入企业—目的地—产品层面固定效应μ_{ijg}和年份固定效应γ_t。

双边实际汇率RER_{jt}根据以下公式计算得到:

$$\text{RER}_{jt} = \frac{\text{LCU}}{\text{CNY}_{jt}} \times \frac{P_{\text{China},t}}{P_{jt}} \qquad (9.9)$$

其中$\frac{\text{LCU}}{\text{CNY}_{jt}}$表示人民币与目的地$j$国货币之间在$t$年的名义汇率,该汇率采用间接标价法,名义汇率上升表示一单位人民币可兑换的外币数量增加,即人民币升值;P_{jt}和$P_{\text{China},t}$分别表示目的地j国和中国在t年的价格水平,以支出法GDP平减指数衡量。名义汇率和GDP平减指数数据均来自Penn World Table 8.0数据。因此RER_{jt}上升表示人民币对j国货币真实升值。

其他控制变量如人均GNI数据来自世界银行世界发展指数数据库,关税数据f_tar_{jgt}和h_tar_{gt}来自WTO关税数据库,企业层面的变量$\ln K/L_{it}$、$\ln L_{it}$、SOE_{it}和FIE_{it}则来自工业企业数据库。

我们将包含上述变量的数据进行合并。表9-2展示了用于回归分析的合并数据中各个变量的描述性统计,因此与表9-1相比,qual_{ijgt}的观测值相对较少。我们利用不同的回归设定估计式(9.8)。标准误的估计采用聚类标准误,聚类类别为HS 6位产品码,以允许同种HS 6位产品码类别内影响出口质量的残差存在相关性。结果如表9-3所示。

表 9-2　描述性统计

变量	观测值	均值	中位数	25%分位	75%分位	标准差
qual_{ijgt}	1 252 228	0.811	0.630	0.267	1.143	0.864
$\ln \text{RER}_{jt}$	503	−0.567	−0.527	−0.876	−0.238	0.465
$\ln \varphi_{it}$	93 864	1.045	1.019	0.784	1.317	0.667
SOE_{it}	93 864	0.017	0	0	1	0.129
FIE_{it}	93 864	0.550	1	0	1	0.497
$\ln K/L_{it}$	93 864	0.092	0.039	0.016	0.092	0.232
$\ln L_{it}$	93 864	5.333	5.273	4.564	6.016	1.129
f_tar_{jgt}	319 778	0.077	0.050	0.010	0.118	0.108
h_tar_{gt}	21 715	0.115	0.100	0.063	0.151	0.073
$\ln \text{GNI\_pc}_{jt}$	503	8.360	8.372	7.026	9.876	1.614

---

① 由于少数企业样本期间内的所有制性质发生了变化,因此即便我们加入了固定效应μ_{ijg},SOE_{it}和FIE_{it}的系数仍然可以被估计出来。

表 9-3　基准回归结果

因变量	(1) qual_{ijgt}	(2) qual_{ijgt}	(3) qual_{ijgt}	(4) qual_{ijgt}
$\ln \text{RER}_{jt}$	0.045***	0.053***	0.020**	0.019**
	(0.012)	(0.009)	(0.009)	(0.009)
$\ln \varphi_{it}$	0.427***	0.505***	0.573***	0.573***
	(0.012)	(0.007)	(0.006)	(0.006)
控制变量	是	是	否	是
企业—目的地—产品固定效应	否	是	是	是
年份固定效应	否	否	是	是
观测值	1 252 228	1 252 228	1 252 228	1 252 228
R^2	0.114	0.302	0.310	0.310

注:控制变量包括目的国人均 GNI,目的国及中国 HS 6 层面上的平均实际进口关税,企业资本劳动比、雇员人数对数值及所有制虚拟变量。括号中为聚类标准误,聚类类别为 HS 6 位产品码。***、** 和 * 分别表示系数在 1%、5% 和 10% 的水平上显著。

基准回归结果显示,人民币升值对出口质量的提升效应假说得到了数据的支持,且这一效应对于不同的回归设定均稳健。表 9-3 的列(4)呈现了对于式(9.8)的完整估计结果,结果显示,当控制了其他对于出口质量可能的影响因素之后,人民币对于 j 国货币真实升值 10%,会导致制造业出口企业对 j 国的出口产品质量平均提高 0.19%,这一效应在 5% 的水平上显著。我们的基准回归结果支持了人民币升值对出口质量的提升效应的存在,人民币升值加剧了出口企业所面对的竞争压力,从而促使企业提高自身出口质量。

二、行业质量差异

我们进一步验证人民币升值确实引起了出口质量提升。在不同行业中,质量差异化的程度不同,有些行业的产品质量差异化较为明显,而有些行业则反之。在质量差异化程度高的行业中,企业有更大的空间实现质量提升。[1] 因此若人民币升值确实引起了质量的提升,则对于质量差异化程度高的行业,人民币升值的质量提升效应会更明显;而对于质量差异化程度低的行业,该效应应该较弱或不存在。因此,我们参考 Kugler 和 Verhoogen(2012)的方法衡量不同行业的质量差异化程度。[2] 具体来说,我们计算每个中国国民经济行业分类(CIC)中 4 位码行业 k 的质量差异化程度 v_dif_k,即

---

[1]　质量差异化这一概念与 Khandelwal(2010)所提出的质量梯度类似。

[2]　在 Kugler 和 Verhoogen(2012)中这一概念被称为"垂直差异化"(vertical differentiation)。

$$v\_dif_k = \frac{1}{T} \sum_t^T (R\&D_{kt} + Adv._{kt}) / Sales_{kt} \qquad (9.10)$$

根据 Kugler 和 Verhoogen(2012)的定义,行业 k 中 R&D 支出(R&D$_{kt}$)和广告支出(Adv.$_{kt}$)之和在销售额(Sales$_{kt}$)中所占的比重越大,则该行业质量差异化程度越高。我们根据式(9.10)计算出不同 CIC 4 位码行业每年的 v_dif_k,并取不同年份的平均值。表 9-4 呈现了根据 v_dif_k 定义得到的质量差异化程度处于前十位和后十位的行业,括号中则为相应的 v_dif_k 值。可以看到,质量差异化程度最高的行业多来自化学原料及化学制品制造业(26),通信设备、计算机及其他电子设备制造业(41),饮料制造业(15),而质量差异化程度最低的行业则多来自有色金属冶炼及压延加工业(33),皮革、毛皮、羽毛(绒)及其制品业(19),木材加工及木、竹、藤、棕、草制品业(20)。这一划分结果和我们对于不同行业质量差异程度的直观认知相一致,也和 Kugler 和 Verhoogen(2012)利用哥伦比亚制造业数据得到的划分结果相似。

表 9-4　垂直差异化行业分类情况

排名	前 10 位行业	后 10 位行业
1	口腔清洁用品制造(10.11%)	煤核品制造(0.00%)
2	肥皂及合成洗涤剂制造(8.09%)	烟叶复烤(0.01%)
3	通信交换设备制造(6.82%)	金属废料和碎屑的加工处理(0.02%)
4	碳酸饮料制造(5.82%)	其他贵金属冶炼(0.02%)
5	化妆品制造(5.57%)	其他乐器及零件制造(0.03%)
6	电车制造(5.33%)	毛皮鞣制加工(0.03%)
7	中成药制造(4.83%)	银冶炼(0.03%)
8	茶饮料及其他软饮料制造(4.58%)	其他毛皮制品加工(0.04%)
9	瓶(罐)装饮用水制造(4.54%)	锑冶炼(0.04%)
10	雷达及配套设备制造(4.24%)	锯材加工(0.04%)

注:括号中数字为各个 CIC 4 位行业相应 v_dif_k 值的大小。

我们所构造的指标 v_dif_k 是否真正反映了质量的差异程度呢?为了直观地验证这一点,我们计算每年不同 HS 6 位产品码内相应 qual$_{ijgt}$ 的标准差,并根据其所属行业,依据 v_dif_k 的中位数,将其划分为质量差异程度低/高的样本,逐年计算两个样本中标准差各自的平均值。图 9-2 展示了 2000—2006 年不同质量差异程度行业相应的 qual$_{ijgt}$ 平均标准差对比。可以看到,在样本期间,质量差异程度较高的行业,其出口质量的标准差(离散程度)一致高于质量差异程度较低的行业,不同年份间的差距均在 0.1 左右。这说明 v_dif_k 这一指标较好地描绘了一个行业的质量差异程度。

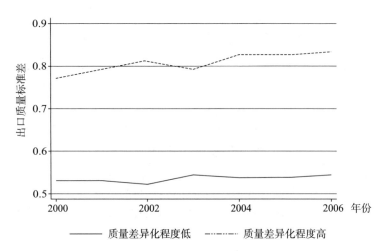

图 9-2　不同质量差异化程度行业的质量离散程度

我们进一步探究人民币升值对出口质量的提升效应是否在质量差异化程度更高的行业中更明显,我们依据v_dif_k的高低划分子样本,并对子样本分别估计式(9.8)。为了保证结果的稳健性,我们分别采取v_dif_k的33%、50%和67%分位数作为门限值进行划分。估计结果如表 9-5 所示。

表 9-5　质量差异化程度分样本分析

因变量	(1)	(2)	(3)	(4)	(5)	(6)
	v_dif_k >33%	v_dif_k <33%	v_dif_k >50%	v_dif_k <50%	v_dif_k >67%	v_dif_k <67%
	$qual_{ijgt}$	$qual_{ijgt}$	$qual_{ijgt}$	$qual_{ijgt}$	$qual_{ijgt}$	$qual_{ijgt}$
$\ln RER_{jt}$	0.024**	0.017	0.040***	0.008	0.052**	0.010
	(0.011)	(0.015)	(0.013)	(0.012)	(0.024)	(0.010)
$\ln \varphi_{it}$	0.579***	0.558***	0.583***	0.563***	0.613***	0.555***
	(0.006)	(0.015)	(0.007)	(0.009)	(0.009)	(0.007)
控制变量	是	是	是	是	是	是
固定效应	企业—目的地—产品、年份					
观测值	915 908	336 320	687 133	565 095	295 839	956 389
R^2	0.306	0.263	0.288	0.318	0.292	0.313

注:控制变量包括目的国人均 GNI,目的国及中国 HS 6 层面上的平均实际进口关税,企业资本劳动比、雇员人数对数值及所有制虚拟变量。括号中为聚类标准误,聚类类别为 HS 6 位产品码。***、**和*分别表示系数在1%、5%和10%的水平上显著。

我们发现,人民币升值对出口质量的提升效应在质量差异化较高的行业中(列(1)、列(3)、列(5))非常明显,均至少在 5% 的水平上显著;而在质量差异化程度较低的行业中(列(2)、列(4)、列(6)),这一效果则均在10％的水平上不显著。另一个发现是,随着门限值的升高,在质量差异化程度较高的行业中,升值对出口质量的提升效应越来越明显:当门限值分别为33％、50％和67％分位数时,10％的人民币升值分别引起这类行业出口质量平均上升0.24％、0.4％和0.52％,即质量差异程度更高的行业,人民币升值引起的质量提升效应更大,这也与我们之前的论述一致。

我们还采用另一种差异化的划分方法以确保我们结果的稳健性:我们利用Rauch(1999)的定义,将样本划分异质品和同质品,分别进行式(9.8)的估计。事实上,Kugler和Verhoogen(2012)指出,Rauch(1999)对于异质品和非异质品的分类主要反映了产品的水平差异化程度,即"萝卜青菜,各有所爱"的偏好差异,而非可严格比较的质量优劣差异,因此利用这一指标代表质量差异化程度可能并不十分恰当。但为稳健计,我们依然在表9-6中呈现基于Rauch分类的分样本回归结果。由于Rauch(1999)提供了"conservative"和"liberal"两种产品分类体系,因此我们也按照这两种分类体系对样本进行划分,并进行分样本回归[①],结果与之前的实证结果一致:人民币升值对出口质量的提升效应在异质品中较为明显,在非异质品中不明显。

表9-6　基于 Rauch 分类的分样本回归结果

因变量	(1) 异质品 1 qual_{ijgt}	(2) 非异质品 1 qual_{ijgt}	(3) 异质品 2 qual_{ijgt}	(4) 非异质品 2 qual_{ijgt}
$\ln \text{RER}_{jt}$	0.018**	−0.056	0.019**	−0.067
	(0.010)	(0.049)	(0.009)	(0.063)
$\ln \varphi_{it}$	0.573***	0.583***	0.573***	0.569***
	(0.006)	(0.035)	(0.006)	(0.023)
控制变量	是	是	是	是
固定效应	企业—目的地—产品、年份			
观测值	1 242 235	9 750	1 235 577	16 408
R^2	0.309	0.481	0.308	0.547

注:控制变量包括目的国人均 GNI、目的国及中国 HS 6 层面上的平均实际进口关税,企业资本劳动比、雇员人数对数值及所有制虚拟变量。括号中为聚类标准误,聚类类别为 HS 6 位产品码。***、** 和 * 分别表示系数在1％、5％和10％的水平上显著。列(1)和列(2)的划分方法根据 Rauch(1999)的"conservative"分类体系;列(3)和列(4)的划分方法根据 Rauch(1999)的"liberal"分类体系。

---

① 具体来说,在"conservative"和"liberal"两种分类体系中,所有的产品均被划分为"differentiated"(异质品)、"reference-priced"(具有参考价格)、"open-market traded"(有公开交易市场)三种类型,我们将"differentiated"定义为异质品,其他两种定义为非异质品。

三、对竞争机制的探讨

以上的分析表明人民币升值确实引起了出口企业的质量升级。我们认为,升值主要通过加剧出口企业所面对的竞争压力这一机制,促进了出口质量的升级,这一节的分析通过实证证据为这一机制提供支持。我们从加总层面上分析升值对于出口企业数目的影响,考虑以下回归式:

$$\ln num_{jgt} = \beta_1 \times \ln RER_{jt} + \theta \times X_{jgt} + \mu_{jg} + \gamma_t + \varepsilon_{jgt} \tag{9.11}$$

其中num_{jgt}为t年向目的国j出口产品类别g的企业的数目,控制变量X_{jgt}包括了$\ln GNI\_pc_{jt}$、f_tar_{jgt}和h_tar_{gt}。另外我们还控制了目的地—产品固定效应μ_{jg}和年份固定效应γ_t。我们利用不同的回归设定估计式(9.11),结果如表9-7所示。

表 9-7　人民币汇率与出口企业数目

因变量	(1) $\ln num_{jgt}$	(2) $\ln num_{jgt}$	(3) $\ln num_{jgt}$	(4) $\ln num_{jgt}$
$\ln RER_{jt}$	−0.641***	−0.439***	−0.112***	−0.087***
	(0.032)	(0.025)	(0.018)	(0.018)
控制变量	否	是	否	是
目的地—产品固定效应	是	是	是	是
年份固定效应	否	否	是	是
观测值	375 149	323 230	375 149	323 230
R^2	0.014	0.270	0.394	0.381

注:控制变量包括目的国人均 GNI,目的国及中国 HS 6 层面上的平均实际进口关税。括号中为聚类标准误,聚类类别为 HS 6 位产品码。***、**和*分别表示系数在1%、5%和10%的水平上显著。

估计结果显示,在不同的设定下,人民币对于一国货币的升值,均在1%的水平上对出口到该国的企业数目造成负向影响。举例来说,式(9.11)的完整估计结果(表9-7列(4))显示,其他条件不变,10%的人民币升值使得出口到该国的企业数目减少0.87%,因此本币升值确实对于出口企业造成了显著的负向冲击,加大了出口企业所面临的成本劣势和竞争压力。这显示了人民币升值会加剧出口企业所面临的竞争压力。

进一步地,升值对于不同类型产品和企业的竞争压力作用会有差异,所导致的质量变化情况也会不同。我们关注在一个企业中,不同产品在面对升值时的质量表现差异。样本中既包含单产品出口企业,也包含多产品出口企业。对于多产品出口企业来说,存在所谓的"核心产品",多产品企业在生产其"核心产品"时能够发挥最大的优势,其生产成本低于企业生产非核心产品的成本,从而产生最大的销售额和利润(Mayer *et al.*,2014)。相比之下,非核心产品的竞争力相对较弱,利润空间较小,更易受升值的负面冲击,因此当人民币升值时,直觉上,非核心产品会首先受到竞争压力加剧的影响,更易呈现出质量提升效应。

我们因此定义虚拟变量C_{ijgt}:若i企业在t年出口到j国的产品g在该年该国家为该企业贡献了最大的出口额,且非该企业该年出口到该国家的唯一产品,则定义该产品为核心产品,令$C_{ijgt}=1$;否则定义该产品为非核心产品,令$C_{ijgt}=0$。我们将样本分为非核心产品和核心产品,分别估计式(9.8),估计结果如表9-8所示。

表 9-8　核心产品与非核心产品估计

因变量	(1)	(2)	(3)	(4)	(5)	(6)
	全样本		v_dif_k 高		v_dif_k 低	
	$C_{ijgt}=0$ qual_{ijgt}	$C_{ijgt}=1$ qual_{ijgt}	$C_{ijgt}=0$ qual_{ijgt}	$C_{ijgt}=1$ qual_{ijgt}	$C_{ijgt}=0$ qual_{ijgt}	$C_{ijgt}=1$ qual_{ijgt}
$\ln \mathrm{RER}_{jt}$	0.024**	−0.057	0.042***	0.008	0.019	−0.136*
	(0.010)	(0.047)	(0.015)	(0.067)	(0.012)	(0.071)
$\ln \varphi_{it}$	0.573***	0.592***	0.582***	0.604***	0.564***	0.573***
	(0.006)	(0.011)	(0.007)	(0.014)	(0.010)	(0.017)
控制变量	是	是	是	是	是	是
固定效应	企业—目的地—产品、年份					
观测值	1 023 735	228 493	562 615	124 518	461 120	103 975
R^2	0.343	0.226	0.320	0.212	0.354	0.225

注:控制变量包括目的国人均 GNI、目的国及中国 HS 6 层面上的平均实际进口关税,企业资本劳动比、雇员人数对数值及所有制虚拟变量。括号中为聚类标准误,聚类类别为 HS 6 位产品码。***、**和*分别表示系数在1%、5%和10%的水平上显著。表中v_dif_k高指v_dif_k高于 50%分位数,v_dif_k低指v_dif_k低于 50%分位数。

估计得到的结果与我们的预期一致:对于非核心产品,升值带来的出口质量提升效应更明显:10%的升值引起非核心产品的出口质量平均上升0.24%,这一效应在核心产品中则不显著;进一步地,在质量差异程度高的行业中,上述效应增强为 0.42%,仍然显著存在,而在质量差异程度低的行业中,人民币升值并不引起非核心产品的质量变化,甚至还引起核心产品质量下降。分样本的分析结果支持了升值通过加剧竞争压力而影响企业质量决策的作用机制:升值引起的竞争加剧效应主要威胁到边际上的非核心产品,促使这部分产品提高质量以应对竞争压力。

我们接着考虑不同生产率企业的差异。新新贸易理论强调了企业生产率异质性在解释不同企业行为差异方面的重要作用[1]，因此对于生产率不同的企业，人民币升值所带来的质量变化效应也可能不同。直觉上，升值的压力最先影响边际上的出口企业，即低生产率的出口企业，这部分企业因而有更强的动机提高出口产品质量以维持自身竞争力。因而升值对出口质量的提升效应，应该在低生产率的企业中更为明显，从而使得出口质量在生产率水平不同的企业间呈现收敛效应。我们计算企业生产率在相应行业（CIC 2 位码）—年份的中位数，根据中位数将企业分为高生产率和低生产率两个样本，分别估计式（9.8）。结果如表 9-9 所示。

表 9-9　人民币升值的收敛效应

因变量	(1)	(2)	(3)	(4)	(5)	(6)
	全样本		v_dif_k 高		v_dif_k 低	
	低生产率 $qual_{ijgt}$	高生产率 $qual_{ijgt}$	低生产率 $qual_{ijgt}$	高生产率 $qual_{ijgt}$	低生产率 $qual_{ijgt}$	高生产率 $qual_{ijgt}$
$\ln RER_{jt}$	0.036**	0.020	0.060***	0.039*	0.028	−0.005
	(0.015)	(0.014)	(0.023)	(0.021)	(0.023)	(0.018)
$\ln \varphi_{it}$	0.581***	0.589***	0.601***	0.598***	0.604***	0.572***
	(0.009)	(0.007)	(0.016)	(0.009)	(0.012)	(0.010)
控制变量	是	是	是	是	是	是
固定效应	企业—目的地—产品、年份					
年份固定效应	是	是	是	是	是	是
观测值	563 088	685 172	311 368	373 510	251 720	311 662
R^2	0.133	0.229	0.098	0.230	0.158	0.215

　　注：控制变量包括目的国人均 GNI，目的国及中国 HS 6 层面上的平均实际进口关税，企业资本劳动比、雇员人数对数值及所有制虚拟变量。括号中为聚类标准误，聚类类别为 HS 6 位产品码。***、** 和 * 分别表示系数在 1%、5% 和 10% 的水平上显著。表中 v_dif_k 高指 v_dif_k 高于 50% 分位数，v_dif_k 低指 v_dif_k 低于 50% 分位数。

　　表 9-9 的列（1）和列（2）呈现了基于完整样本的回归结果，从总体上看，人民币升值在不同企业间呈现收敛效应：人民币升值 10% 使得低生产率企业出口质量平均提升 0.36%，在 5% 的水平上显著，使得高生产率企业出口质量平均提升 0.2%，在 10% 水平上不显著。进一步的分析显示这一差异主要体现在质量差异化程度高的行业，在此类行业中，10% 的升值引起低生产率企业出口质量平均提升 0.6%，在 1% 水平上显著，引起高生产率企业出口

---

① Melitz（2003）、Bernard 等（2003）均证明当一个经济体由封闭经济变为开放经济时，经济体中生产率最高的企业能够同时进行内销和出口，其规模和利润都上升；而生产率最低的企业由于面临外国企业的竞争，最终退出市场不再生产。

质量平均提升 0.39%,在 10% 的水平上显著。汇率对出口质量的作用在质量差异化程度低的行业中均不显著。这一收敛效应支持了升值通过加剧竞争压力从而影响企业质量决策的作用机制:升值的压力首先威胁到边际上的出口产品,即低生产率企业的出口产品,这部分企业因而更有动机提升出口质量维持竞争力,导致升值对出口质量的提升效应在企业间呈现关于生产率水平的收敛。

四、稳健性分析

最后,我们从几个方面对我们的实证发现做稳健性分析,以确保我们的结果准确可信。首先我们考虑实证结果是否受样本期间特定事件的影响。

在 2005 年 7 月 21 日,中国人民银行宣布人民币名义汇率决定机制由盯住美元的固定汇率制变为"参考一篮子货币的,有管理的"浮动汇率制。美国是中国重要的贸易伙伴,因此这一汇率制度的改革对于中国对外贸易有巨大影响。虽然我们关注实际汇率而非名义汇率变动的影响,而人民币盯住美元并不等同于在 2000—2005 年人民币对美元的实际汇率不变,但为确保我们的结果不受汇率制度改革的影响,我们依然将 2000—2005 年出口到美国和中国香港的观测值剔除[①],重新估计式(9.8),结果如表 9-10 中列(1)至列(3)所示。

我们接着考虑 WTO 的《纺织品与服装协定》(Agreement on Textile and Clothing,以下简称"ATC")(其前身为《多种纤维协定》,Multi-Fiber Arrangement,以下简称"MFA")对于我们估计结果的影响。ATC 规定了发展中国家向美国、加拿大、欧盟和土耳其的纺织产品出口配额,该协议的有效期为 1974 年到 2004 年,2004 年 12 月 31 日之后协议废止,发展中国家出口到这四个国家的纺织品配额也相应被解除。Khandelwal 等(2013)利用这一自然实验研究了出口配额在中国的生产率错配问题,他们的结果表明,配额的存在和移除对于中国纺织出口企业有着很大的影响。特别地,若出口配额原先存在生产率错配,高生产率出口企业没有得到配额,那么当配额移除之后,高生产率出口企业进入出口市场可能引起总体出口质量的提升,从而影响我们的估计。为了确保我们的估计结果不受影响,我们在样本中剔除了出口到美国、加拿大、欧盟和土耳其这四个国家和地区中受 ATC(MFA)规制的 HS 6 位码产品,利用剩余样本估计式(9.8),结果如表 9-10 中列(4)至列(6)所示。

---

① 中国香港金融管理局对港币实行盯住美元的固定汇率制度,因此人民币对港币汇率与人民币对美元汇率高度相关。

表 9-10   汇率制度改革和 ATC 协议到期

因变量	(1)	(2)	(3)	(4)	(5)	(6)
	人民币汇率制度改革			排除受 ATC 影响的产品		
	全样本	v_dif_k高	v_dif_k低	全样本	v_dif_k高	v_dif_k低
	$qual_{ijgt}$	$qual_{ijgt}$	$qual_{ijgt}$	$qual_{ijgt}$	$qual_{ijgt}$	$qual_{ijgt}$
$\ln RER_{jt}$	0.020	0.046**	0.007	0.018*	0.043***	0.004
	(0.012)	(0.018)	(0.018)	(0.009)	(0.014)	(0.012)
$\ln \varphi_{it}$	0.574***	0.585***	0.559***	0.576***	0.587***	0.565***
	(0.006)	(0.008)	(0.010)	(0.006)	(0.007)	(0.009)
控制变量	是	是	是	是	是	是
固定效应	企业—目的地—产品、年份					
观测值	703 523	387 931	315 592	1 137 288	621 350	515 938
R^2	0.340	0.314	0.346	0.310	0.286	0.322

注:控制变量包括目的国人均 GNI,目的国及中国 HS 6 层面上的平均实际进口关税,企业资本劳动比、雇员人数对数值及所有制虚拟变量。括号中为聚类标准误,聚类类别为 HS 6 位产品码。***、** 和* 分别表示系数在 1%、5% 和 10% 的水平上显著。表中 v_dif_k高指 v_dif_k 高于 50% 分位数,v_dif_k低指 v_dif_k低于 50% 分位数。

结果显示,在考虑了汇率制度改革和 ATC 的可能影响之后,估计得到的结果和基准结果相当一致。在表 9-10 中,列(1)和列(4)所呈现的全样本估计结果均表明 10% 的人民币升值会带来平均 0.18%—0.2% 的质量提升效应,虽然在考虑汇率制度改革时该效应在 10% 的水平上不显著。更重要的是,当考虑行业的质量差异化时,我们发现在质量差异化程度较高的行业中,出口质量享有显著的提升效应,如列(2)和列(5)所示:10% 的人民币升值带来 0.43%—0.46% 的质量提升效应,且至少在 5% 的水平上显著,而在质量差异化程度低的行业中,如列(3)和列(6)所示,该效应不显著。我们的分析表明在考虑了汇率制度改革和 ATC 的潜在影响之后,人民币升值对出口质量的提升效应依然稳健。

我们接着考虑加工贸易企业的可能影响。Yu(2015)和 Dai 等(2016)均发现中国加工贸易和一般贸易企业在生产方式和关税待遇上存在很大区别,这些区别导致了这两类企业在贸易自由化进程中表现不同。虽然我们的样本仅包含了一般贸易出口的交易,但是由于许多企业是同时进行一般贸易和加工贸易出口的混合出口企业,因此人民币升值对于纯一般贸易出口企业和混合出口企业也可能会有不同影响。具体来说,由于加工贸易使用的中间品均来自进口,本币升值可能有利于混合出口企业进口更多的加工贸易中间品,虽然这些中间品不能直接用于一般贸易出口产品的生产,但是可能带来技术正外溢效应,使升值对出口质量的提升效应在混合出口企业中更加明显。我们将样本分为纯一般出口企业(PE$_{it}$＝0)和混合出口企业(PE$_{it}$＝1),对分样本分别估计式(9.8),结果如表 9-11 所示。

表 9-11　考虑加工贸易企业

	(1)	(2)	(3)	(4)	(5)	(6)
因变量	全样本		v_dif_k高		v_dif_k低	
	PE$_{it}$＝0	PE$_{it}$＝1	PE$_{it}$＝0	PE$_{it}$＝1	PE$_{it}$＝0	PE$_{it}$＝1
	qual$_{ijgt}$	qual$_{ijgt}$	qual$_{ijgt}$	qual$_{ijgt}$	qual$_{ijgt}$	qual$_{ijgt}$
ln RER$_{jt}$	0.019*	0.037	0.032**	0.067*	0.020	0.032
	(0.010)	(0.026)	(0.016)	(0.037)	(0.014)	(0.040)
ln φ_{it}	0.584***	0.601***	0.613***	0.580***	0.584***	0.594***
	(0.007)	(0.015)	(0.010)	(0.022)	(0.009)	(0.020)
控制变量	是	是	是	是	是	是
固定效应	企业—目的地—产品、年份					
观测值	1 011 934	236 326	543 396	141 482	468 538	94 844
R^2	0.198	0.279	0.151	0.262	0.239	0.186

注:控制变量包括目的国人均 GNI,目的国及中国 HS 6 层面上的平均实际进口关税,企业资本劳动比、雇员人数对数值及所有制虚拟变量。括号中为聚类标准误,聚类类别为 HS 6 位产品码。***、** 和 * 分别表示系数在 1%、5% 和 10% 的水平上显著。表中 v_dif_k 高指 v_dif_k 高于 50% 分位数,v_dif_k 低指 v_dif_k 低于 50% 分位数。

表 9-11 中的列(1)和列(2)展示了基于完整样本的回归结果。对于纯一般出口企业,真实汇率的系数为 1.9%,在 10% 的水平上显著;对于混合出口企业,真实汇率的系数为 3.7%,但并不显著。我们进一步将样本按照质量差异化程度高低进行划分,估计式(9.8),列(3)和列(4)显示在质量差异化程度高的行业中,10% 的人民币升值使得纯一般出口企业的出口质量平均上升 0.32%,在 5% 的水平上显著;而对混合出口企业这一效应为0.67%,在 10% 的水平上显著。与此形成对比的是列(5)和列(6),在质量差异化程度低的行业中,上述效应均在统计意义上不显著。这一部分的实证结果表明,混合出口企业可能在人民币升值的进程中享受额外的加工贸易进口中间品外溢效应,从而得到更大的质量提升效应,这一效应主要体现在质量差异化程度高的行业中。

如上所述,除了加剧竞争压力,人民币升值也可能通过降低进口中间品成本这一机制促进出口质量提升。Amiti 等(2014)利用比利时数据发现规模较大的出口商通常也大量进口中间品,由于国外中间品的质量一般较高,进口中间品的增加也可能导致出口质量的提升。企业可以通过一般贸易进口中间品,进行一般贸易出口的生产,因此若升值通过进口中间品这一机制发挥作用,则对于使用进口中间品比例越大的出口企业,升值对于出口质量的提升效应越明显。我们计算每个企业一般贸易进口中间品占总中间投入的比例im_input$_{it}$[①],在表 9-12 的列(1)至列(3)中,我们将样本限制为im_input$_{it}$=0 的观测值;在表 9-12 的列(4)至列(6)中,我们在式(9.8)的基础上加入初期一般进口中间品占中间投入比例im_input$_{i0}$与双边实际汇率的交互项。

表 9-12　考虑进口投入占比

因变量	(1)	(2)	(3)	(4)	(5)	(6)
	im_input$_{it}$=0			加入交互项		
	全样本	v_dif$_k$高	v_dif$_k$低	全样本	v_dif$_k$高	v_dif$_k$低
	qual$_{ijgt}$	qual$_{ijgt}$	qual$_{ijgt}$	qual$_{ijgt}$	qual$_{ijgt}$	qual$_{ijgt}$
ln RER$_{jt}$	0.029**	0.040**	0.024	0.016*	0.035***	0.013
	(0.012)	(0.019)	(0.016)	(0.009)	(0.013)	(0.012)
ln φ_{it}	0.571***	0.577***	0.569***	0.573***	0.583***	0.563***
	(0.009)	(0.013)	(0.011)	(0.006)	(0.007)	(0.009)
im_input$_{i0}$ ×				0.087	0.162	−0.239
ln RER$_{jt}$				(0.106)	(0.136)	(0.151)
控制变量	是	是	是	是	是	是
固定效应	企业－目的地－产品、年份					
观测值	681 856	346 399	335 457	1 252 228	687 133	565 095
R^2	0.310	0.278	0.314	0.310	0.288	0.318

注:控制变量包括目的国人均 GNI,目的国及中国 HS 6 层面上的平均实际进口关税,企业资本劳动比、雇员人数对数值及所有制虚拟变量。括号中为聚类标准误,聚类类别为 HS 6 位产品码。*** 、** 和 * 分别表示系数在 1%、5% 和 10% 的水平上显著。表中v_dif$_k$高指v_dif$_k$高于 50% 分位数,v_dif$_k$低指v_dif$_k$低于 50% 分位数。

表 9-12 的列(1)至列(3)显示,在不进口任何中间品的样本中,人民币升值对出口质量的提升作用依然存在,且仅在质量差异化程度高的行业中显著;而在列(4)至列(6)中,随着我们加入im_input$_{i0}$与双边实际汇率的交互项,对于不进口任何中间品的企业来说,10% 的升值使得出口质量提升0.16%,在 10% 的水平上显著,这一效应在质量差异化程度高的行业中为0.35%,在 1% 的水平上显著,在质量差异化程度低的行业中这一效应不显著。而交互项的系数均在 10% 的水平上不显著,意味着企业总中间投入中进口品的比例与升值的质量提升效应之间并无显著关系。我们的实

———————

① 中间品的分类按照"Broad Economic Category"(广义经济类别)的标准划分。

证结果表明,人民币升值降低进口中间品的成本,并不是升值导致出口产品质量提升的主要机制。

第五节 结 论

本章关注人民币汇率的变化如何影响出口企业的出口产品质量水平决策。以往被广泛使用的测算出口产品质量的方法,在理论和实证上均存在一定的问题:理论上该方法仅考虑需求面因素而忽略供给面因素;实证中关键变量价格存在测量误差,且质量测算值在跨时和跨国意义上不可比。为了克服这些问题,本章依据 Feenstra 和 Romalis(2014)提出的质量测算框架,利用余淼杰和张睿(2017)提出的微观层面出口质量测算办法,准确衡量出口质量。在此基础上,我们研究人民币升值是否促进了制造业出口企业的质量水平提升。人民币升值加剧了出口企业所面临的竞争压力,从而促使企业提高自身出口质量水平。在控制了其他可能影响出口企业质量决策的因素之后,基准估计结果显示人民币对于一国货币升值10%,则出口企业对该国的出口质量水平平均提高约 0.19%。进一步的分析表明该质量提升效应主要存在于质量差异程度较大的行业中,10%升值引起这类行业的出口质量水平上升 0.4%,而在质量差异程度较小的行业中这一效应并不明显。人民币升值减少了出口企业数目,且升值对出口质量的提升效应在非核心产品及低生产率企业中更加明显,这都表明了升值通过加剧出口企业面临的竞争压力,影响出口企业的质量决策。我们的实证结果在考虑了 2005 年人民币汇率制度改革、ATC、加工贸易、进口中间品等一系列潜在问题之后依然稳健。

我们的分析结果拓展了对于汇率影响出口企业决策行为的认识,汇率变动通过影响出口企业所面临的竞争压力,导致企业调整自身的产品质量水平。随着人民币汇率的弹性和波动幅度逐渐增大,汇率对于企业出口质量的影响势必更加明显。在国内生产成本上升,外需不确定性增大,制造业企业面临发达国家和发展中国家双重压力的形势下,我们的分析表明,竞争既是压力,也是驱使企业质量和竞争力升级的重要动力。如何应对日益激烈的竞争态势,将外在压力转化为质量升级、产业转型的机遇和内在动力,是中国制造业在今后的全球市场竞争中无法回避的命题和挑战。

第十章 司法质量、不完全契约
与贸易产品质量[*]

司法质量的提高增大了违约成本,从而使得一国在出口合约密集型产品上具有比较优势。本章采用 Feenstra 和 Romalis(2014)的方法准确测算了一国不同产品的进出口质量水平,并通过实证研究发现:(1)司法质量和平均出口质量正相关,但司法质量更高的国家在出口合约密集型产品上并不具有质量意义上的比较优势;(2)司法质量更高的国家在进口合约密集型产品上具有质量意义上的比较优势;(3)进口国司法质量是影响合约密集型产品相对贸易质量的重要因素,而出口国司法质量则主要影响合约密集型产品的相对贸易数量。本章的结果通过了一系列的稳健性检验,同时在考虑了司法质量潜在的内生性之后依然成立。本章的研究拓展了对比较优势在贸易产品质量方面作用机制的理解。

第一节 引 言

制度如何影响一国经济发展?经济学文献中有大量针对这一问题的研究,而新世纪以来的实证研究则直接关注不同制度对长期经济增长的影响,如 Acemoglu 等(2001)。随着这方面研究的深入,"制度"和"经济发展"这两个较为宽泛的概念被进一步具体化。一方面,制度水平的一个重要维度是司法质量,即司法系统运行的效率和可靠性,司法质量的高低直接影响在一个国家违约的成本;另一方面,一国的国际贸易状况是经济发展的重要方面,而由于高收入的国家往往消费和出口高质量的产品,因此贸易产品的质量也成为一国经济发展水平的重要标志(Khandelwal,2010)。以往的研究中,由于产品质量难以观测,因此涉及产品质量的研究相对较少;近年来随着贸易产品质量测算方法的发展,以及微观数据的逐步可得,关于质量的文献逐渐增多。

* 本章是与中国社会科学院崔晓敏研究员、北京大学国家发展研究院张睿博士合作的成果,原文发表在《金融研究》,2016 年第 12 期,第 1—13 页。

　　本章从产品质量的视角出发,探究一国司法质量对其国际贸易的影响。目前的实证研究已开始关注司法质量对于贸易的影响,但多基于比较优势的视角研究一国的司法质量如何影响其出口额大小。不同于已有的研究,本章则关注司法质量对产品质量的影响,从而提出司法质量影响国际贸易的一个新机制。此外,相比于以往研究多关注司法质量对一国出口的影响,本章还强调司法质量对一国进口的影响。本章的研究较为全面地刻画了司法质量如何影响进出口产品质量,并发现司法质量较高的国家所出口的合约密集型产品(即在生产过程中更加依赖良好司法环境的产品)的相对质量并不更高,但司法质量较高的国家所进口的合约密集型产品的相对质量则显著更高。因此司法质量较高的国家在进口合约密集型产品上具有质量意义上的比较优势,出口国的司法质量则主要影响合约密集型产品的相对贸易数量。

　　司法质量如何影响国际贸易? 最早研究司法质量对贸易影响的文献(Berkowitz, et al., 2006;Levchenko, 2007;Nunn, 2007;等等)大多从比较优势的观点出发。要从这一角度理解司法质量的影响,首先需要认识到不同产品在生产过程中,对于司法质量的依赖是不同的。产品在生产过程中依赖司法质量的程度,与产品生产过程中需要的定制化投入品(customized inputs)的成本份额密切相关。举例而言,生产面粉所需要的大部分投入品是高度同质化的(如小麦);与之相反,生产汽车所需要的大部分投入品则是高度定制化的(如引擎、轴承、离合器等)。具体而言,这类产品对投入品的特征有特定要求,且定制化投入品占生产成本的份额也很大。由于投入品的高度定制化特征,汽车厂商往往通过合同委托上游供应商生产符合自身要求的定制化投入品。

　　上游供应商需要通过专用性投资(relationship-specific investment)来进行定制化投入品的生产。专用性投资越多,则相应投入品生产成本越低、质量越好。由于投入品高度定制化,难以在市场上进行转卖,故上游供应商的议价能力显著低于生产商。因此当一国司法质量较差、违约成本较低时,生产商有较强的动机在供应商方面进行专用性投资,产出定制化投入品之后违反合同,重新谈判以进一步压低购买价格,产生"敲竹杠"(hold-up)的问题,使得议价能力低的供应商蒙受损失。在这种情况下,上游供应商事前进行专用性投资的动机被抑制,产生投资不足的现象,导致生产定制化投入品的生产成本提高。因此司法质量较低的国家在生产定制化投入品份额较高的产品上具有比较劣势。以上论述说明产品在生产过程中依赖司法质量的程度与相应定制化投入品的成本份额密切相关。

因此通常将定制化投入品的成本份额定义为"合约密集度"（contract intensity），反映这类产品在生产过程中对司法质量的依赖程度。因此良好的司法质量可作为一种生产禀赋，产生一国在生产合约密集度高的产品时的比较优势。

比较优势逻辑被早期研究作为司法质量影响贸易的主要作用机制。Levchenko（2007）在不完全合约的理论框架设定下，将这一逻辑模型化。实证研究方面，Berkowitz 等（2006）基于 Rauch（1999）的分类将产品划分为差异化和同质化产品，发现出口国（进口国）的制度水平对差异化产品的双边贸易流有正向（负向）影响，而对同质化产品则与异质化产品相反。Nunn（2007）则通过投入产出表和 Rauch（1999）的分类，构造更加准确的合约密集度指标。他的研究发现在控制了传统的比较优势变量（物质资本和人力资本）及其他可能的影响变量之后，司法质量更高的国家在出口合约密集型产品上具有显著的比较优势，且这一比较优势的影响大于传统的比较优势变量。

后续研究则多在 Nunn（2007）的实证框架下向微观层面的实证研究进行拓展。Ma 等（2010）利用世界银行企业调查数据，发现企业所处的司法环境越好，其在合约密集型行业上的出口就越多。Li 等（2014）则利用中国制造业企业的数据发现，企业所处省份的司法质量越好，则这些企业在合约密集型行业的出口上越具有比较优势。Feenstra 等（2013）利用中国海关进出口贸易数据，在以上研究的基础上进一步区分司法质量对不同出口模式（一般贸易和加工贸易）和不同所有制（内资企业、合资企业和外资企业）企业出口的异质性影响。他们发现司法质量的比较优势效应在外资企业和加工贸易出口企业中更加明显。这些研究在微观企业层面上进一步证实了 Nunn（2007）的发现。

Essaji 和 Fujiwara（2012）的研究和本章研究最为密切相关。他们利用美国的进口数据，发现司法质量更高的国家具有在合约密集型产品上出口高质量产品的比较优势。他们的研究样本为出口到美国的所有国家的产品质量，无法刻画不同目的国市场司法质量对进口产品质量的影响。本章在 Essaji 和 Fujiwara（2012）的基础上，整理了双边国家、SITC 4 位产品码贸易品的质量数据，发现司法质量是影响一国合约密集型进口品相对质量的重要因素，而其对合约密集型出口品相对质量的影响在统计上不显著。

此外，Essaji 和 Fujiwara（2012）的研究利用了 Khandelwal（2010）提出的需求面方法测算进口产品质量。正如 Feenstra 和 Romalis（2014）指出的，Khandelwal（2010）在偏好为嵌套对数（nested logit）形式的假设下，仅利用需求面的价格和数量信息估计需求函数，将估计残差作为进口产品质量的估计值,所得到的质量估计值依赖于对于供给面的假设,因此估计的结果不甚稳健。而目前在国际贸易实证领域较为流行的需求面质量估计方法,还包括 Khandelwal 等(2013)和 Fan 等(2015),他们在偏好为 CES(常替代弹性)的形式下加入消费者对于产品质量的偏好,同样通过估计需求函数,将残差作为出口产品质量的估计值,这一方法的最大问题在于得到的产品质量估计值在跨年和跨国的意义上不可比,因而也为产品质量的比较带来困难。此外以往研究中还常用产品的单价代表产品质量(如 Manova and Zhang,2012),但单价包含了许多质量以外的信息,因此使用单价作为质量的代理变量可能造成估计偏差。本章利用 Feenstra 和 Romalis(2014)提出的测算方法估计一国在不同产品上的进出口产品质量,该方法同时考虑需求面和供给面因素的影响,较为稳健,且得到的质量指数在跨国意义上可比,从而便于进行实证分析。

总体而言,现有关于司法质量影响贸易的研究,多利用检验比较优势的实证策略关注司法质量对于出口额的作用。本章将从以下三个方面进行拓展创新。

第一,进一步厘清司法质量影响贸易的经济机制。相比于单纯关注贸易额,本章将主要关注司法质量如何影响不同合约密集度产品的质量,将司法质量对一国比较优势影响的研究拓展到产品质量的维度。以往研究发现,一国良好的司法质量可以提升该国在出口合约密集型产品上的比较优势,本章进一步研究这一比较优势是否体现在质量上。即若一国司法质量较高,那么该国所出口合约密集型产品的相对质量是否也更高? 这有助于解释良好的司法质量成为一国比较优势的内在机制和原因。

第二,以往研究大多只关注司法质量对于出口的影响,本章在此基础上进一步强调司法质量对进口的影响。具体来说,若一国的司法质量较高,一方面,该国的整体市场环境对合约密集型产品的质量要求应该更高,另一方面,良好的司法质量有助于降低企业间"敲竹杠"的风险、促进定制化投入品的生产,因此进口到该国的合约密集型产品的相对质量也应该更高,这意味着司法质量较高的国家在进口合约密集型产品上应具有质量意义上的比较优势。这同样有助于揭示司法质量如何通过产品质量这一维度影响一国的贸易情况。

第三,本章利用 Feenstra 和 Romalis(2014)提出的方法测算贸易产品的质量。这一方法的优点在于同时利用供给和需求信息,更加稳健地估计产品质量。与之相比,需求面方法仅利用需求面信息估算产品质量(如 Khandelwal,2010),其估算值依赖于对供给侧的假设,从而对于产品质量的估计可能并不稳健。

本章利用 1997 年 SITC 第二版 4 位码的双边贸易数据,测算产品质量,并有以下实证发现:(1)司法质量与一国平均出口质量正相关,但司法质量较高的国家所出口的合约密集型产品的相对质量并没有更高;(2)司法质量较高的国家所进口的合约密集型产品的相对质量则显著更高,因此司法质量较高的国家在进口合约密集型产品上具有质量意义上的比较优势;(3)进口国司法质量是决定合约密集型产品相对贸易质量的重要因素,而出口国的司法质量则主要影响合约密集型产品的相对贸易数量。本章的实证结果通过了一系列的稳健性检验,并且在考虑了司法质量可能的内生性之后依然成立。

本章行文结构如下:第二节介绍实证策略和关键变量的构造;第三节描述数据特征以及司法质量影响贸易产品质量的直观证据;第四节呈现实证结果,进行各种稳健性检验,探讨司法质量影响一国合约密集型进口品相对质量的具体机制,并利用工具变量回归解决司法质量可能存在的内生性问题;第五节总结全文。

第二节   实证策略与变量构造

本节首先介绍本章的实证策略——研究司法质量如何对一国的进出口贸易产品质量产生影响;其次,介绍主要关键变量的度量,包括贸易产品质量、合约密集度和司法质量等。

一、实证策略

根据式(10.1),初步识别司法质量对一国进出口贸易产品质量的影响:

$$\ln(y_{ig}) = \beta_1 Q_i + \beta_2 X_i + \gamma_g + \varepsilon_{ig} \tag{10.1}$$

其中 $\ln(y_{ig})$ 为 i 国家 SITC 第二版 4 位码产品 g 的出口质量或进口质量。Q_i 为 i 国司法质量指标。X_i 为一系列国家层面的控制变量,包括人力资本、劳均资本、银行私人信贷占 GDP 比重、人均 GDP 的对数等。γ_g 表示产品层面固定效应,用以控制不同产品间的固定差异。ε_{ig} 表示随机误差项。下文将详述国家—产品层面出口质量 $\overline{Qe_{ig}}$、进口质量 $\overline{Qi_{ig}}$、国家层面司法质量 Q_i 的构造过程。

需要说明的是,估计式(10.1)的主要目的是描述司法质量与一国整体进出口产品质量之间的相关关系,但并不区分司法质量对合约密集度不同产品贸易质量的影响,因此式(10.1)的回归并不涉及任何形式的比较优势,而是着重描绘一个国家的平均进出口贸易产品质量是如何随着司法质量的变化而变化的。本章主要关注的回归式设定为

$$\ln(y_{ig}) = \beta_1 ci_g Q_i + \beta_2 h_g H_i + \beta_3 k_g K_i$$
$$+ \beta_4 \text{EFD}_g \times \text{FD}_i + \beta_5 X_{ig} + \alpha_i + \gamma_g + \zeta_{ig} \qquad (10.2)$$

其中 ci_g 表示产品 g 的合约密集度,而 $ci_g Q_i$ 则为产品 g 合约密集度与 i 国司法质量的交互项。h_g 和 k_g 分别为不同产品 g 的技术密集度和资本密集度;H_i 和 K_i 分别为不同国家 i 的人力资本存量和劳均资本存量。EFD_g 表示产品 g 的外部融资依赖度①,FD_i 则表示国家 i 的金融发展程度。X_{ig} 表示其他国家—产品层面控制变量,α_i 为国家层面固定效应,γ_g 为产品层面固定效应,以控制国家间和产品间固定差异的影响,ζ_{ig} 则为随机误差项。

　　式(10.2)与以往研究一国出口比较优势的实证研究类似,通过引入国家和产品层面固定效应 α_i 和 γ_g 吸收所有进出口产品质量在国家和产品层面上的变动,进而本章主要关注变量 $ci_g Q_i$ 的系数 β_1。该系数衡量了随着合约密集度的提高,一国司法质量对进出口贸易产品质量的影响会如何变动,即一国进口(或出口)合约密集型产品在质量意义上的比较优势。实证分析控制了传统的比较优势(人力资本丰裕的国家在出口技术密集型的产品上具有比较优势,而物质资本丰裕的国家在出口资本密集型的产品上具有比较优势)和金融发展层面的比较优势可能带来的影响。本章通过采用式(10.2)这一设定来研究司法质量较高的国家是否在出口(或进口)合约密集型产品上具有质量意义上的比较优势。如前所述,一方面,司法质量较高的国家,违约成本较高,因此有助于在事前缓解合约密集型产品生产过程中的"敲竹杠"问题,有助于提高该国所生产的合约密集型产品的相对质量,从而带来该国出口合约密集型产品时在质量意义上的比较优势。另一方面,司法质量较高的国家对产品的质量要求可能会更高,有助于缓解产品质量不可观测所带来的"逆向选择"问题。而合约密集型产品涉及诸多定制化投入品,对市场环境的敏感度可能更高,因而司法质量提高,也将有助于提高该国合约密集型进口品的相对质量。

二、关键变量构造

(一)贸易产品质量

　　本章利用 Feenstra 和 Romalis(2014)的方法衡量贸易产品质量,首先,构造产品—出口国—进口国层面的双边产品质量;其次,利用双边产品质量进一步构造产品—出口国和产品—进口国层面的产品质量,用于后续的实证分

---

① 由于无法获得 4 位码 SITC 产品的技术、资本密集度及外部融资依赖度指标,在实证回归中本章采用美国 IO 行业的相应指标作为代理变量。

析。本小节简要介绍构造产品质量的理论框架和方法,详细的推导过程见附录 10A。

假设 k 国消费者面临来自不同出口国 i 的一系列差异化产品。k 国消费者的偏好由式(10.3)定义的支出函数所刻画。

$$E^k = U^k \left[\int_i (p_i^k / (z_i^k)^{\alpha^k})^{(1-\sigma)} \mathrm{d}i \right]^{1/(1-\sigma)} \tag{10.3}$$

其中 U^k 为 k 国消费者通过消费差异化产品得到的总效用;p_i^k 和 z_i^k 分别为 k 国消费者所面对的 i 国出口品的 CIF 价格和产品质量;σ 为产品间的替代弹性;α^k 为刻画 k 国消费者对质量偏好的参数,令 $\alpha^k = 1 + \lambda \ln(U^k)$,则 k 国效用(收入)水平越高,对质量的偏好就越明显。消费者的需求函数 q_i^k 可定义为

$$q_i^k = \frac{\partial E^k}{\partial p_i^k} = \frac{\partial E^k}{\partial P_i^k} \times \frac{1}{(z_i^k)^{\alpha^k}} \tag{10.4}$$

在供给层面,出口国 i 的企业 j 通过设定 FOB 价格 p_{ij}^{*k} 和产品质量 z_{ij}^k,最大化其利润。利润最优化问题为 $\max\limits_{p_{ij}^{*k}, z_{ij}^k} \left[p_{ij}^{*k} - c_{ij}(w_i, z_{ij}^k) \right] \frac{\tau_i^k q_{ij}^k}{\mathrm{tar}_i^k}$。其中 τ_i^k、T_i^k 和 tar_i^k 分别对应从价(ad valorem)贸易成本、单位(per-unit)贸易成本和关税,且满足 $p_{ij}^k = \tau_i^k(p_{ij}^{*k} + T_i^k)$。$c_{ij}(w_i, z_{ij}^k)$ 为生产质量为 z_{ij}^k 的产品的单位成本,其中 w_i 为成本率。令 $c_{ij}(w_i, z_{ij}^k) = w_i(z_{ij}^k)^{1/\theta}/\varphi_{ij}$,其中 φ_{ij} 为 i 国企业 j 的生产率。θ 为刻画质量提升过程中规模报酬递减效应的参数,且 $0 < \theta < 1$。求解企业的优化问题可得到质量 z_{ij}^k 的表达式:

$$\ln(z_{ij}^k) = \theta \left[\ln(\kappa_1^k p_{ij}^{*k}) - \ln\left(\frac{w_i}{\varphi_{ij}}\right) \right], \quad \kappa_1^k = \frac{\alpha^k \theta(\sigma-1)}{1 + \alpha^k \theta(\sigma-1)} \tag{10.5}$$

在企业生产率存在异质性的设定下,定义 $\widehat{X_i^k}$ 和 $\widehat{\varphi_i^k}$ 为 i 国出口到 k 国零利润企业的出口额和生产率;M_i 为 i 国潜在进入企业的数目。与 Melitz(2003)一致,i 国企业出口到 k 国需要支付一定的固定成本 f_i^k,即

$$f_i^k = \left(\frac{w_i}{\widehat{\varphi_i^k}} \right) \left(\frac{Y^k}{p^k} \right)^{\beta_0} e^{\beta F_i^k}, \quad \beta_0 > 0 \tag{10.6}$$

其中 Y^k 和 p^k 为 k 国的总支出和价格指数,F_i^k 则包含一系列影响固定成本的双边变量,包括语言相似度等。

给定进口国 k 和 SITC 第二版 4 位码产品 g,令全世界出口到 k 国的产品 g 的平均质量为 $\overline{z_{\mathrm{world},g}^k}$,则可得到 i 国出口到 k 国相对于平均水平的质量 $\overline{Qe_{ig}^k}$,即[①]

---

① 详细的推导过程见附录 10A。

$$\ln(\overline{Qe_{ig}^k}) = \frac{\kappa_{1g}^k}{(\sigma_g-1)}\left[(\sigma_g-1)\ln(\overline{p_{ig}^k}) + \ln(\overline{p_{ig}^{*k}}) + \beta_g'F_i^k + \sigma\ln(\mathrm{tar}_{ig}^k)\right]$$
$$-\ln(\overline{z_{\mathrm{world},g}^k}) \tag{10.7}$$

其中$\overline{p_{ig}^k}$和$\overline{p_{ig}^{*k}}$分别为i国出口到k国产品g的平均 CIF 价格和 FOB 价格。类似地,给定出口国i和 SITC 第二版 4 位码产品g,令i出口到全世界的产品g的平均质量为$\overline{z_{i,g}^{\mathrm{world}}}$,则可得到$k$国从$i$国进口相对于平均水平的质量$\overline{Qi_{ig}^k}$,即

$$\ln(\overline{Qi_{ig}^k}) = \frac{\overline{\alpha_g}\theta_g}{(1+\gamma_g)}\left[(1+\gamma_g)\ln(\kappa_{1g}^k\overline{p_{ig}^{*k}}) - \ln\left(\frac{X_{ig}^k}{\mathrm{tar}_{ig}^k}\right) + \beta_{0g}\ln\left(\frac{Y^k}{p^k}\right) + \beta_g'F_i^k\right]$$
$$+\left[\frac{\overline{\alpha_g}\theta_g}{(1+\gamma_g)} + \frac{1}{(\sigma_g-1)}\right]\ln(\kappa_{2g}^k) - \ln(\overline{z_{ig}^{\mathrm{world}}}) \tag{10.8}$$

在式(10.7)和式(10.8)的基础上,参照 Feenstra 和 Romalis(2014),我们利用 GEKS 加总方法对不同国家的出口和进口质量之比进行加总,从而得到每个国家在每个 SITC 第二版 4 位码产品层面上的出口质量和进口质量,分别记为$\ln(\overline{Qe_{ig}})$和$\ln(\overline{Qi_{ig}})$。本章主要采用$\ln(\overline{Qe_{ig}})$和$\ln(\overline{Qi_{ig}})$作为关键的因变量,但也考虑采用$\ln(\overline{Qe_{ig}^k})$和$\ln(\overline{Qi_{ig}^k})$进行稳健性回归的情况。

(二)合约密集度

产品的合约密集度ci_g依照 Nunn(2007)的方法进行构造,

$$ci_g = \sum_s \theta_{gs} \times R_s \tag{10.9}$$

其中θ_{gs}是产品g生产中间投入品s占总中间投入的份额,可从投入产出表中获得。R_s为衡量s行业中投入品定制化程度高低的指标。根据 Nunn(2007),本章采用美国投入产出表计算θ_{gs},R_s为美国 IO 行业s所有 SITC 产品种类中差异化产品种类所占的比例,差异化产品的定义则来自 Rauch(1999)。[①] 由此得到的合约密集度ci_g为 IO 行业层面的指标,进一步将其对应到不同的 SITC 第二版 4 位码产品上,并与产品质量的数据匹配。

(三)司法质量

在实证研究中,履约环境的质量一般由一国司法制度的有效性度量。根据 Nunn(2007),本章主要采用 Kauffmann 等(2004)提供的法治质量(rule of law)指数衡量一国的司法质量。这一指标衡量了在 1997 年和 1998 年之间,一个国家司法实践和司法程序的有效性和一致性,以及该国的总体履约情

---

① Rauch(1999)将不同的 SITC 产品划分为"有公开交易所""有参考价格""差异化产品"三种类型,并提供了"宽松型"和"保守型"两种划分标准。本章主要采用 Rauch(1999)对差异化产品的"宽松型"定义,后文还将汇报基于"保守型"定义的稳健性检验结果。

况。此外,本章还采用 Gwartney 和 Lawson(2003),以及世界银行 2004 年 "Doing Business"报告提供的司法质量和履约环境指标,检验回归结果的稳健性。

第三节　数　据

一、数据来源及描述性统计

本章使用的数据主要来自 UN Comtrade 数据库(联合国商品贸易统计数据库)和 Nunn(2007),包括来自各个地区、不同发展水平的 158 个国家,1 270个 SITC 第二版 4 位码产品,277 个 IO 行业。具体来说,根据式(10.7)和式(10.8),本章使用 UN Comtrade 数据库中 SITC 第二版 4 位码产品分类的双边贸易数据,利用 Feenstra 和 Romalis(2014)提供的方法,估计出口国—行业、进口国—行业、出口国—进口国—行业的质量指数,即 $\ln(\overline{Qe_{ig}})$、$\ln(\overline{Qi_{ig}})$、$\ln(\overline{Qe_{ig}^k})$ 和 $\ln(\overline{Qi_{ig}^k})$。值得一提的是,由于 Feenstra 和 Romalis (2014)估计的质量指数为相对值,因而即使在同一 SITC 4 位码下、具有不同单位的产品的价格和质量也并不可比。[①] 因而在测算产品质量时,本章还根据产品单位进行分类,最终划分出 1 292 个产品(SITC-单位)类别。

司法质量水平、合约密集度及其他国家、行业层面特征变量等均来自 Nunn(2007)。由于缺乏 1997 年各国产品层面的技术含量、劳均资本和外部融资依赖度数据,本章采用美国 1997 年 IO 行业的技术和资本密集度和外部融资依赖度指标作为代理变量。根据 Feenstra(2000)和美国经济研究局分别提供的 10 位 HS 编码和 4 位 SITC 第二版对应码、10 位 HS 编码和美国 IO 行业对应码,将 IO 行业和 4 位码 SITC 产品分类对应起来。[②]

表 10-1 列示了样本数据中主要变量的统计性质。值得一提的是,和出口产品质量指数相比,进口产品的质量指数更为分散,但二者的均值相差不大。不同国家间司法质量指数差别则较大,法治最差的国家这一指标为

[①]　不同 SITC 行业和不同单位的产品质量并不可比,因此不能通过简单加总得到 IO 行业层面质量指数。且不同产品质量差异较大,通过一定方式加总得到的行业层面质量指数也不具有实际含义。

[②]　由于存在一个 4 位码 SITC 产品或一个 IO 行业匹配多个 10 位码 HS 产品的情况,因此当 4 位码 SITC 分类和 IO 分类匹配存在多对多的情况时,我们根据 10 位码 HS 产品数量,将 IO 行业中包含最多 4 位码 SITC 分类所对应的 10 位码 HS 产品的行业作为该 4 位码 SITC 产品所对应的 IO 行业。

0.11,而法治最好的国家则为 0.97。类似地,不同行业的合约密集度也有较大差异。司法质量与合约密集度在不同国家和不同产品间的变动有助于识别司法质量对合约密集度不同产品质量的异质性影响。此外,行业和资本密集度在不同行业间也存在较大异质性。由于样本数据包含 158 个不同地区和发展水平的国家,因此人力资本、劳均资本在国家间差异也较大。这为在控制传统比较优势变量的影响下分析司法质量对一国出口质量的影响提供了可能性。

表 10-1　主要变量描述性统计

变量	观测值	均值	标准差	最小值	最大值
出口质量	66 634	1.42	3.26	0.00	517.67
进口质量	123 010	1.22	0.81	0.04	42.81
司法质量	91 958	0.55	0.21	0.11	0.97
合约密集度	95 859	0.50	0.24	0.02	0.98
技术密集度	85 175	0.39	0.13	0.16	0.85
资本密集度	85 175	0.88	0.53	0.21	3.57
人力资本存量	52 300	0.34	0.40	0.01	2.52
劳均资本存量	52 300	0.02	0.01	0.00	0.05

注:文章的回归部分还控制了其他变量,受篇幅限制,表 10-1 仅汇报了主要变量的描述性统计情况。

二、司法质量、合约密集度和贸易情况:描述性证据

本节将用图形直观展示一国的司法质量与不同合约密集度产品的贸易情况有何关系。将所有产品按合约密集度进行排序,取合约密集度最高和最低的 10% 的产品进行比较。

图 10-1 关注了这两类产品的相对贸易额大小与司法质量的关系。将各个国家合约密集度最高和最低的 10% 的产品的出口(进口)额分别进行加总,再将二者的比值取对数,得到一国合约密集型产品的相对出口(进口)额。根据 Nunn(2007),司法质量更好的国家在出口合约密集度高的产品上具有比较优势,因此司法质量越高则该国合约密集型产品的相对出口额越大。图 10-1 中左图显示两者之间的相关系数达到 0.305,这与 Nunn(2007)的发现高度一致。与之相反,图 10-1 中右图显示一国司法质量与合约密集型产品的相对进口额之间的相关系数仅为 0.053,并无显著的统计关系。

图 10-2 和图 10-3 继续探究一国司法质量对其合约密集型产品相对出口(进口)品质量的影响。根据以往部分研究(如 Alessandria and Kaboski,

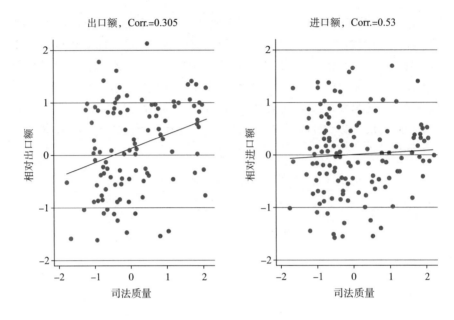

图 10-1   合约密集型产品贸易额相对大小与司法质量

注：该图展示一国司法质量与其合约密集型产品相对出口（进口）额的关系。左右两图横轴均为 Kauffmann 等（2004）的法治质量指数。左（右）图纵轴为合约密集度最高的 10% 产品和最低的 10% 产品的出口（进口）额之比。所有变量均经过标准化处理。

数据来源：Feenstra 和 Romalis（2014），Kauffmann 等（2004），以及作者计算。

2011；Manova and Zhang，2012；等等），本章采用出口单价作为产品质量的代理变量，并计算合约密集型产品的相对出口价格指数。首先，将出口（进口）价格减去其对应的每个 SITC 第二版 4 位码产品的世界平均价格，从而使得不同类型产品的价格可比；其次，分别计算合约密集度最高和最低的 10% 产品的平均价格；最后，取上述两组产品价格比值的对数，便得到一国合约密集型产品的相对出口（进口）价格。由图 10-2 可得，与贸易额所展示的现象相反，一国司法质量与其合约密集型产品的相对出口价格的相关性接近于 0（0.065），而一国司法质量与其合约密集型产品的相对进口价格则呈显著正相关（0.449）。若将价格作为产品质量的近似指标，这意味着司法质量更高的国家在质量意义上并不具有出口合约密集型产品的比较优势。相反，司法质量越高，一国所进口的合约密集型产品的相对质量越高。

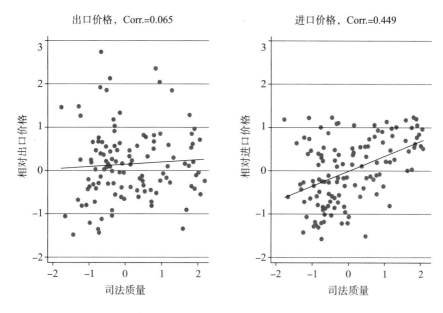

图 10-2　合约密集型产品贸易价格相对大小与司法质量

注:该图展示一国司法质量与其合约密集型产品相对出口(进口)价格的关系。左右两图横轴均为 Kauffmann 等(2004)的法治质量指数。左(右)图纵轴为合约密集度最高的 10% 产品和最低的 10% 产品的平均出口(进口)价格之比。所有变量均经过标准化处理。

数据来源:Feenstra 和 Romalis(2014),Kauffmann 等(2004),以及作者计算。

　　除产品质量以外,单价还包含其他方面的信息。为了避免其他因素干扰对产品质量的度量,本章采用 Feenstra 和 Romalis(2014)所测度的国家—SITC 层面的出口(进口)产品质量指数,取合约密集度最高和最低的 10% 分别计算其平均质量①,最后将两者之比取对数,得到一国合约密集型产品的相对出口(进口)质量。图 10-3 中左图显示,司法质量与一国合约密集型产品相对出口质量呈正相关关系,相关系数达到 0.218,而司法质量与一国合约密集型产品相对进口质量有更强的正相关关系,达到 0.476。因此由图 10-3 可知,司法质量对合约密集型产品相对进口质量的影响,远大于其对相对出口质量的影响。

---

　　①　由于该质量指数已在每种 SITC 产品的范围内进行标准化,因此跨产品可比,可直接进行比较和运算。

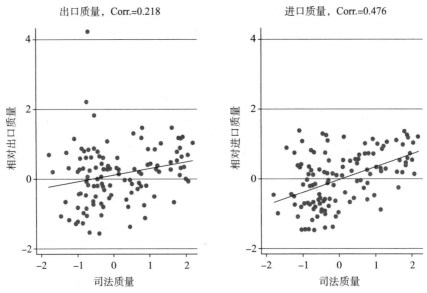

图 10-3   合约密集型产品贸易质量相对大小与司法质量

注:该图展示一国司法质量与其合约密集型产品相对出口(进口)质量的关系。左右两图横轴均为 Kauffmann 等(2004)的法治质量指数。左(右)图纵轴为合约密集度最高的 10%产品和最低的 10%产品的平均出口(进口)质量之比。所有变量均经过标准化处理。

数据来源:Feenstra 和 Romalis(2014),Kauffmann 等(2004),以及作者计算。

第四节   实证分析

一、基准结果

(一)单边贸易数据

我们首先对回归式(10.1)进行估计,以描述司法质量与一国进出口贸易产品平均质量的关系。为将司法质量的回归系数在进出口国间进行比较,本章均采用标准化后的变量进行回归。[①] 表 10-2 列(1)首先考虑了一国司法质量对出口质量 $\ln(\overline{Qe_{ig}})$ 的影响。在控制了该国人力资本、劳均资本、银行私人信贷占 GDP 比重和人均 GDP 的对数之后,一国司法质量和其出口的产品质量水平显著正相关。具体来说,司法质量提高 1 个标准差,则其出口的产品质量平均提高 0.254 个标准差,且该影响在 1%的水平上显著。而列(5)则关注一国司法质量对其进口产品质量 $\ln(\overline{Qi_{ig}})$ 的影响在控制列(1)中国家层

---

① 除特别说明外,本章汇报的均为标准化后的回归结果。

表 10-2 基准回归结果

因变量	(1) $\ln(\overline{Q}_{ig})$	(2) $\ln(\overline{Q}_{ig})$	(3) $\ln(\overline{Q}_{ig})$	(4) $\ln(\overline{Q}_{ig})$	(5) $\ln(\overline{Q}_{ig})$	(6) $\ln(\overline{Q}_{ig})$	(7) $\ln(\overline{Q}_{ig})$	(8) $\ln(\overline{Q}_{ig})$
国家司法质量	0.253*** (0.074)				0.057* (0.033)			
合同密集度×国家司法质量		0.047 (0.036)	0.016 (0.035)	−0.098* (0.059)		0.073*** (0.026)	0.066** (0.027)	0.133** (0.054)
合同密集度×ln(人均 GDP)				0.416** (0.166)				−0.223 (0.149)
行业技术衡量指标×ln(国家层面人力资本)		0.045 (0.037)	0.023 (0.036)	0.017 (0.035)		0.006 (0.016)	0.007 (0.017)	0.014 (0.016)
行业劳均资本存量×ln(国家层面劳均资本)		−0.209*** (0.051)	−0.112** (0.053)	−0.069 (0.057)		−0.164*** (0.027)	−0.116*** (0.031)	−0.139*** (0.032)
行业外部融资依赖程度×ln(国家层面金融发展程度)		0.001 (0.013)	−0.001 (0.012)	−0.001 (0.012)		0.012* (0.007)	0.008 (0.007)	0.008 (0.007)
行业劳均资本存量×ln(国家层面金融发展程度)			−0.031 (0.031)	−0.036 (0.032)			−0.025 (0.018)	−0.021 (0.019)
出货价值的附加值比×ln(人均 GDP)			0.322*** (0.075)	0.330*** (0.076)			0.149** (0.063)	0.136** (0.062)
美国 1997 年 Grubel-Lloyd 指数×ln(人均 GDP)			−0.069 (0.077)	−0.060 (0.078)			−0.132*** (0.044)	−0.140*** (0.042)
TFP 增长率×ln(人均 GDP)			0.063 (0.064)	0.051 (0.064)			0.049 (0.038)	0.056 (0.039)

（续表）

因变量	(1) $\ln(\overline{Q}_{ig})$	(2) $\ln(\overline{Q}_{ig})$	(3) $\ln(\overline{Q}_{ig})$	(4) $\ln(\overline{Q}_{ig})$	(5) $\ln(\overline{Q}_{ig})$	(6) $\ln(\overline{Q}_{ig})$	(7) $\ln(\overline{Q}_{ig})$	(8) $\ln(\overline{Q}_{ig})$
（1−投入集中度的赫芬达尔指数）× $\ln($人均 GDP$)$			0.182 (0.114)	0.135 (0.119)			−0.154** (0.076)	−0.118* (0.066)
常数项	−0.042 (0.050)	−0.100*** (0.010)	−0.277*** (0.057)	−0.336*** (0.063)	−0.032* (0.017)	0.071*** (0.004)	0.135*** (0.034)	0.169*** (0.049)
出口国固定效应				有	有	有	有	有
进口国固定效应		有	有	有	有	有	有	有
行业固定效应	有	有	有	有	有	有	有	有
观测值	33,908	30,710	30,645	30,645	45,789	42,063	41,676	41,676
R^2	0.366	0.434	0.436	0.436	0.457	0.478	0.479	0.479

注：表中汇报的系数均为标准化回归系数。括号中为 cluster 到国家层面的聚类稳健标准误。此外，列(1)和列(5)还控制了人力资本、劳均资本、银行私人信贷占 GDP 比重、人均 GDP 的对数等国家层面的控制变量。*** 、** 和 * 分别表示在 1%、5% 和 10% 水平上显著。

面特征变量后,司法质量提高 1 个标准差,其进口产品质量平均提高 0.058
个标准差,但该影响仅在 10% 的水平上显著。因此,一国司法质量对进口产
品质量的正向作用远小于对出口产品质量的正向作用。这一结果显示了司
法质量和一国平均出口产品质量之间的相关性。

我们进一步采用比较优势的实证框架式(10.2)分析司法质量对合约密
集型和非密集型进出口贸易品质量是否存在异质性影响。根据比较优势的
逻辑,良好的司法质量促进了企业的专用性投资,有助于保障定制化投入品
的质量,进而有利于合约密集型产品相对出口质量的提升。基于这一逻辑,
表 10-2 列(2)至列(4)分析了司法质量更高的国家所出口的合约密集型产品
的相对质量是否更高。在控制了两项传统比较优势变量($h_g H_i$ 和 $k_g K_i$)及金
融发展层面的比较优势[1]之后,列(2)中司法质量对合约密集型产品的相对
出口质量并无显著提升作用。相反,司法质量较高的国家进口的合约密集型
产品的相对质量较高。由表 10-2 列(6),在控制了技术工人、资本和金融发
展方面的比较优势之后,一国司法质量提高 1 个标准差,该国在合约密集型
产品上的相对进口质量比非合约密集型产品平均高出 0.073 个标准差,即平
均约提高 3.31%[2],该影响在 1% 的水平上显著。这与图 10-2 和图 10-3 中
的描述性证据一致。

基准回归结果初步显示,司法质量对一国出口的合约密集型产品的相对
质量并无显著影响,但对其进口的合约密集型产品的相对质量却有显著的正向
影响。考虑到列(2)和列(6)仅控制了比较优势变量,因而回归结果可能受到其
他遗漏变量的影响,因此在列(3)至列(4)、列(7)至列(8)中进一步控制其他可
能对进出口产品质量造成影响的变量,以确保基准结果的稳健性。经济发展程
度不同的国家在不同行业间的分工亦不相同,因此本章控制了人均 GDP 和一
系列行业产品特征的交互项。行业特别变量包括出货价值的附加值比、
Grubel-Lloyd 指数、TFP 增长率及"1－投入集中度的 HHI 指数",用于分别控
制发达国家在高附加值行业产品、生产环节细分程度高的行业产品、技术进步
速度较快的行业产品、技术复杂程度较高的行业产品上可能存在比较优势。

---

①　由于不同的行业和产品对外部融资依赖度不同,因此一国金融发展程度可能通过融资这一
渠道影响进出口贸易产品的质量,我们因此控制了一国金融发展程度与外部融资依赖度及资本密集
度的交互项,并采用银行私人信贷占 GDP 之比来衡量一国金融的发展程度,外部融资依赖度的计算
则遵循 Rajan 和 Zingales(1999)的方法。

②　为方便分析,假设合约密集型和非合约密集型产品的密集度指数差值为 1,并将标准化回
归系数乘以进口产品质量对数的标准差得到,或将非标准化的进口产品质量的对数对标准化后自变
量回归得到。事实上,样本中合约密集度指数的最大和最小值差为 0.96,十分接近 1。因而这一近
似并不会显著夸大司法质量对合约密集型产品的相对影响。

控制了以上变量,将结果呈现于表 10-2 中列(3)至列(4)和列(7)至列(8)。可以看到,进一步控制其他变量之后所得到的实证结果和之前的实证结果相一致:司法质量对一国出口的合约密集型产品的相对质量并无显著影响,但对其进口的合约密集型产品的相对质量却有显著的正向影响。最后,考虑到不同发展程度的国家所采用的质量规范及对质量的偏好等都不尽相同,列(4)和列(8)的回归中还控制了人均 GDP 对数和司法质量的交互项的影响。由列(4)和列(8)可知,司法质量对合约密集型出口品相对质量的影响转为负向,并在 10% 的水平显著,而其对合约密集型进口品相对质量的影响依然显著为正。

(二)双边贸易数据

国际贸易涉及进口国和出口国的双边关系,因此不同国家的贸易伙伴及所贸易的产品可能存在较大的异质性。表 10-2 的基准回归结果的因变量是国家(i)—产品(g)层面的出口质量 $\ln(\overline{Qe_{ig}})$ 和进口质量 $\ln(\overline{Qi_{ig}})$,而忽略了贸易伙伴的异质性。这可能使得出口国司法质量对合约密集型出口品质量的异质性影响并不显著。因此,本节进一步采用式(10.7)和式(10.8)中的进口国(k)—出口国(i)—产品(g)层面的出口产品质量 $\ln(\overline{Qe_{ig}^k})$ 和进口产品质量 $\ln(\overline{Qi_{ig}^k})$ 作为因变量,检验表 10-2 基准回归中的各项结论是否依然成立。类似式(10.1),设定式(10.1′)和式(10.1″):

$$\ln(\overline{Qe_{ig}^k}) = \beta_1 Q_i + \beta_2 X_i + \gamma_{kg} + \varepsilon_{ig}^k \tag{10.1′}$$

$$\ln(\overline{Qi_{ig}^k}) = \beta_1 Q_k + \beta_2 X_k + \gamma_{ig} + \varepsilon_{ig}^k \tag{10.1″}$$

与式(10.1)不同,由于 $\ln(\overline{Qe_{ig}^k})$ 度量了在给定进口国 k 和产品 g 的前提下,i 国出口到 k 国产品 g 的质量相对于全世界出口到 k 国产品 g 平均质量的差值,因此在式(10.1′)中加入进口国—产品固定效应 γ_{kg},以确保结果的可比性。类似地,由于 $\ln(\overline{Qi_{ig}^k})$ 度量了在给定出口国 i 和产品 g 的前提下,i 国出口到 k 国产品 g 的质量相对于 i 国出口到全世界产品 g 的平均质量的差值,因此在式(10.1″)中加入出口国—产品固定效应 γ_{ig}。

参照式(10.1),设定式(10.2′)和式(10.2″),以研究司法质量对合约密集度不同的产品贸易质量的异质性影响:

$$\ln(\overline{Qe_{ig}^k}) = \beta_1 ci_g Q_i + \beta X_{ig} + \alpha_i + \gamma_{kg} + \zeta_{ig} \tag{10.2′}$$

$$\ln(\overline{Qi_{ig}^k}) = \beta_1 ci_g Q_k + \beta X_{kg} + \alpha_k + \gamma_{ig} + \zeta_{ig} \tag{10.2″}$$

其中,传统比较优势项和金融发展层面的比较优势均控制在 X_{ig} 和 X_{kg} 中。式(10.2′)在给定进口国 k 和产品 g 的前提下,研究出口国的司法质量对合约密集型产品的相对出口质量的影响;相似地,式(10.2″)在给定出口国

i 和产品 g 的前提下,研究进口国的司法质量对合约密集型产品的相对进口质量的影响。式(10.1′)及式(10.2″)的回归结果如表 10-3 所示。

表 10-3　进口国—出口国—产品层面的贸易产品质量回归结果

因变量	(1) $\ln(\overline{Qe_{ig}^{k}})$	(2) $\ln(\overline{Qi_{ug}^{k}})$	(3) $\ln(\overline{Qe_{ug}^{k}})$	(4) $\ln(\overline{Qi_{ig}^{k}})$
出口国司法质量	0.082***			
	(0.018)			
进口国司法质量		0.006		
		(0.013)		
合约密集度×出口国司法质量			0.015	
			(0.019)	
合约密集度×进口国司法质量				0.024***
				(0.007)
国家层面控制变量	有	有		
国家—产品层面控制变量			有	有
出口国固定效应			有	
进口国固定效应				有
出口国×产品固定效应		有		有
进口国×产品固定效应	有		有	
观测值	556 581	448 653	463 614	411 460
R^2	0.904	0.917	0.904	0.917

注:表中汇报的系数均为标准化回归系数。列(1)和列(3)括号中为 cluster 到出口国层面的聚类稳健标准误,列(2)和列(4)括号中为 cluster 到进口国层面的聚类稳健标准误。列(1)和列(3)还控制了表 10-2 中列(1)和列(4)国家层面控制变量的影响;列(2)和列(4)则控制了表 10-2 中列(3)和列(6)国家—产品层面控制变量的影响。***、**和* 分别表示在 1%、5% 和 10% 水平上显著。

　　表 10-3 的列(1)显示,出口国司法质量对出口产品的整体平均质量水平有显著正向影响,司法质量提高 1 个标准差,出口质量则整体提高 0.082 个标准差,且回归系数在 1% 水平上显著;列(2)则表明进口国司法质量对进口产品的整体平均质量水平无显著影响。此外,与表 10-2 中列(2)至列(4)、列(6)至列(8)所呈现的结果一致,出口国司法质量对合约密集型产品的相对出口质量并无显著的提升作用;进口国司法质量对合约密集型产品的相对进口质量有显著的正向影响,其系数为 0.024 且在 1% 水平上显著。因此利用国家—产品层面和进口国—出口国—产品层面数据进行实证分析,得到了一致的结论——司法质量越高的国家在出口合约密集型产品上越不具有质量意义上的比较优势;相反,司法质量较高的国家在进口合约密集型产品上具

有质量意义上的显著的比较优势。

二、稳健性分析

(一) 其他司法质量和合约密集度衡量指标

本节将考虑其他司法质量和合约密集度衡量指标，以进一步探讨实证结果的稳健性。首先，其他司法质量度量指标。除 Kauffmann 等（2004）提出的司法质量指标外，Gwartney 和 Lawson（2003）（以下简称"GL2003"）及世界银行 2004 年"Doing Business Survey"（以下简称"DBS"）调查数据提供的司法质量和合同执行情况指标也是相关研究的常用指标。本节将利用这两套司法质量指标检验结果的稳健性。其次，其他合约密集度度量指标。Rauch（1999）提供了两套差异化产品分类的标准，一种为宽松型（liberal），一种为保守型（conservative）。在基准回归分析中，本章主要采用宽松型标准定义差异化产品，构建合约密集度指数。本节还将考虑以保守型标准定义差异化产品，构建相应合约密集度衡量指标。

表 10-4 汇报了分别采用 GL 2003 司法质量指标及世界银行 DBS 调查数据的合同执行情况指标，及其与宽松型和保守型合约密集度指标交互项进行回归的系数。世界银行合同执行情况指标主要包括诉讼时间和诉讼程序两个变量。参照 Nunn（2007），诉讼时间指标为 1 500 减去通过司法程序

表 10-4　其他司法质量和合约密集度衡量指标

因变量	自变量 ╲ 司法质量	司法质量	宽松型合约密集度 指标×司法质量	保守型合约密集度 指标×司法质量
出口产品 质量指数 $\ln(\overline{Qe_{ig}^k})$	GL2003 指标	0.201*** (0.049)	0.049 (0.036)	0.057 (0.038)
	DBS:诉讼时间	0.041* (0.023)	−0.086** (0.039)	−0.080* (0.046)
	DBS:诉讼程序	0.098** (0.043)	0.059 (0.035)	0.060 (0.037)
进口产品 质量指数 $\ln(\overline{Qt_{ig}^k})$	GL2003 指标	0.009 (0.024)	0.071** (0.030)	0.058* (0.032)
	DBS:诉讼时间	0.018* (0.010)	0.059* (0.033)	0.057* (0.032)
	DBS:诉讼程序	0.016 (0.015)	0.068** (0.029)	0.064** (0.030)

注：表中汇报的系数均为标准化回归系数，且括号中为 cluster 到出口国或进口国层面的聚类稳健标准误。此外，所有回归都控制了表 10-2 基准回归中的相应控制变量。***、**和*分别表示在 1%、5% 和 10% 水平上显著。

使得合同执行所需要的时间,诉讼程序指标为 60 减去通过司法程序使得合同执行所需要的程序数量。因而诉讼时间和程序指标越大,则该国的司法质量越高。总体上,表 10-4 的回归结果和基准回归结果一致。三种司法质量指标和一国出口产品质量指数均显著正相关,而司法质量对一国合约密集型产品相对出口质量并无显著正影响,甚至有时出现显著的负向影响。此外,司法质量和一国进口产品质量指数正相关,但在大多数情况下并不显著,而司法质量对一国合约密集型产品相对进口质量则有显著的正影响。

(二)其他质量测算方法

接下来考虑产品质量测算方法的稳健性。除 Feenstra 和 Romalis (2014)的方法之外,之前的研究还采用了单价法以及 Khandelwal、Schott 和 Wei(2013)所提出的回归推断方法(以下简称"KSW 方法")度量产品质量。因此本节将采用这两种方法度量产品质量,并重复基准回归。单价法即利用产品的单位价值作为其质量的代理变量,单位价值越高则质量应该也越高。KSW 方法[①]适用于测算出口产品质量,并在近年来被广泛应用于实证研究[②],其背后的经济学逻辑是给定在同一市场中,两个品种的产品价格相等,那么销售量较大的品种的质量应该较高。在利用 KSW 方法衡量出口品的质量时,本章采用 Broda 和 Weinstein(2006)提供的美国 4 位码 SITC 行业贸易弹性进行估计。需要注意的是,KSW 方法得到的出口产品质量仅在同一进口国—产品类别内可比,因此本章仅利用该出口产品质量研究一国司法质量是否对该国合约密集型产品的相对出口质量有所影响。回归结果如表 10-5 所示。

表 10-5　其他贸易产品质量衡量指标

因变量	(1) $\ln(\mathrm{UV}e_{ig})$	(2) $\ln(\mathrm{UV}i_{ig})$	(3) $\ln(\overline{Qe\_\mathrm{KSW}_{ig}^{k}})$
合约密集度×司法质量	−0.028 (0.033)	0.100*** (0.028)	−0.021 (0.030)
国家—产品层面控制变量	有	有	有
出口国固定效应	有		有
进口国固定效应		有	
进口国×行业固定效应			有

①　对 Khandelwal、Schott 和 Wei(2013)方法的具体介绍和应用见附录 10B。

②　Fan 等(2015)、Martin 和 Mejean(2014)及王雅琦等(2015)均采用 KSW 方法度量出口产品质量并进行相关研究。

（续表）

因变量	(1) $\ln(\mathrm{UV}e_{ig})$	(2) $\ln(\mathrm{UV}i_{ig})$	(3) $\ln(\overline{Qe\_\mathrm{KSW}_{ig}^k})$
产品固定效应	有	有	
观测值	30 645	41 676	397 211
R^2	0.428	0.438	0.284

注：表中汇报系数均为标准化回归系数，列（1）和列（3）括号中为 cluster 到出口国层面的聚类稳健标准误，列（2）括号中为 cluster 到进口国层面的聚类稳健标准误。所有回归都控制了其他国家——产品层面变量。***、** 和 * 分别表示在 1%、5% 和 10% 水平上显著。

表 10-5 列（1）和列（2）分别呈现了根据式（10.1）采用 i 国在产品 g 上的出口单价（$\mathrm{UV}e_{ig}$）和进口单价（$\mathrm{UV}i_{ig}$）的对数值作为因变量的回归结果。列（3）则呈现了根据式（10.2'）采用根据 KSW 方法测算得到的 i 国出口到 k 国产品 g 的质量作为因变量的估计结果。与基准结果一致，列（1）和列（3）均显示司法质量更高的国家，其出口的合约密集型产品的相对质量（价格）并没有更高；而列（2）则显示司法质量更高的国家，其进口的合约密集型产品的相对质量（价格）显著更高。

三、影响机制探讨

前述分析着重考察司法质量是否影响一国进出口合约密集型产品在质量意义上的比较优势。本章的基本结论是司法质量越高的国家进口的合约密集型产品的相对质量越高，但其出口的合约密集型产品的相对质量却并不更高。在这一节我们进一步探讨司法质量对一国合约密集型产品进出口相对质量可能的影响机制。

（一）比较优势的数量和价值维度

除了质量维度，数量和价值维度也是一国贸易优势的重要方面。Nunn（2007）指出司法质量更好的国家在合约密集型产品上的相对出口额更大，并利用跨国数据验证了这一推断。基于 Nunn（2007）的研究，本章在研究司法质量对合约密集度不同产品相对贸易额影响的基础上，进一步将该影响分解为价格（质量）和数量两个维度。由于前两小节已经对价格和质量维度进行了分析，因此本小节关注其对数量维度的影响。基于式（10.2）的设定，表 10-6 中列（1）至列（4）回归的因变量依次为 i 国在产品 g 上的出口额 X_{ig}、出口数量 Ve_{ig}、进口额 M_{ig} 和进口数量 Vi_{ig}。

表 10-6　司法质量和贸易优势的数量和价值维度

因变量	(1) $\ln(X_{ig})$	(2) $\ln(Ve_{ig})$	(3) $\ln(M_{ig})$	(4) $\ln(Vi_{ig})$
合约密集度×司法质量	0.164***	0.155**	0.037	0.009
	(0.059)	(0.061)	(0.031)	(0.035)
国家—产品层面控制变量	有	有	有	有
国家固定效应	有	有	有	有
产品固定效应	有	有	有	有
观测值	28 085	28 085	41 676	41 676
R^2	0.586	0.564	0.719	0.691

注:表中汇报系数均为标准化回归系数,列(1)和列(2)括号中为 cluster 到出口国层面的聚类稳健标准误,列(3)和列(4)括号中为 cluster 到进口国层面的聚类稳健标准误。所有回归都控制了表 10-2 的列(3)和列(6)中的相应控制变量。***、** 和 * 分别表示在1%、5%和10%水平上显著。

表 10-6 的回归结果表明,司法质量更高的国家合约密集型产品的相对出口额和出口数量显著更高,而司法质量更高的国家合约密集型产品的相对进口额和进口数量并没有更高。这表明司法质量更高的国家在出口合约密集型产品上的比较优势主要体现在数量和价值上,而在进口合约密集型产品上则不具有数量和价值意义上的比较优势。表 10-6 中列(1)的结果证实了Nunn(2007)的研究,且估计系数的大小也和 Nunn(2007)得到的结果较为接近。

(二)贸易伙伴司法质量与出口产品质量:基于离散度的分析

以上实证结果显示,司法质量更好的国家在出口合约密集型产品上的比较优势主要体现在出口额和出口数量上,而并非出口价格和质量上。与此同时,司法质量更好的国家,进口合约密集型产品的质量也显著高于非合约密集型产品。由进出口两方面实证结果可知,在双边贸易关系中,合约密集型贸易品的相对质量水平主要依赖于进口国的司法质量水平。即进口国的司法质量是决定贸易中合约密集型产品相对质量的重要因素,而出口国司法质量水平及其出口品质量水平正相关,但对其合约密集型出口品相对质量的影响在统计上不显著。本节将从一国出口合约密集型产品的质量分布离散程度及其所面对贸易伙伴司法质量的分布离散程度这一角度,解析这一现象的可能原因。

由于 Feenstra 和 Romalis(2014)、Khandelwal 等(2013)估计的进口国—出口国—产品层面质量在不同目的国和不同产品间不可比①,因而在

① Feenstra 和 Romalis(2014)通过引入参照国家以消除出口质量指数中目的国市场价格指数和收入的影响,而 Khandelwal 等(2013)则通过目的国市场和行业的固定效应吸收目的国特征变量的影响,因而他们得到的进口国—出口国—产品层面质量指数仅在目的国和行业内可比。

分析司法质量和出口品质量分布时,我们使用出口价格作为产品质量的代理变量。表 10-7 分析了出口国司法质量、贸易伙伴司法质量离散度分别和产品合约密集度的交互项对该国出口产品离岸价格离散度的影响。回归设定如式(10.10)所示:

$$\text{Var}_j(\text{UV}e_{ijg}) = \beta_1 \cdot ci_g \cdot Q_i + \beta_2 \cdot ci_g \cdot \text{Var}(Q_{ij})$$
$$+ \beta_3 \cdot X_{ig} + \alpha_i + \gamma_g + \zeta_{ig} \qquad (10.10)$$

其中 $\text{Var}_j(\text{UV}e_{ig})$ 表示 i 国出口到国家 j 的产品 g 出口离岸价格 $\text{UV}e_{ijg}$ 在出口国间的离散度,$\text{Var}_j(Q_{ij})$ 表示 i 国的贸易伙伴国 j 的司法质量的离散度。变量的离散度分别采用最大最小值差、90 和 10 分位数差及标准差三个统计量衡量。估计结果如表 10-7 所示。

表 10-7   司法质量和产品出口价格的分布

因变量:$\text{Var}_j(\text{UV}e_{ijg})$	(1) 最大最小值差	(2) 90 和 10 分位数差	(3) 标准差
合约密集度×出口国司法质量	−0.177***	−0.175***	−0.087**
	(0.055)	(0.052)	(0.039)
合约密集度×贸易伙伴司法质量 最大最小值差	0.597***		
	(0.011)		
合约密集度×贸易伙伴司法质量 90 和 10 分位数差		0.569***	
		(0.012)	
合约密集度×贸易伙伴司法质量 标准差			0.122***
			(0.014)
国家固定效应	有	有	有
产品固定效应	有	有	有
观测值	29 341	29 341	23 613
R^2	0.686	0.512	0.300

注:表中汇报系数均为标准化回归系数,括号中为 cluster 到出口国层面的聚类稳健标准误。此外,所有回归都控制了表 10-2 列(3)的相应控制变量。***、** 和 * 分别表示在 1%、5% 和 10% 水平上显著。

由表 10-7 中列(1)至列(3)可知:第一,出口国司法质量越高,合约密集型产品相对非合约密集型产品出口价格的相对离散程度越小;第二,贸易伙伴司法质量的离散程度(分别以最大最小值差、90 和 10 分位数差及标准差度量)越大,平均而言合约密集型产品的出口质量的相对离散程度越高,且回归系数均在 1% 水平上显著。更重要的是,合约密集度和贸易伙伴司法质量离散度交互项的回归系数均显著大于出口国司法质量和合约密集度交互项的回归系数①,且随着合约密集度的增大,贸易伙伴司法质量的离散度对一国出口价格(质量)离散程度的解释力度显著增大。这表明贸易伙伴国司法质量对合约密集型贸易品相对质量的影响覆盖了出口国自身司法质量水平对合约密集型产品相对质量的影响,因而导致总体上合约密集型产品的相对质量水平主要依赖于进口国的司法质量水平。

(三)司法质量影响合约密集型产品相对进口质量的渠道

至此,实证结果从多个方面表明进口国的司法质量水平是合约密集型产品相对贸易质量的重要决定因素,而出口国的司法质量的作用则不明显。具体到影响渠道上,一方面,司法质量较高的国家,产品质量的规范要求也较为严格,这有助于缓解消费者和厂商之间由于产品质量无法观测而产生的"信息不对称问题"。而合约密集型产品的生产涉及诸多定制化投入品,因而其对"信息不对称问题"更加敏感,故司法质量的提高更加有利于合约密集型进口品质量的提高。另一方面,司法质量更高的国家,违约的成本更大。这减少了企业间"敲竹杠"的风险,促使出口到该国的定制化投入品生产企业更愿意进行专用性投资,提高了该国所进口的定制化投入品的相对质量。而定制化投入品本身合约密集度也较高,因此文章所发现的高司法质量的国家其合约密集型产品相对进口质量较高的这一现象,可能是由于司法质量通过完善履约环境、减少"敲竹杠"风险,最终促进合约密集型进口品质量提高的。

本章通过两种方法区分司法质量影响进口品相对质量的这两种作用机制:第一,根据联合国广义经济分类法(BEC)将贸易品分为消费品、中间品和资本品三大类,并分样本重复基准回归。直观上讲,消费品不作为任何中间投入,面临的"敲竹杠"的风险较小。因此司法质量对消费品中合约密集型产品相对进口质量的影响,主要通过提高整体市场环境对质量的要求、缓解"信息不对称"问题这一机制发挥作用。第二,在回归中加入Rauch(1999)所定义的差异化产品虚拟变量和司法质量的交互项,用以直接控制司法质量通过减少"敲竹杠"行为对异质性定制化投入品相对进口质量的影响。合约密集型中间品或资本品的异质性程度往往更高,因而可能面临更为严重的"敲竹杠"行为。表 10-8 报告了估计结果。

---

① 我们还对出口国司法质量、贸易伙伴司法质量离散度分别与合约密集度的交互项的回归系数之和进行了 t 检验。回归结果表明,除用标准差衡量离散度的情况外,这两个回归系数之和均显著大于零。

表 10-8　消费品、中间品和资本品

自变量 因变量	消费品 $\ln(\overline{Qi_{ig}})$	中间品和资本品 $\ln(\overline{Qi_{ig}})$
宽松型合约密集度×司法质量	0.184*** (0.048)	−0.010 (0.041)
宽松型 Rauch 指标×司法质量	−0.065** (0.029)	0.041** (0.020)
保守型合约密集度×司法质量	0.183*** (0.039)	−0.004 (0.034)
保守型 Rauch 指标×司法质量	−0.082*** (0.024)	0.046** (0.021)

注：表中汇报系数均为标准化回归系数,括号中为 cluster 到进口国层面的聚类稳健标准误。所有回归都控制了表 10-2 中列(6)的相应控制变量。***、** 和 * 分别表示在 1％、5％ 和 10％ 水平上显著。

表 10-8 分别报告了消费品和中间品分样本回归的结果,并考虑了宽松型和保守型合约密集度指标及产品异质性(rauch)指标。① 在对进口消费品质量的回归中,司法质量和合约密集度指数的交互项显著为正,而司法质量和产品异质性指标交互项的回归系数则显著为负,且合约密集度交互项的正向效果显著大于产品异质性所带来的负向影响。这验证了司法质量通过提高整体质量规范、规避"信息不对称问题",进而有助于提高合约密集型进口品的相对质量的机制。而在对进口中间品和资本品质量的回归中,司法质量和合约密集度指数的交互项为负但并不显著,而司法质量和产品异质性指标交互项的回归系数则显著为正。进口中间品将用于国外最终品的生产,因而其自身的定制化程度(并非生产该进口中间品所用的投入品的定制化程度)将直接影响司法质量对其进口质量的影响。异质性指标和司法质量的交互项显著为正,则在一定程度上验证了良好的司法质量有助于缓解中间品出口厂商所面临的"敲竹杠"风险,因而有助于合约密集型进口中间品相对质量的提高。而整体质量规范的提高对合约密集型进口中间品相对质量提高的作用不大。

四、内生性和工具变量回归

尽管在短期内一国的司法质量相对其经济表现是外生给定的,但横截

① 司法质量和合约密集度交互项与司法质量和产品异质性指标的相关系数为 0.732,尽管相关程度较高,但不完全共线,即两个指标间仍然存在差异。前者衡量了产品生产中对异质性中间品依赖度的高低,而后者则反映了产品本身的异质性程度。

面上的制度表现可能是长期经济发展与司法制度互动的效果，因而可能存在内生性问题。举例来说，若一国长期从事合约密集型产品的贸易活动，那么该国对良好的司法质量的需求更加迫切，从而造成反向因果偏误。为检验文章的主要结论是否受内生性的影响，本章采用司法制度的起源作为一国司法质量的工具变量。根据司法制度的起源，可将现行的司法制度分成五类：英国普通法（British common law）、法国公民法（French civil law）、德国公民法（German civil law）、社会主义法律体系、斯堪的纳维亚公民法（Scandinavian civil law）。回归样本中有 51 个国家的法律制度起源于英国普通法，73 个起源于法国公民法，15 个起源于社会主义法律体系，此外还有 6 个国家和 5 个国家的法律制度分别起源于德国公民法和斯堪的纳维亚法。为避免共线性问题，文章仅采用起源于英国普通法、法国公民法或德国公民法的三个虚拟变量作为司法质量的工具变量，而将起源于社会主义法律体系和斯堪的纳维亚法类别的国家作为对照组。由于一国的司法起源在很早之前就被决定了，是不受 1997 年贸易水平影响的，因而可以用于分离司法质量中外生变化的影响。

表 10-9 汇报了采用法律起源虚拟变量和合约密集度的交互项作为司法质量和合约密集度交互项的工具变量的回归结果。其中，列（1）和列（2）采用所有工具变量进行回归，而列（3）和列（4）则考虑只采用一个工具变量（起源于英国普通法或法国公民法虚拟变量）进行回归的情况。由列（1）至列（4）可知，出口质量的工具变量回归系数较小且不显著，而进口质量的工具变量回归系数则均显著为正，且数值较大。这与表 10-2 中的基准回归结果相一致。此外，表 10-9 还汇报了内生性检验、工具变量和识别不足检验（Kleibergen-Paap rank LM Chi2 统计值）、弱工具变量检验（Kleibergen-Paap rank Wald F 统计值）、过度识别检验（Hansen J 统计值）的结果。值得说明的是，列（1）至列（4）一阶段回归系数均显著，且 Kleibergen-Paap rank LM Chi2 统计值均显著大于 1‰ 显著度水平上的临界值，故工具变量和内生变量显著相关，不存在识别不足的问题。列（1）至列（4）的 Kleibergen-Paap rank Wald F 统计值均大大超过 Baum 等（2007）给出的经验临界值 10，因而亦不存在弱工具变量的问题。由于列（2）并未通过过度识别检验，因而列（3）至列（4）考虑仅采用单个工具变量的回归结果，并得到和列（2）一致的结果。然而，回归（1）没能通过内生性检验，这可能是由于出口国司法质量和合约密集度的交互项无论是在固定效应还是在工具变量回归中均不显著且数值较小，并未表现出显著差别。

表 10-9 两阶段工具变量回归结果

	(1) $\ln(\overline{Qe_{ig}})$	(2) $\ln(\overline{Qi_{ig}})$	(3) $\ln(\overline{Qi_{ig}})$	(4) $\ln(\overline{Qi_{ig}})$
司法质量×合约密集度	0.006	0.163 ***	0.641 ***	0.243 ***
	(0.036)	(0.026)	(0.156)	(0.035)
国家—产品层面控制变量	有	有	有	有
国家固定效应	有	有	有	有
产品固定效应	有	有	有	有
观测值	30 599	41 644	41 644	41 644
内生性检验	0.013	16.837 ***	14.618 ***	28.343 ***
Kleibergen-Paap rank LM Chi2	3 636 ***	4 535 ***	197 ***	3 523 ***
Kleibergen-Paap rank Wald F	4 250	6 812	200	4 082
Hansen J	2.465	13.527 ***	—	—

注:表中汇报的均为标准化回归系数,且括号中为异方差稳健的标准误。此外,所有回归均控制了基准回归中的其他变量。*** 、** 和 * 分别表示在 1%、5% 和 10% 水平上显著。

第五节 结 论

本章重点研究司法质量对贸易产品质量的影响,特别是对合约密集度不同产品的异质性影响。首先,本章采用 Feenstra 和 Romalis(2014)的方法准确测算了一国贸易品的质量水平。其次,本章的实证研究发现:(1)司法质量和平均出口产品的质量正相关,但司法质量更高的国家在出口合约密集型产品上并不具有质量意义上的比较优势;(2)司法质量更高的国家在进口合约密集型产品上具有质量意义上的比较优势;(3)进口国的司法质量是影响合约密集型产品相对贸易质量的重要因素,而出口国的司法质量则主要影响合约密集型产品的相对贸易数量。

本章的发现指出贸易产品质量,特别是合约密集型产品的贸易质量受到进口国司法质量的显著影响。具体来说,进口国的司法质量水平可能通过提高市场整体环境对于产品质量的要求,以及完善履约环境从而减少"敲竹杠"行为两个方面对合约密集型产品的相对质量水平产生影响。本章拓展了文献对比较优势具体作用机制在质量维度的认识。此外,本章的研究还表明,在当前我国经济面临产业升级、产品质量提升的双重压力的情况下,提高司法质量水平,构建良好的履约环境,有助于提升我国贸易品的质量和竞争力。

第十一章　人民币汇率和加工出口的 国内附加值[*]

本章通过理论建模和实证分析研究了汇率变动对加工贸易企业国内附加值比的影响。一方面,本币贬值通过影响企业对进口和国内中间品的配置,导致其国内附加值比重提高。另一方面,它还影响出口企业的定价策略,促使其成本加成提高,使得加工贸易企业的国内附加值比提高。本章用 2000—2009 年中国工业企业和海关贸易数据对理论预期进行了实证检验,并发现按初始年进口份额加权的名义有效汇率通过这两个渠道使得加工贸易企业的国内附加值比显著提高。

第一节　引　言

改革开放以来,我国对外贸易突飞猛进,逐步成为世界性产品生产基地和区域性加工枢纽,并在全球产品供应链上占据重要位置。利用全球价值链,增加对国内中间品和服务的需求,提高技术水平,我国创造了就业,实现了高速增长(Gereffi and Memedovic,2003;Feenstra and Wei,2009)。根据联合国《工业发展报告(2013)》,1970—2011 年我国中间品出口年增长率约为 24%,远高于其他亚洲国家,而中间品进口年增长率约为 13%,与其他亚洲国家基本持平。中间品进出口增长率的差异间接反映了我国出口国内附加值比重的提升。与此同时,加工贸易迅速壮大,并在我国对外贸易中占据重要地位。如图 11-1 所示,2000—2005 年我国加工出口占总出口的比重一直稳定在 55% 左右(Kee and Tang,2016;戴觅等,2014),而 2006 年以后则稳步下降。2000—2004 年,加工贸易出口和进口份额差值基本保持不变。2006—2011 年,加工出口和进口的差额逐步拉大。加工进出口份额差值的拉大也间接反映了我国加工贸易国内附加值的提升。

*　本章是与中国社会科学院崔晓敏研究员合作的成果,原文发表在《经济学》(季刊),2018 年第 17 卷第 2 期,第 28 页。

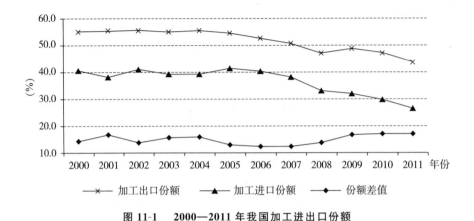

图 11-1　2000—2011 年我国加工进出口份额

注:加工出(进)口份额=加工贸易总出(进)口/总出(进)口。份额差值为出口和进口份额之差。

数据来源:中国海关总署。

由于总出口中仅国内附加值部分与一国国内生产密切相关,因而出口附加值估算逐渐成为国际贸易实证研究中较为重要的话题。越来越多的研究开始关注要素价格变动、贸易自由化等对企业出口附加值的影响。Koopman 等(2012)指出自加入 WTO 以来,我国加工贸易的国内附加值比重持续增加。Kee 和 Tang(2016)指出 2000—2006 年我国加工贸易企业国内附加值比平均增长 6 个百分点,且不同行业差异较大。木质纸浆及贵金属行业国内附加值比增加甚至超过 20 个百分点。随着加工贸易国内附加值比的提升,人民币双边汇率也显著变动。自 2005 年中国人民银行宣布建立有管理的浮动汇率制度开始到 2009 年①,人民币对美元、英镑等升值,对捷克克朗、巴拉圭瓜拉尼等小幅贬值。汇率波动影响贸易品的相对价格,进而会对双边贸易造成重大影响。如图 11-1 所示,加工进出口份额差距逐步拉大的时期也是人民币汇率剧烈波动的阶段。人民币汇率波动和加工贸易企业国内附加值比存在怎样的联系?是否是人民币汇率变动带动了加工贸易企业国内附加值比的变化?

本章拓展了 Rodríguez-López(2011)、Kee 和 Tang(2016)的理论模型,利用中国工业企业和海关产品层面贸易数据,计算了按贸易份额加权的企业层面名义有效汇率,并分析了人民币汇率变动对加工贸易企业国内附加值比的影响。给定其他要素不变,汇率变动一方面通过进口中间品相

---

① 2009 年后,人民币对美元小幅升值,并逐步出现双向浮动甚至贬值的情况。然而受数据限制,后文的分析集中在 2000—2009 年的数据区间。

对价格影响本国企业对生产要素的配置,另一方面则通过出口品相对竞争力影响企业的进入退出和定价决策,最终引起国内附加值的变化。企业的国内附加值一方面和国内中间品行业的规模、技术进步、质量提升等密切相关,反映了本国企业对国内中间品的相对需求。另一方面它还与企业自身的技术进步、生产率等相关。企业附加值提升是我国实现经济转型升级的重要内容。考虑到加工贸易在我国占据重要地位,研究汇率变动对加工贸易企业国内附加值的影响具有重要意义。

　　本章主要和垂直分工与全球产品供应链、汇率变动与对外贸易这两支文献相关。已有大量的理论和实证研究关注垂直分工和全球产品供应链,并逐渐细化出加工贸易及国内附加值核算两个支流。作为垂直分工的一种特殊形式,加工贸易的研究一方面关注其与一般贸易的差别,如人均工业增加值、资本劳动比及生产率较低,外资依赖程度更高(余淼杰,2011;戴觅等,2014),生产波动性更大(Bergin *et al.*,2009)等。因此在研究加工贸易盛行的国家的企业行为时,应分别考虑加工贸易和一般贸易两种生产结构。另一方面则关注加工贸易在解释双边贸易平衡(Xing,2012),中国对外出口产品复杂度(Wang and Wei,2008)等方面的作用。然而这些文章均未涉及加工贸易国内附加值计算问题,不能解释加工贸易国内附加值比上升这一现象。

　　在附加值计算这一分支文献中,按照计算方法分为两类:第一,根据一国的投入产出表计算不同行业的国内附加值比(HIY 及 KWW 方法[①],Johnson and Noguera,2012);第二,根据工业企业和产品层面贸易数据合并后的样本,计算加工贸易企业的国内附加值比(Kee and Tang,2016)。Koopman 等(2012,2014)认为传统的 HIY 方法没有将投入产出表中加工贸易和一般贸易企业分开,高估了加工贸易盛行的国家的国内附加值比。尽管 KWW 方法对投入产出表做出了这一调整,然而忽略企业异质性也可能导致加总偏误。Kee 和 Tang(2016)根据纯加工贸易企业加工进口全部用于加工出口这一特征,提供了纯加工贸易企业国内附加值比的计算方法,并考虑行业层面汇率变动及贸易自由化等对行业内国内附加值比平均变动的影响,但他们发现汇率变动并不显著影响国内附加值比。

　　而汇率变动与对外贸易这一支文献主要关注汇率变动和进口品价格间的不完全关联性,并指出汇率变动可通过进口价格影响企业的出口行为(如 Campa and Goldberg,2005;Gopinath and Rigobon,2008;Rodríguez-

---

　　① HIY 和 KWW 方法分别指 Hummels 等(2001)和 Koopman 等(2012)提供的计算方法。

López,2011;等等）。Berman 等（2012）利用法国企业层面数据，分析了汇率变动对企业出口行为的影响，发现本币贬值将导致高生产率企业的出口略微增加、出口成本加成显著提高。具体到人民币汇率层面，卢向前和戴国强（2005）、刘尧成等（2010）、戴觅等（2013）发现人民币升值将提高中国贸易逆差压力。

　　本章的贡献主要体现在以下两个方面。在理论建模方面，本章拓展了Rodríguez-López（2011）及 Kee 和 Tang（2016）的模型，在替代弹性可变的消费者偏好下，考虑中间品在企业生产中的作用，并将汇率变动引入企业的生产决策，进而刻画了汇率变动影响加工贸易企业国内附加值比的理论机制。本章的理论模型指出汇率变动不仅通过进口和国内中间品配置（Kee and Tang,2016），还通过影响企业的进入退出和定价决策，来影响加工贸易企业的成本加成和国内附加值比。在实证研究方面，本章从以下三个方面拓展了 Kee 和 Tang（2016）的实证分析。首先，本章计算了混合贸易企业中加工贸易部分的国内附加值比，并研究了汇率变动对其的影响。2000—2006 年，混合贸易企业出口平均占我国总出口的 36.2%、总加工出口的 66.1%，因而研究汇率变动对其加工贸易部分国内附加值比的影响具有重要意义。其次，考虑到企业层面外汇风险暴露度的异质性，本章计算了企业层面按贸易份额加权的名义有效汇率。来料加工企业和外国公司签订合同并赚取加工费，汇率变动对其影响不大。而进料加工企业自主选择中间品来源地，外汇风险暴露度较大。最后，本章提供了汇率变动影响加工贸易国内附加值比及其影响渠道的企业层面证据。

　　本章结构如下：第二节建立汇率和国内附加值比的理论模型；第三节对实证分析使用的数据和变量进行说明；第四节由结构方程导出回归式，并进行计量分析；第五节对可能存在的进口资本品和内生性等影响因素进行稳健性检验；第六节讨论汇率变动对国内附加值比影响的经济显著性和影响机制；最后一节为结论和政策建议。

第二节　　模　型

　　有关汇率和进口价格传递机制的文献已指出汇率变动可通过进口价格及要素成本影响企业的国内附加值。本章在替代弹性可变的消费者偏好下，将汇率冲击引入企业的生产决策，并在汇率传递机制模型（Rodríguez-López,2011）中考虑中间品的作用（Kee and Tang,2016），进而刻画了汇率变动影响加工贸易企业国内附加值比的理论机制。理论模型指出汇率变动除通过进口中间品相对价格外，还通过出口品相对竞争力，影响企业的进入退出决策，改变出口企业的相对平均水平的生产效率，进而影响其国内附加值比。[①]

一、需求方面

同 Rodríguez-López(2011)，代表性消费者对最终产品的偏好是一个连续形式的超对数支出函数：

$$\ln E_t = \ln U_t + \alpha_t + \frac{1}{N_t} \int_{i \in \Delta_t} \ln p_{it} \, \mathrm{d}i + \frac{\gamma}{2N_t} \int_{i \in \Delta_t} \int_{j \in \Delta_t} \ln p_{it}(\ln p_{jt} - \ln p_{it}) \, \mathrm{d}j \, \mathrm{d}i$$

$$(11.1)$$

其中 N_t 表示 t 期本国代表性消费者偏好且真实存在的异质性产品集合 Δ_t 内的产品数目。E_t 表示代表性消费者为实现效用 U_t 所需支付的最低支出。p_{it} 为差异化产品 i($i \in \Delta_t$) 在 t 期的价格。外国代表性消费者的偏好与本国类似，相应变量均带上标 * 加以区分，如 E_t^*、U_t^* 等。$\gamma(>0)$ 衡量了不同产品间的替代程度，γ 越大替代程度越高。α_t 为代表性消费者对数支出中随时间变化的固定效应。

代表性消费者的最优化目标为给定收入水平，消费者通过选择不同的消费组合来最大化效用水平。由消费者理论的对偶性可知，这一最优化目标等同于给定效用水平，消费者通过选择不同的消费组合来最小化支出。由于式(11.1)直接给出了支出函数的表达形式，则根据谢波德引理，代表性消费者对异质性产品 i 的需求为

$$q_{it} = \gamma \left(\ln \frac{\hat{p}_t}{p_{it}} \right) \frac{I_t}{p_{it}} \qquad (11.2)$$

其中 $\hat{p}_t = e^{\frac{1}{N_t \gamma} + \overline{\ln p_t}}$，$\overline{\ln p_t} = \frac{1}{N_t} \int_{j \in \Delta_t} \ln p_{jt} \, \mathrm{d}j$。$\hat{p}_t$ 是企业在本国市场所能定的以本币表示的最高价格。I_t 为以本币表示的本国代表性消费者的总消费支出。

二、供给方面

为计算企业的国内附加值比，本章拓展了 Rodríguez-López(2011)的理论模型，在企业的生产函数中同时考虑资本和中间品的作用。随着贸易自由化进程的加快，中间品在国际贸易中扮演着越来越重要的角色，并直接影响企

---

① 由于本章的基本设定与以上两篇文献类似，为避免重复并突出本章的贡献，除必要的设定外，本章将直接引用这两篇文章的结论，并对进行拓展的地方作详细说明。如果读者需要模型部分结论的详细推导可向作者索取。

业的国内附加值。本章在企业的生产函数中考虑劳动、资本、中间品三种要素。假设要素市场完全竞争，即要素价格不受单个企业生产决策的影响，且资本和劳动不能跨国流动。中间品和最终品可以相互贸易，且最终品市场垄断竞争。每个企业可以使用本国资本、劳动、国内中间品 m_{it}^D 或进口中间品 m_{it}^I 进行生产，但仅能生产一种产品。企业需先支付进入成本，才能知道其生产率（Melitz，2003）。异质性企业 i 在 t 期的生产函数为

$$y_{it}=\varphi_{it}k_{it}^{\alpha_k}l_{it}^{\alpha_l}m_{it}^{\alpha_m}, \quad \alpha_k+\alpha_l+\alpha_m=1 \tag{11.3}$$

其中 y_{it} 为企业 i 在 t 期生产的最终产品 i 的数量。φ_{it} 为全要素生产率，并服从帕累托分布。k_{it}、l_{it} 和 m_{it} 分别为最终品生产投入的资本、劳动和中间品数量。α_k、α_l 和 α_m 依次为总成本中资本、劳动和中间品投入份额。中间品 m_{it} 由国内和进口中间品构成：

$$m_{it}=\left[\left(m_{it}^D\right)^{\frac{\sigma-1}{\sigma}}+\left(m_{it}^I\right)^{\frac{\sigma-1}{\sigma}}\right]^{\frac{\sigma}{\sigma-1}}, \sigma>1 \tag{11.4}$$

其中 σ 为国内中间品 m_{it}^D 和进口中间品 m_{it}^I 间的替代弹性。本章在 Rodríguez-López（2011）基础上引入三种生产要素，拓展了汇率影响企业出口行为的渠道。汇率既可能通过最终品市场，又可能通过投入品市场影响企业出口行为。

　　企业通过配置劳动、资本和中间品三种投入要素来最小化其生产成本，即

$$\min_{l_{it},k_{it},m_{it}} w_t l_{it}+r_t k_{it}+p_t^M m_{it}, \quad s.t. \ \varphi_{it}k_{it}^{\alpha_k}l_{it}^{\alpha_l}m_{it}^{\alpha_m}\geqslant y_{it} \tag{11.5}$$

由此，可得企业 i 在 t 期的成本和边际成本函数为

$$c_{it}=\frac{y_{it}}{\varphi_{it}}\left(\frac{r_t}{\alpha_k}\right)^{\alpha_k}\left(\frac{w_t}{\alpha_l}\right)^{\alpha_l}\left(\frac{p_t^M}{\alpha_m}\right)^{\alpha_m} \tag{11.6}$$

$$mc_{it}=\frac{\theta}{\varphi_{it}}, \qquad \theta=\left(\frac{r_t}{\alpha_k}\right)^{\alpha_k}\left(\frac{w_t}{\alpha_l}\right)^{\alpha_l}\left(\frac{p_t^M}{\alpha_m}\right)^{\alpha_m} \tag{11.7}$$

其中 p_t^M 为中间品价格指数。① 企业的边际成本为其全要素生产率 φ_{it} 及要素价格（r_t，w_t，p_t^M）的函数。企业生产率越高，边际成本越低。

---

　　① 企业 i 在 t 期最小化生产成本，即式（11.5）。这一命题等同于 $\min\limits_{l_{it},k_{it},m_{it}} w_t l_{it}+r_t k_{it}m_{it}+p_t^{DM}m_{it}^D+p_t^{IM}m_{it}^I, \ s.t. \ \varphi_{it}k_{it}^{\alpha_k}l_{it}^{\alpha_l}m_{it}^{\alpha_m}\geqslant y_{it}$。联立这两个命题，可得 $\min\limits_{m_{it}^D m_{it}^I} p_t^{DM}m_{it}^D+p_t^{IM}m_{it}^I, s.t.\left[(m_{it}^D)^{\frac{\sigma-1}{\sigma}}+(m_{it}^I)^{\frac{\sigma-1}{\sigma}}\right]\geqslant m_{it}$。即给定最优中间品投入，企业自主选择国内和进口中间品从而使得中间品支出成本最小。则中间品价格指数为：$p_t^M=\left[(p_t^{DM})^{1-\sigma}+(p_t^{IM})^{1-\sigma}\right]^{\frac{1}{1-\sigma}}$。

三、均衡条件

给定产品 i 的需求式(11.2)和边际成本式(11.7),则企业 i 在 t 期最大化生产利润[①],

$$\underset{l_{it},k_{it},m_{it}}{\text{Max}}\ p_{it}y_{it}-mc_{it}y_{it} \tag{11.8}$$

可得其最优的定价策略为

$$p_{it}=\frac{mc_{it}}{1+\dfrac{1}{\eta_{it}}}=(1+\mu_{it})mc_{it} \tag{11.9}$$

其中 η_{it} 和 μ_{it} 分别为企业 i 在 t 期面临的需求的价格弹性和供给的成本加成。由式(11.2),产品 i 需求的价格弹性为

$$\eta_{it}=\frac{\partial q_{it}}{\partial p_{it}}\frac{p_{it}}{q_{it}}=\frac{-1}{\ln\left(\dfrac{\hat{p}_t}{p_{it}}\right)}-1 \tag{11.10}$$

将式(11.10)代入式(11.9)可得

$$\mu_{it}=\Omega\left(\frac{\hat{p}_t}{mc_{it}}e\right)-1 \tag{11.11}$$

e 为自然对数的底数。Ω 为朗伯 W 函数,是方程 $x=f(\Omega)=\Omega e^{\Omega}$ 的反函数,且 $\partial\Omega(x)/\partial x>0,\partial^2\Omega(x)/\partial x^2<0,\Omega(0)=0,\Omega(e)=1$。

零利润条件。国内和出口市场中生产率最低的企业成本加成为零且获得零利润。令 $\varphi_r=\inf\{\varphi_{it}:\ \mu_{it}{}^r(\varphi_{it})\geqslant0\},\varphi_r{}^*=\inf\{\varphi_{it}:\ \mu_{it}{}^{r*}(\varphi_{it})\geqslant0\}$,$r\in\{D,X\}$,分别为国内(记作 D)和出口(记作 X)市场生产率临界值。由于企业在目的国市场能定的最高价格为该市场的价格上限,故

$$\varphi_D=\frac{\theta_t}{\hat{p}_t},\ \varphi_X=\frac{\tau\theta_t}{\varepsilon\hat{p}_t{}^*},\ \varphi_D{}^*=\frac{\theta_t{}^*}{\hat{p}_t{}^*},\ \varphi_X{}^*=\frac{\tau^*\varepsilon\theta_t{}^*}{\hat{p}_t} \tag{11.12}$$

联立式(11.7)、式(11.11)和式(11.12)可得

$$\mu_{it}^r(\varphi_{it})=\Omega\left(\frac{\varphi_{it}}{\varphi_r}e\right)-1,r\in\{D,X\};\quad \mu_{it}^{r*}(\varphi_{it})=\Omega\left(\frac{\varphi_{it}}{\varphi_r{}^*}e\right)-1,r\in\{D,X\}$$

$$\tag{11.13}$$

四、国内附加值

根据定义,企业的国内附加值等于其总产出中扣除进口中间品的部分,

---

① 略去固定成本。由于企业面临的固定成本为常数,故它并不影响企业的最优定价策略。此外,本章考虑替代弹性可变的超对数支出函数,也不依赖于假设国内和出口企业固定成本差异来计算出口企业生产率的临界值。

而国内附加值比为其国内附加值占总产出的份额(Kee and Tang,2016)。故企业 i 在 t 期的国内附加值为 $\mathrm{DVA}_{it}=p_{it}y_{it}-p_t^{IM}m_{it}{}^I$,国内附加值比为 $\mathrm{DVAR}_{it}=\mathrm{DVA}_{it}/p_{it}y_{it}$。给定最优中间品投入,企业自主选择国内和进口中间品从而使得中间品支出成本最小。

$$\underset{m_{it}^D,m_{it}^I}{\mathrm{Min}}\ p_t^{DM}m_{it}^D+p_t^{IM}m_{it}^I,\quad \mathrm{s.t.}\ \left[(m_{it}^D)^{\frac{\sigma-1}{\sigma}}+(m_{it}^I)^{\frac{\sigma-1}{\sigma}}\right]^{\frac{\sigma}{\sigma-1}}\geqslant m_{it} \quad (11.14)$$

p_t^{DM} 和 p_t^{IM} 分别为以本币标价的国内和进口中间品价格。[①] 由一阶条件可得

$$\frac{p_t^{IM}m_{it}^I}{p_t^Mm_{it}}=\frac{1}{1+\left(\dfrac{p_t^{IM}}{p_t^{DM}}\right)^{\sigma-1}} \quad (11.15)$$

将式(11.6)、式(11.9)和式(11.15)代入国内附加值比的定义式可得

$$\mathrm{DVAR}_{it}\equiv1-\frac{p_t^{IM}m_{it}^I}{p_{it}y_{it}}=1-\frac{\alpha_m}{(1+\mu_{it})}\frac{1}{1+\left(\dfrac{p_t^{IM}}{p_t^{DM}}\right)^{\sigma-1}} \quad (11.16)$$

由于企业的国内附加值与其生产规模正相关,因而本章在随后的研究中主要关注汇率变动对国内附加值比的影响,并由此进一步导出对国内附加值的影响。

由于缺乏一般贸易企业如何在出口和内销上配置国内和进口中间品的数据,本章难以计算一般贸易企业的国内附加值比。已有计算行业国内附加值比的文献均需假设在出口和内销上按生产额均匀分摊国内及进口中间投入(Hummels et al.,2001;Koopman et al.,2012,2014)。然而进口和国内中间品并非等比例替代。和国内中间品相比,进口中间品通常质量更高并包含先进的技术。而加工贸易企业的进口中间品全部用于出口,无内销部分。因此,本章将根据加工进出口额计算加工贸易企业的国内附加值比(Kee and Tang,2016),进而分析汇率变动对其的影响。令 $p_t^{FM^*}$ 表示以外币标价的进口中间品的离岸价格,则 $p_t^{IM}\equiv\tau^*\varepsilon p_t^{FM^*}$。故加工贸易企业的国内附加值比为

$$\mathrm{DVAR}_{it}^{pe}=1-\frac{\alpha_m}{1+\mu_{it}^X}\frac{1}{1+\left(\dfrac{\tau^*\varepsilon p_t^{FM^*}}{p_t^{DM}}\right)^{\sigma-1}} \quad (11.17)$$

其中 pe 代表加工贸易。μ_{it}^X 表示企业 i 在 t 期出口的成本加成。τ^* 为将商品从外国运到本国的冰山成本,即外国运输 τ^* 单位产品才能保证 1 单位产

---

① 本章忽略国内(进口)中间品内部的异质性。

品到达本国。ε 为 1 单位外币的本币价格，ε 增加表示本币贬值。

本章将基于式(11.17)探讨汇率变动对加工贸易企业国内附加值比的影响。首先，给定其他值不变，若本币贬值(ε 增加)，则企业 i 在 t 期的国内附加值比增加。此时，进口中间品的相对价格上升，本国企业对其的配置下降，而对国内中间品的需求增加，因而国内附加值比提高。其次，汇率变动还将通过出口产品的相对竞争力，影响企业的进入退出和定价决策，进而影响其出口的成本加成和国内附加值比。本币贬值时(ε 增加)，本国出口产品的价格优势增加，此时较低生产率的企业也可出口，故出口企业全要素生产率的临界值 φ_X 下降，即 $\partial\varphi_X/\partial\varepsilon < 0$。[①] 在位企业相对出口市场平均水平的生产率提升，并有动机提高其成本加成。

$$\frac{\partial\mu_{it}^X(\varphi_{it})}{\partial\varepsilon} = \left(-\frac{\varphi_{it}}{\varphi_X^2}e\right)\frac{\partial\Omega(x)}{\partial x}\frac{\partial\varphi_X}{\partial\varepsilon} > 0$$

由式(11.17)，$\dfrac{\partial\mathrm{DVAR}_{it}^{p_e}}{\partial\mu_{it}^X}\dfrac{\partial\mu_{it}^X(\varphi_{it})}{\partial\varepsilon} > 0$。因而汇率变动对加工贸易企业国内附加值比的影响为

$$\frac{\partial\mathrm{DVAR}_{it}^{p_e=1}}{\partial\varepsilon} = \underbrace{\frac{\alpha_m}{1+\mu_{it}^X}\frac{(\sigma-1)\left(\dfrac{\tau^* p_t^{FM^*}}{p_t^{DM}}\right)^{\sigma-1}\varepsilon^{\sigma-2}}{\left[1+\left(\dfrac{\tau^*\varepsilon p_t^{FM^*}}{p_t^{DM}}\right)^{\sigma-1}\right]^2}}_{\text{中间品配置渠道}(+)} + \underbrace{\frac{\partial\mathrm{DVAR}_{it}^{p_e}}{\partial\mu_{it}^X}\frac{\partial\mu_{it}^X(\varphi_{it})}{\partial\varepsilon}}_{\text{成本加成渠道}(+)}$$

$$\tag{11.18}$$

假设本国和外国要素市场完全竞争，故单个企业的生产决策不影响 $p_t^{FM^*}$ 和 p_t^{DM} 的取值，则汇率变动对加工贸易企业的国内附加值比有两方面影响：(1)中间品配置渠道。给定其他要素不变，汇率变动改变本国进口中间品的相对价格，进而直接影响加工贸易企业对进口中间品的配置及其国内附加值比。本币贬值，以本币衡量的进口品的相对价格提高，进口中间品投入份额下降，因而加工贸易企业的国内附加值比提高。(2)成本加成渠道。汇率变动还将影响本国出口企业的进入退出和定价策略，进而影响加工贸易企业的成本加成和国内附加值比。本币贬值，企业出口的成本优势增加，生产率低一些的企业也可出口，故出口企业的平均生产率降低。在位企业相对市场平均水平的竞争力提高，这激励其提高出口的成本加成(Berman *et al.*，2012；Rodríguez-López，2011)。成本加成提高拉大了加工贸易企业总产值和

---

① $\partial\varphi_X/\partial\varepsilon < 0$ 的一般均衡推导详见 Rodriguez-López(2011)。尽管本章考虑了三种生产要素，但由于假设要素市场完全竞争，故这一基本结论仍然成立。

总投入的比值,提高其利润率,进而提高其国内附加值比重。值得强调的是,本章理论模型中的直接渠道虽与 Kee 和 Tang (2016)一致,但 Kee 和 Tang (2016)控制中间品投入占总收益的比重不变,即产品的成本加成不变,因而未能刻画汇率变动通过成本加成影响国内附加值比的这一渠道。这也是本章的一个优势。

第三节   数   据

自 2005 年,我国加工贸易企业国内附加值比逐年提高,人民币对美元、澳元、英镑等升值,而对捷克克朗、巴拉圭瓜拉尼等小幅贬值。中国企业层面微观数据提供了分析汇率变动对加工贸易企业国内附加值比影响的良好样本。因而,本章在实证分析中采用中国企业数据来检验理论部分的基本结论。[①]

一、数据[②]

本章主要使用三套数据。第一套是中国海关总署提供的 2000—2009 年产品层面贸易数据,第二套是国家统计局提供的 2000—2009 年规模以上工业企业数据,第三套是国际货币基金组织 IFS 数据和世界银行 WDI 数据。本章在实证分析时需要使用企业层面特征变量,如劳动生产率、企业销售额等。而在计算国内附加值比、区分加工贸易和非加工贸易企业时则需要使用产品层面贸易数据。因此本章采用将这两套数据合并后的样本进行实证分析。本章主要根据企业邮政编码和电话号码将工业企业和产品层面贸易数据匹配起来,并剔除了邮政编码和电话号码无效的企业。合并后的样本为非平衡面板,包含 35 420 家国内附加值比大于 0 小于 1 的加工贸易企业,共计 89 030 个观测值。IFS 数据库提供了双边名义汇率和消费者价格指数数据,而 WDI 数据库则提供各国的 M1(狭义货币供应量)及 M2(广义货币供应量)数据。根据产品层面贸易数据,企业与不同国家的贸易往来差异很大。这使得根据贸易份额来计算企业层面的名义有效汇率显得十分必要。

---

① 本章假设企业只生产一种产品。关于汇率变动对企业出口产品种类的影响参见余淼杰和王雅琦(2015)。

② 文献中关于我国工业企业和产品层面贸易数据的介绍已经有很多,文章仅作简要概述。详细介绍参见余淼杰(2011)和戴觅等(2014)。

二、主要变量定义

本章将加工出口额大于 0 的企业定义为加工贸易企业。进一步按企业的加工出口占总出口的份额，可以将加工贸易企业分为纯加工贸易企业（加工出口率为 1）和混合贸易企业（加工出口率大于 0 但小于 1）。下文计算了加工贸易企业的国内附加值比，企业层面名义有效汇率，M1、M2 及其增长率等变量。所有本国变量均用下标 h 表示，但为使得变量标识更加简洁，本章通常略去这一下标。

由于政府难以监管企业内部的要素配置，因而混合贸易企业可能将加工进口的原材料用于一般贸易产品的生产。参照 Kee 和 Tang（2016），本章假设混合贸易企业将加工进口的原材料按照出口额均匀分配到一般和加工出口上，并得到国内附加值比，即 DVAR_{it}^{pe}。

$$\text{DVAR}_{it}^{pe} = 1 - \frac{\text{PIM}_{it}}{\text{PEX}_{it}}, \qquad 若 \frac{\text{PEX}_{it}}{\text{TEX}_{it}} = 1$$

$$\text{DVAR}_{it}^{pe} = 1 - \frac{\text{PIM}_{it}}{\text{TEX}_{it}}, \qquad 若 0 < \frac{\text{PEX}_{it}}{\text{TEX}_{it}} < 1$$

其中，PEX_{it} 和 PIM_{it} 分别为加工贸易企业 i 在 t 期的加工出口和进口总额。TEX_{it} 表示加工贸易企业的总出口额。令 $\text{FVAR}_{it}^{pe} \equiv 1 - \text{DVAR}_{it}^{pe}$ 表示加工贸易企业 i 在 t 期的国外附加值比。本章随后还将采用未对混合贸易企业加工进口进行均匀分配的国内附加值比进行稳健性检验。

文献中关于企业层面名义有效汇率的计算一般采用随时间变化的贸易权重。因而企业层面名义有效汇率的变动可能来自国家层面双边汇率的变动，也可能来自贸易权重的变动。面临汇率冲击时，企业倾向于从本币对其升值的国家进口，而向本币对其贬值的国家出口。这使得采用传统企业层面名义有效汇率进行的实证研究存在内生性问题。因而本章采用企业在样本数据初年的贸易权重进行加权以解决因企业自主调整进出口贸易国所导致的内生性问题。按初始年贸易份额加权的企业层面名义有效汇率的计算公式为

$$\text{NEER}_{it}^{\delta} = e^{\sum\limits_{\substack{j=1 \\ j \neq h}}^{C} \omega_{ijt_{i0}}^{\delta} \ln(\text{NER}_{jt})}, \qquad \omega_{ijt_{i0}}^{\delta} = \frac{(\text{EX}_{ijt_{i0}})^{1-\delta} (\text{IM}_{ijt_{i0}})^{\delta}}{\sum\limits_{\substack{j=1 \\ j \neq h}}^{C} (\text{EX}_{ijt_{i0}})^{1-\delta} (\text{IM}_{ijt_{i0}})^{\delta}} \; 且 \sum\limits_{\substack{j=1 \\ j \neq h}}^{C} \omega_{ijt_{i0}}^{\delta} = 1$$

其中，j 表示国家，为大于 1 小于 C 的整数。C 为国家的总数。t_{i0} 表示企业 i 在样本中的初始年。NER_{jt} 表示 t 期 1 单位 j 国货币所能兑换的人民币。$\text{EX}_{ijt_{i0}}$ 表示企业 i 在 t_{i0} 期对国家 j 的出口额。$\text{IM}_{ijt_{i0}}$ 表示企业 i 在 t_{i0} 期从国家

j 的进口额。δ 表示进出口哑变量,当计算进口权重时 $\delta=1$,计算出口权重时 $\delta=0$。$\omega_{ijt_{i0}}^{\delta}$ 表示贸易权重。当 $\delta=0$ 时,$\mathrm{NEER}_{it}^{\delta}$ 表示企业 i 在 t 期按初始年出口份额加权的名义有效汇率,而当 $\delta=1$ 时,则表示按初始年进口份额加权的名义有效汇率。

然而,即使采用初始年贸易权重仍可能存在内生性问题。规模较大的加工贸易企业可能会游说政府以寻求汇率政策优惠。因此文章还采用按初始年贸易份额加权的 M1、M2 增长率作为企业层面名义有效汇率的工具变量。一方面,根据相对购买力平价公式,本币贬值率等于本国和外国通货膨胀率的差值。而一国的通货膨胀率和其货币供给增长率密切相关。因此 M1、M2 增长率和双边汇率相关。另一方面,外国的货币供给量通常不受中国企业生产行为的影响。因而企业层面 M1、M2 增长率应满足工具变量外生的要求。此外,和 M1、M2 水平值相比,M1、M2 增长率有效避免了由于货币单位不同而造成的偏差。

$$\mathrm{M1}G_{jt} = \frac{\mathrm{M1}_{jt} - \mathrm{M1}_{jt-1}}{\mathrm{M1}_{jt-1}}, \quad \mathrm{M2}G_{jt} = \frac{\mathrm{M2}_{jt} - \mathrm{M2}_{jt-1}}{\mathrm{M2}_{jt-1}}$$

$$\mathrm{M1}G_{it}^{\delta} = \sum_{\substack{j=1 \\ j \neq h}}^{C} \omega_{ijt_{i0}}^{\delta} \mathrm{M1}G_{jt}, \quad \mathrm{M2}G_{it}^{\delta} = \sum_{\substack{j=1 \\ j \neq h}}^{C} \omega_{ijt_{i0}}^{\delta} \mathrm{M2}G_{jt}$$

其中,$\mathrm{M1}_{jt}$ 和 $\mathrm{M2}_{jt}$ 为按当地货币单位表示的国家 j 在 t 期的狭义和广义货币供应量。$\mathrm{M1}G_{jt}$ 和 $\mathrm{M2}G_{jt}$ 则分别表示狭义和广义货币供应量的增长率。当 $\delta=0$ 时,$\mathrm{M1}G_{it}^{\delta}$ 表示企业 i 在 t 期面临的按初始年出口份额加权的狭义货币供应增长率。而当 $\delta=1$ 时,则表示企业 i 在 t 期面临的按初始年进口份额加权的狭义货币供应增长率。$\mathrm{M2}G_{it}^{\delta}$ 的含义与 $\mathrm{M1}G_{it}^{\delta}$ 类似。

三、统计描述

表 11-1 列出了主要变量的均值和标准差,并比较了 2000—2009 年和 2005—2009 年两个时期主要解释变量统计值的差异。由表 11-1 所知,主要变量的均值和方差在 2005 年前后大多发生了变化。对混合贸易企业进行调整的国内附加值比的均值在 2005 年之后上升,而方差则维持不变。2005 年之后,按初始年进口份额加权的名义有效汇率均值相较于全样本均值小幅提升,而按初始年出口份额加权的名义有效汇率均值相较于全样本均值则小幅下降。尽管 2005 年后人民币对美元升值,但同时对部分货币贬值。因而企业层面的名义有效汇率和国家层面的双边名义汇率变化可能并不完全一致。此外,样本数据中按初始年进口和出口份额加权的名义有效汇率的均值相差较大,但全部贸易企业中这两个名义有效汇率的均值接近。按初始年进口份

额加权的 M1 增长率在 2005 年之后有所下降,而按初始年进口份额加权的
M2 增长率则在 2005 年之后上升。这可能是因为基础货币存在乘数效应,政
府往往对狭义货币供给的控制更为严格,而随着互联网金融的发展,广义货
币供给则难以控制。

表 11-1　主要变量的统计描述

变量名	2000—2009 年		2005—2009 年	
	均值	标准差	均值	标准差
国内附加值比,DVAR	0.58	0.27	0.62	0.27
按初始年进口份额加权的名义有效汇率	1.05	1.70	1.10	1.77
按初始年出口份额加权的名义有效汇率	2.38	2.79	2.33	2.76
按初始年进口份额加权的 M1 增长率(%)	5.58	6.91	4.50	6.33
按初始年进口份额加权的 M2 增长率(%)	4.29	5.59	5.35	5.71
劳动生产率对数	4.84	0.96	5.09	0.96
国有企业哑变量①	0.03	0.17	0.00	0.05
外资企业哑变量②	0.57	0.50	0.62	0.48
企业销售额对数	10.32	1.32	10.66	1.31

　　注:表中统计值来自工业企业和产品层面贸易数据合并后且国内附加值比在(0,1)
的加工贸易企业样本。

　　数据来源:国家统计局规模以上工业企业数据和中国海关总署产品层面贸易数据。

第四节　实证分析

一、回归方程

　　企业的国内附加值与其生产规模正相关,因而在实证研究中本章主要分
析企业层面名义有效汇率对其国内附加值比的影响,由此进一步推导出对国
内附加值的影响。对式(11.17)左右两边同时取对数得

$$\ln(1-\mathrm{DVAR}_{it}^{pe})=\ln(\alpha_m)-\ln(1+\mu_{it}^X)-\ln\left[1+\left(\frac{\tau^*\varepsilon p_t^{FM*}}{p_t^{DM}}\right)^{\sigma-1}\right]$$

(11.19)

　　由于国内和国外附加值比总和始终为 1,为和理论模型保持一致,并避

---

　　① 根据企业登记注册类型,广义的国有企业包括国有企业(全资)、国有联营企业、国有与集体
联营企业及国有独资公司。

　　② 当外资持有股份大于 0 时,外资企业哑变量等于 1。

免可能存在的方程误设问题,本章在实证分析中采用国外附加值比对数作为因变量。事实上,采用国内或者国外附加值比对数进行回归的结果十分类似。

$$\ln(\mathrm{FVAR}_{it}^{pe}) \equiv \ln(1 - \mathrm{DVAR}_{it}^{pe}) = \beta_0 + \beta_1 \ln(\mathrm{NEER}_{it}^{s-1}) + \beta_2 X_{it} + \alpha_i + \rho_t + \zeta_{it}$$
$$(11.20)$$

其中,$\ln(\cdot)$表示相应变量的对数。X_{it}表示其他企业层面控制变量,包括按初始年进口份额加权的外国消费者价格指数[①]、国有和外资企业哑变量(私有企业为对照组)等。α_i表示企业层面固定效应。ρ_t表示时间层面固定效应。ζ_{it}表示随时间变化的企业层面异质性冲击。由理论模型知 $\beta_1 < 0$,即本币贬值导致加工贸易企业的国外附加值比下降、国内附加值比提高。考虑到汇率变动对加工贸易企业的国内附加值比存在两方面影响,本章在实证分析中还将对这两方面影响渠道进行实证检验。

由于 $\mathrm{FVAR}_{it}^{pe} \equiv 1 - \mathrm{DVAR}_{it}^{pe}$,故

$$\Delta\mathrm{FVAR}_{it}^{pe} = -\Delta\mathrm{DVAR}_{it}^{pe} \qquad (11.21)$$

$$\frac{\Delta\mathrm{FVAR}_{it}^{pe}}{\mathrm{FVAR}_{it}^{pe}} = -\frac{\Delta\mathrm{DVAR}_{it}^{pe}}{\mathrm{FVAR}_{it}^{pe}} \qquad (11.22)$$

由式(11.21)和式(11.22)可知,加工贸易企业国内附加值比和国外附加值比水平值变动方向相反、大小相同。而国外附加值比的百分比变化等于国内附加值比水平值变动和国外附加值比的比值的相反数。故可由上式导出名义有效汇率变动对国内附加值比百分比变动的影响。

二、基本结果

基本回归采用对混合贸易企业进行调整的国外附加值比,并关注按初始年进口份额加权的名义有效汇率对其的影响。表 11-2 中列(1)仅控制了按初始年进口份额加权的名义有效汇率的对数,并发现其回归系数显著为负。即本币贬值导致加工贸易企业的国外附加值比下降、国内附加值比上升。在控制了其他企业层面特征变量及 CIC 3 分位[②]行业层面固定效应后,表 11-2 中列(2)中按初始年进口份额加权的名义有效汇率对数的回归系数依旧显著为负,数值略微减小。作为本章的基准回归,表 11-2 中列(3)在列(2)的基础上进一步控制了企业层面固定效应。按初始年进口份额加权的名义有效汇率的对数的回归系数依然显著为负,且数值变大。按初始年进口份额加权的

---

① 计算方法与按初始年进出口份额加权的名义有效汇率类似。
② CIC 3 分位指 3 分位国民经济行业分类。

名义有效汇率提高 10%，即本币贬值 10%，加工贸易企业国外附加值比降低
0.8%。文章将在所有稳健性回归之后深入讨论汇率对国内附加值比的影响
机制，以及其在经济意义上的显著性。基本回归结果如表 11-2 所示。

表 11-2　基本回归结果

因变量	ln(国外附加值比)		
	(1)	(2)	(3)
ln(按初始年进口份额加权的名义有效汇率)	−0.062*** (0.002)	−0.047*** (0.002)	−0.079*** (0.014)
ln(劳动生产率)		−0.041*** (0.007)	−0.015** (0.006)
国有企业哑变量		−0.303*** (0.080)	−0.050 (0.069)
外资企业哑变量		0.289*** (0.020)	−0.005 (0.010)
ln(企业的规模)		0.039*** (0.005)	0.012** (0.006)
常数项	−1.303*** (0.005)	−1.723*** (0.078)	−0.948*** (0.047)
时间固定效应	无	有	有
企业层面固定效应	无	无	有
CIC 3 分位行业层面固定效应	无	有	无
R^2	0.01	0.086	0.137
观测值	86 867	66 685	66 685

注：*、** 和 *** 分别表示在 10%、5% 和 1% 水平上显著。

此外，回归还表明：劳动生产率上升也使得加工贸易企业国外附加值比
显著下降，而销售额增加则使得其国外附加值比上升。这可能是由于从事加
工贸易的企业销售额通常较低，而规模大的外资比例通常较高。国有和外资
企业哑变量的回归系数则均不显著。此外，基准回归中时间虚拟变量的回归
系数均显著为负，且数值逐渐增大。这验证了我国加工贸易企业国内附加值
比逐年显著增加的事实(Kee and Tang，2016)。

第五节　稳健性检验

基准回归给出了按初始年进口份额加权的名义有效汇率对加工贸易企
业国内附加值比产生正向影响的有利证据。为检验基准回归结果的稳健性，

文章还将考虑纯加工贸易企业、其他国内附加值比和名义有效汇率衡量方法、进口资本品及内生性等因素的影响。除内生性检验外,所有稳健性检验均控制了其他企业层面特征变量、时间和企业层面固定效应。

一、纯加工贸易企业、剔除间接进口及考虑其他国内附加值比衡量方法

为与 Kee 和 Tang(2016)的回归结果进行比较,本章利用纯加工贸易企业的子样本进行检验,并考虑间接进口问题。由表 11-3 的列(1),按初始年进口份额加权的名义有效汇率对加工贸易企业国外附加值比的负向影响依然显著存在,但和基准回归相比数值略微减小。此外,尽管海关能够识别产品的贸易方式,但加工贸易企业仍可能将加工进口的中间品转售给其他企业,或从其他加工贸易企业购进加工进口的中间品。这使得按贸易额估算的国内附加值比将低估转售企业的国内附加值比,而高估购置企业的国内附加值比。因此,参照 Kee 和 Tang(2016)的做法,本章限定加工贸易企业的国内附加值比应大于其附加值比,小于同行业一般贸易企业净出口占总出口比值的中位数。由列(2)可知,按初始年进口份额加权的名义有效汇率对数的回归系数依然显著为负,但数值变小。

表 11-3　纯加工贸易企业、剔除间接进口企业及考虑其他国内附加值比衡量方法

	纯加工贸易样本	剔除间接进口企业	全样本
	ln(FVAR)		ln(FVAR 1)
	(1)	(2)	(3)
ln(按初始年进口份额加权的名义有效汇率)	−0.059***	−0.031***	−0.068***
	(0.015)	(0.010)	(0.013)
时间固定效应	有	有	有
企业层面固定效应	有	有	有
R^2	0.121	0.175	0.124
观测值	33 965	38 422	65 381

注:FVAR 1 为未对混合贸易企业的加工进口进行调整的国外附加值比。同基准回归,回归式(11.1)至式(11.3)还控制了其他企业层面特征变量。*、** 和 *** 分别表示在 10%、5% 和 1% 水平上显著。

基准回归采用了对混合贸易企业加工进口进行调整的国外附加值比,即假设混合贸易企业加工进口的原材料按出口额均匀分配在一般出口和加工出口上。而事实上并不一定如此。因而本章还考虑了混合贸易企业将全部加工进口原材料用于加工出口的情况,并计算了国内附加值比 1(即 DVAR 1)。其中,$DVAR 1_{it}^{pe} = 1 - PIM_{it}/PEX_{it}$,$FVAR 1_{it}^{pe} = PIM_{it}/PEX_{it}$。由

于国内附加值比 1 未对混合贸易企业的加工进口进行调整①,故其样本均值略低于原国内附加值比的均值。和基准回归相比,表 11-3 中列(3)按初始年进口份额加权的名义有效汇率对数的回归系数依然显著为负,数值略微变小。

二、其他企业层面有效汇率衡量方法

为检验基本回归结果的稳健性,本章还将考虑其他企业层面名义和实际有效汇率衡量方法。表 11-4 中列(1)控制了按初始年出口份额加权的名义有效汇率的对数,其回归系数为正,但并不显著。本章还在其他稳健性检验中考虑了按初始年出口份额加权的名义有效汇率对加工贸易企业国内附加值比的影响。结果表明按初始年出口份额加权的名义有效汇率对数的回归系数并不稳定,且均不显著。这可能是因为加工贸易的主体为进料加工贸易,约占加工贸易总额的 77.5%(2000—2009 年均值)。而相较于来料加工企业,进料加工企业在进口原材料的选择上更具弹性,因而对按进口份额加权的汇率的变化反应更加灵敏。

表 11-4　其他企业层面有效汇率衡量方法

因变量:ln(FVAR)	(1)	(2)	(3)	(4)
ln(按初始年出口份额加权的名义有效汇率)	0.012 (0.014)			
ln(按每年进口份额加权的名义有效汇率)		0.088 (0.085)	−0.023 (0.089)	
企业从本币相对升值国家的进口份额			−0.081*** (0.015)	
ln(按初始年进口份额加权的实际有效汇率)				−0.078*** (0.014)
时间固定效应	有	有	有	有
企业层面固定效应有	有	有	有	有
R^2	0.134	0.134	0.135	0.136
观测值	69 198	66 658	66 658	66 685

注:"企业从本币相对升值国家的进口份额"定义为企业从本币相对升值国家的进口量占其当年总进口量的比重。同基准回归,列(1)至列(4)还控制了其他企业层面特征变量。*、** 和 *** 分别表示在 10%、5% 和 1% 水平上显著。

---

① 文章未考虑对混合贸易企业一般进口的原材料进行拆分。主要是由于加工进口的关税优惠通常高于一般进口,因而企业如果能够通过加工进口渠道获取原材料的话则不会采纳一般进口的贸易方式。

其次,文献中关于企业层面名义有效汇率的计算一般采用随时间变化的贸易权重。文章在表 11-4 中列(2)中控制了按每年进口份额加权的名义有效汇率的对数,其回归系数为正但并不显著。面临汇率冲击时,企业倾向于从本币相对升值的国家进口,而向本币相对贬值的国家出口,故贸易权重内生。表 11-4 中列(3)进一步控制了企业从本币相对升值国家的进口份额。由列(3),"企业从本币相对升值国家的进口份额"的回归系数显著为负。[①]而按每年进口份额加权的名义有效汇率对数的回归系数也变为负数,但仍不显著。这表明传统企业层面名义有效汇率确实存在贸易权重内生的问题。因此在考虑汇率变动对加工贸易企业国内附加值比的影响时,应采用初始年贸易权重进行加权。

最后,相对名义有效汇率,实际有效汇率剔除了物价水平变动的影响,能更好地反映本国出口产品的相对竞争力。因而,文章进一步讨论按初始年进口份额加权的实际有效汇率对加工贸易企业国内附加值比的影响。企业层面实际有效汇率的计算方法和名义有效汇率类似,但首先要根据定义对双边名义汇率做价格调整,得到双边实际汇率。[②] 由表 11-4 中列(4),按初始年进口份额加权的实际有效汇率对数的回归系数显著为负,数值和基准回归一致。

三、剔除进口资本品行业、控制外国消费者价格指数及差分回归方程

根据田巍和余淼杰(2013),企业进口的中间品中有一部分为资本品——用于设备投入而非加工生产。这使得基于贸易额估算加工贸易企业的国内附加值比时可能造成低估的情况。根据他们的研究,中国工业分类(CIC 2 位)编号为 36 和 37 这两个行业进口资本品的份额较大。因而在表 11-5 的列(1)中,本章剔除了 36 和 37 这两个行业的数据。[③] 由表 11-5 列(1),按初始年进口份额加权的名义有效汇率对数的回归系数依然显著为负,数值和基准回归一致。

为控制进口中间品离岸价格对加工贸易企业国内附加值比的影响,表 11-5 的列(2)控制了按初始年进口份额加权的外国消费者价格指数。按初

---

① "企业从本币相对升值国家的进口份额"对国内附加值比的影响方向是否确定,还取决于其从相对贬值国家进口额的相对变化。此外,值得说明的是列(3)仅关注"企业从本币相对升值国家的进口份额"和国外附加值比的相关性而非因果性。

② 双边实际汇率的计算公式为 $RER_{jt} = NER_{jt} CPI_{jt}/CPI_t$,其中 CPI_{jt} 和 CPI_t 分别表示 j 国和本国的消费者价格指数。

③ 尽管其他 CIC 2 位行业也存在进口资本品问题,但 36 和 37 这两个行业的进口资本品现象最为突出。

始年进口份额加权的名义有效汇率对加工贸易企业国外附加值比的影响依然显著为负,但数值约减小一半。而按初始年进口份额加权的外国消费者价格指数的回归系数则显著为正,和理论预期并不一致。这可能是由于消费者价格指数并不是进口中间品离岸价格的合适代理变量。

表 11-5　剔除进口资本品行业、控制外国消费者价格指数以及差分回归方程

因变量	剔除进口资本品行业	控制外国消费者价格指数	差分回归方程
	ln(FVAR) (1)	ln(FVAR) (2)	Δln(FVAR) (3)
ln(按初始年进口份额加权的名义有效汇率)	-0.080^{***} (0.014)	-0.037^{***} (0.014)	
Δln(按初始年进口份额加权的名义有效汇率)			-0.028^{**} (0.014)
按初始年进口份额加权的外国消费者价格指数		0.004^{***} (0.001)	
时间层面固定效应	有	有	有
企业层面固定效应	有	有	有
R^2	0.142	0.146	0.006
观测值	59 551	66 685	34 032

注:同基准回归,列(1)至列(3)还控制了其他企业层面特征变量。*、** 和 *** 分别表示在 10%、5% 和 1% 水平上显著。

此外,本章还进一步考虑了差分回归模型。根据式(11.20),本章考虑以下差分回归方程:

$$\Delta\ln(\text{FVAR}_{it}^{fe}) = \beta_1 \Delta\ln(\text{NEER}_{it}) + \beta_2 X_{it} + \alpha_i + \rho_t + \zeta_{it}, \quad \beta_1 < 0$$

由表 11-5 的列(3),按初始年进口份额加权的名义有效汇率对数差分值的回归系数也显著为负,但数值变小。若按初始年进口份额加权的名义有效汇率的增长率提高 1 个百分点,则加工贸易企业国外附加值比的增长率约降低 0.028 个百分点。

四、内生性

尽管本章采用按企业样本初年的进口份额加权的名义有效汇率,但依然可能存在内生性问题。国内附加值比较高的企业往往规模更大、生产率更高、出口更多、外汇风险暴露度也相对更大,因而更有动机游说政府以寻求汇率政策优惠。表 11-6 的列(1)至列(4)采用面板工具变量回归方法,将按初始年进口份额加权的 M1、M2 及其增长率作为企业层面名义有效汇率的工

具变量,并控制了时间和企业层面固定效应。由列(1)至列(4),按初始年进口份额加权的名义有效汇率对数的回归系数均在 1% 水平上显著为负,且数值均远大于基准回归中的相应值。

表 11-6　工具变量回归结果

因变量:ln(国外附加值比)	全部加工贸易企业			
	(1)	(2)	(3)	(4)
ln(按初始年进口份额加权的名义有效汇率)	-0.409***	-1.105***	-1.748***	-1.174***
	(0.034)	(0.174)	(0.319)	(0.182)
时间固定效应	有	有	有	有
企业层面固定效应	有	有	有	有
观测值	67 011	45 502	49 841	49 922
第一阶段回归				
IV1:ln(按初始年进口份额加权的 M1)	-0.152***			
	(0.007)			
IV2:ln(按初始年进口份额加权的 M2)	0.119***			
	(0.006)			
IV3:ln(按初始年进口份额加权的 M1 增长率)		-0.007***	-0.020***	
		(0.003)	(0.003)	
IV4:ln(按初始年进口份额加权的 M2 增长率)		-0.048***		-0.050***
		(0.006)		(0.006)
内生性检验	128***	68.6***	60.2***	77.5***
Kleibergen-Paap rank LM Chi2	581***	73.4***	49.6***	72.7***
Kleibergen-Paap rank Wald F	424	38.3	50.5	74.5
Hansen J	63.5***	1.74	—	—

注:列(1)至列(4)均采用面板数据工具变量回归方法,并控制其他企业层面特征变量及企业和时间层面固定效应。*、** 和 *** 分别表示在 10%、5% 和 1% 水平上显著。

表 11-6 还汇报了内生性检验、识别不足检验(Kleibergen-Paap rank LM Chi2 统计值)、弱工具变量检验(Kleibergen-Paap rank Wald F 统计值)和过度识别检验(Hansen J 统计值)的结果。值得说明的是,列(1)至列(4)均通过了内生性检验,且其一阶段回归系数均显著,同时 Kleibergen-Paap rank LM Chi2 统计值均显著大于 1% 显著度水平上的临界值,故工具变量和内生变量显著相关,不存在识别不足的问题。列(1)至列(4)的 Kleibergen-Paap rank Wald F 统计值均远超过 Baum 等(2007)给出的经验临界值 10,因而亦不存在弱工具变量的问题。然而,列(1)并未通过过度识别检验。但采用 M1、M2 增长率作为名义有效汇率的工具变量则不存在这方面的问题。综上,工具变量回归结果表明按初始年进口份额加权的名义有效汇率对加工贸易企业的国外(内)附加值比存在显著的负(正)向影响。

第六节　影响的经济维度和机制

一、经济显著性

尽管前文中所有回归的因变量均为国外附加值比,但本章更关心的是人民币汇率变动所引起的本国加工贸易企业国内附加值比的变动。由式(11.22)可知:

$$\frac{\Delta DVAR}{DVAR} = \frac{\Delta DVAR}{FVAR}\frac{FVAR}{DVAR} = -\frac{\Delta FVAR}{FVAR}\frac{FVAR}{DVAR}$$

由表 11-1 可知 FVAR/DVAR = 0.42/0.58 ≈ 0.724,而从表 11-2 的列(3)可知 ΔFVAR/FVAR = −0.08ΔNEER/NEER。所以,基于 2000—2009 年样本均值,按初始年进口份额加权的名义有效汇率每提高 10%(即本币贬值 10%),加工贸易企业国内附加值比平均将提高 0.58%(因为 0.8% × 0.724≈0.58%)。由于本币贬值 10%,加工贸易企业的国内附加值比平均提高 0.58%,而在 2002—2006 年样本期间按初始年进口份额加权的名义有效汇率平均贬值了 15.2%,故国内附加值比平均提高了 0.88%。同时,2002—2006 年我国加工贸易企业国内附加值比平均提高 6.4%(Kee and Tang,2016),这表明按初始年进口份额加权的名义有效汇率贬值贡献了该期加工贸易企业国内附加值比的 13.8%。[1] 此外,若采用工具变量的回归系数,则名义有效汇率贬值 10%,加工贸易的国内附加值比将平均提高 8.0%。综上所述,本章的发现不仅在统计意义上显著,在经济意义上也较为显著。

二、影响机制探讨

式(11.18)表明,汇率变动通过两个渠道影响加工贸易企业的国内附加值。第一,给定其他要素不变,汇率变动通过改变进口中间品以目的国货币衡量的相对价格,直接影响企业对进口和国内中间品的配置,进而带来国内附加值比的变化。第二,汇率变动还将影响本国出口企业的进入退出决策和定价策略,改变其出口的成本加成,进而影响其国内附加值比。本章根据 De

---

[1]　2000—2001 年,我国完成入世谈判,成功加入 WTO。入世会对企业出口的国内附加值比产生较大影响。因而在分析汇率变动的经济意义时我们从 2002 年开始。事实上,如果考虑入世期间样本,汇率变动依然可以解释加工贸易企业国内附加值比变动的 6.8%。实证回归中通过时间虚拟变量控制这一冲击的影响,因而回归系数的估计并不受影响。

Loecker 和 Warzynski（2012）[1]、Ackerberg 等（2006）的研究发现，测算了 2000—2006 年我国加工贸易企业的成本加成。[2] 根据式（11.18），我们通过两步回归法来识别汇率变动通过成本加成渠道影响加工贸易企业的国内附加值比。首先，估计汇率变动对加工贸易企业成本加成的影响，考虑如下对数线性回归方程式：

$$\ln(1+\mu_{it}^{X}) = \gamma_0 + \gamma_1 \ln(\text{NEER}_{it}^{g=1}) + \gamma_2 X_{it} + \iota_i + \upsilon_t + \psi_{it} \qquad (11.23)$$

其中，ι_i、υ_t 和 ψ_{it} 分别为企业层面固定效应、时间层面固定效应和异质性冲击。

其次，将第一步估计的拟合值代入式（11.19），并考虑和式（11.20）类似的回归方程式：

$$\ln(\text{FVAR}_{it}^{pe}) = \beta_0 + \beta_1 \widehat{\ln(1+\mu_{it}^{X})} + \beta_2 X_{it} + \alpha_i + \rho_t + \zeta_{it} \qquad (11.24)$$

其中，$\widehat{\ln(1+\mu_{it}^{X})}$ 为出口成本加成对数的拟合值。

表 11-7 的列（1）和列（2）汇报了两步回归法的回归结果。列（1）考察了名义有效汇率对企业成本加成的影响。在控制了劳动生产率、企业退出虚拟变量、企业所有制类型虚拟变量、企业规模等变量后，名义有效汇率提高 10%，则加工贸易企业的成本加成提高 0.97%。但随着企业劳动生产率的提高，名义有效汇率对成本加成的影响则有所下降。[3] 由于样本期间，加工贸易企业的劳动生产率对数的平均值为 4.822，由此可以估算，名义有效汇率提高 10%，加工贸易企业的成本加成平均提高 0.247%（0.97% — 0.15%×4.822）。表 11-7 列（2）将列（1）得到的成本加成对数的拟合值代入式（11.24）进行回归，同时控制列（1）中除汇率外所有会影响成本加成的因素。因而列（2）中成本加成拟合值的回归系数反映了汇率变动通过成本加成对国外附加值比产生的影响。由列（2）可知，成本加成的拟合值提高 10%，则国外附加值比降低 13.9%。由此可估计，名义有效汇率贬值 10%，则其通过成本加成渠道使得国外附加值降低 0.343%（0.247%×1.390）。

表 11-7 的列（3）和列（4）则是采用 2000—2006 年的加工贸易企业样本，检验了按初始年进口份额加权的名义有效汇率对企业国外附加值比的整体影响。由表 11-7，按初始年进口份额加权的名义有效汇率提高依然会导致加

---

① 在估计企业的成本加成时，企业的资本投入根据 Brandt 等（2012）的方法估算。

② 加工贸易企业生产的产品只能出口而不能内销。因此其企业层面成本加成也即其出口的成本加成。成本加成的详细估计方法参见附录 11A。此外，由于 2007 年之后的数据并未提供企业中间投入和附加值，故无法估计企业的全要素生产率和成本加成。因而在验证影响机制时，本章仅采用了 2000—2006 年的数据。

③ 尽管也有文献指出面临汇率贬值时，生产率较高的企业提高其出口成本加成的幅度也较大。但对中国加工贸易企业的研究并没有得出这样的结论，且已有不少研究发现加工贸易企业存在生产率悖论。

表 11-7　影响机制

因变量	ln(价格加成)	ln(国外附加值比)		
	(1)	(2)	(3)	(4)
ln(按初始年进口份额加权的名义有效汇率)	0.097** (0.041)		−0.093*** (0.020)	−0.124*** (0.029)
ln(成本加成)的拟合值		−1.390*** (0.440)		
ln(按初始年进口份额加权的名义有效汇率)×ln(劳动生产率)	−0.015* (0.008)			0.007 (0.004)
时间层面固定效应	有	有	有	有
企业层面固定效应	有	有	有	有
观测值	21 914	21 914	30 150	30 150
R^2	0.052	0.081	0.088	0.088

注：*、** 和 *** 分别表示在 10%、5% 和 1% 水平上显著。

工贸易企业的国外附加值比显著下降。列(3)表明名义有效汇率提高 10%，则国外附加值比下降 0.93%。故此时成本加成渠道大约解释了汇率变动影响国外附加值比的 36.9%(0.343%/0.93%)。列(4)则是在列(3)的基础上控制了名义有效汇率对数和劳动生产率对数的交互项，此时名义有效汇率对数的回归系数略微变大，且仍在 1% 水平上显著。由列(4)可知，成本加成渠道依然解释了汇率贬值带来国外附加值比变动的 27.7%(0.343%/1.24%)。① 综上所述，成本加成渠道大约解释了汇率变动带来加工贸易企业国外附加值比变动的 1/3(27.7% 和 36.9% 的均值)。

根据 Feenstra(2010)，1/3 的影响水平已经是一个较大程度且十分重要的影响。Feenstra(2010)发现企业的外包行为大约解释了 1979—1990 年美国制造业技术工人相对工资上涨的 25%。他认为如果忽略了外包行为的影响，则不能全面并充分认识 20 世纪 80 年代美国技术工人相对工资上涨的事实。同样，尽管成本加成渠道仅大约解释了汇率变动带来加工贸易企业国外附加值比变动的 1/3，但如果忽略了成本加成渠道的影响，则难以全面并充分地理解本币贬值引起国内附加值比提升的具体渠道和内涵。

---

①　由于名义有效汇率和劳动生产率交互项的回归系数并不显著，所以在估算列(4)中名义有效汇率对国外附加值的整体影响时，并未考虑这一因素。如考虑这一因素的话，则成本加成渠道的解释力度将进一步增大。

三、影响机制的稳健性检验

考虑到间接进口、进口资本品等因素的影响，本章对汇率变动影响加工贸易企业国内附加值比的影响机制也进行了稳健性检验。回归方法和前文"影响机制"部分内容类似，但受篇幅限制这里仅汇报第一阶段和第二阶段主要变量的回归系数。表 11-8 中所有回归均控制了其他影响因素、时间和企业层面固定效应。列（1）、列（2）和列（4）一阶段回归均控制的是名义有效汇率，而列（3）控制的则是实际有效汇率。首先，列（1）考察了纯加工贸易企业样本的回归情况。名义有效汇率对加工贸易企业的成本加成依然有显著的正向影响，但成本加成对数拟合值在第二阶段的回归系数尽管为负但并不显著。其次，列（2）考察了限定加工贸易企业的国内附加值比低于同行业一般贸易企业净出口占总出口比值的中位数的情况。此时，成本加成对数拟合值的回归系数显著为负。最后，列（3）考察了采用企业层面实际有效汇率进行回归的情况，而列（4）则剔除了进口资本品较为显著的行业。二者得到的回归结果均与表 11-7 中列（1）和列（2）基本一致——名义有效汇率增加和加工贸易企业的成本加成提升正相关，而成本加成的上升又会带来其国外（内）附加值比的显著下降（上升）。综上所述，在考察了纯加工贸易企业、剔除间接进口等四方面稳健性检验后，汇率变动对加工贸易企业国内附加值比的两个影响渠道依然显著存在。①

表 11-8   影响机制的稳健性检验

	自变量	(1) 纯加工贸易 企业	(2) 剔除间接 进口企业	(3) 实际有效 汇率	(4) 剔除进口资 本品行业
第一阶段回归	ln（按初始年进口份额加权的名义或实际有效汇率）	0.117* (0.068)	0.041 (0.055)	0.093** (0.042)	0.053 (0.048)
	ln（按初始年进口份额加权的名义或实际有效汇率）×ln（劳动生产率）	−0.024* (0.013)	−0.006 (0.011)	−0.015* (0.008)	−0.009 (0.009)
第二阶段回归	ln（成本加成）的拟合值	−0.338 (0.296)	−1.210*** (0.427)	−1.244*** (0.312)	−2.188*** (0.586)

注：*、** 和 *** 分别表示在 10%、5% 和 1% 水平上显著。

---

① 值得说明的是，表 11-8 中部分变量的回归系数并不是十分显著（部分 t 值已经十分接近 10% 显著度水平下的临界值），这可能是因为 2000—2006 年仅有 20 000 个成本加成数据的观测值，在额外控制其他约束后，回归样本数量减少了一半以上。

第七节　结　论

本章拓展了 Rodríguez-López(2011)及 Kee 和 Tang(2016)的研究,建立了汇率变动影响加工贸易企业国内附加值比的理论模型,并运用中国企业层面数据进行验证。汇率变动通过两个渠道影响本国加工贸易企业的国内附加值比:第一,给定其他要素不变,汇率变动通过改变进口中间品相对价格,影响企业对进口和国内中间品的配置,进而改变其国内附加值比;第二,汇率变动影响出口企业的进入退出和定价策略,并通过出口企业的平均生产效率影响加工贸易企业的出口成本加成和国内附加值比。中国企业层面数据验证了本币贬值对加工贸易企业国内附加值和国内附加值比的正向影响。2002—2006 年,按初始年进口份额加权的名义有效汇率平均贬值 15.2%,解释了加工贸易企业国内附加值比增加的 13.8%。文章还用企业数据验证了汇率变动对加工贸易企业国内附加值比影响的两个渠道,并得到了有利的实证支持。最后,在考虑了纯加工贸易企业、其他企业层面名义有效汇率衡量方法及内生性等因素的影响后,汇率变动对国内附加值比及其两个影响渠道依然显著存在。

国内附加值比重的提升表明我国企业能够负责更多的生产阶段,且国内中间投入品的相对竞争力增强。而本章的研究表明了汇率贬值能够从两个渠道促进我国加工贸易企业国内附加值比重的提升。尤其重要的是,企业会自主地根据汇率变动来调整自己的定价策略,从而尽可能地降低汇率变动对企业利润的冲击。这意味着企业自身会消化一部分贸易政策对其盈利水平的影响,并在面对政策冲击时表现得更加灵活。因而,政府在制定贸易政策时需要考虑企业的这种主观能动性,在调整汇率政策时采取较为审慎的态度,充分考虑政策对企业行为的影响,最终利用适当的政策引导企业对国内和进口中间品的配置,并促进企业竞争力和盈利能力的提升。我国当前正处在经济结构转型的重要时期,如果能够合理利用全球价值链,充分发挥后发优势,同时配以适当的宏观和产业政策,增加对国内中间品的需求,扩大出口产品的竞争优势,就可能提高企业的利润率和出口的国内附加值,实现经济的稳定快速增长。

附　录

第三章

附录 3A　用 Olley 和 Pakes (1996) 的方法估计 TFP

计量经济学家曾尝试过多种方法来克服在估计 TFP 过程中遇到的问题。传统的 OLS 方法有两个缺陷:第一,企业可能同时选择产量和资本存量,使产量和资本存量间产生反向因果关系:资本存量的选择影响产量,而产量的选择也反过来影响资本存量。第二,OLS 方法无法解决面板数据中的样本选择偏误,即只有生产率较高的企业才能够存活并留在样本当中。为解决第一个问题,起初研究者们普遍采用加入企业固定效应与时间固定效应的方式来减小共时性偏误。虽然固定效应方法能够在一定程度上减小共时性,但是它并不能克服企业同时选择产量与资本存量所带来的反向因果问题。为解决第二个问题,研究者通常丢掉那些在样本期内退出的企业,使数据变为平衡面板。但这种方法会造成大量信息浪费,并且完全没有考虑企业的动态决策问题。

Olley 和 Pakes 的方法在解决这些实证难题上做出了巨大贡献。考虑一个常规的柯布-道格拉斯(Cobb-Douglas)生产函数

$$Y_{it} = \pi_{it} M_{it}^{\beta m} K_{it}^{\beta k} L_{it}^{\beta l} \tag{3A.1}$$

其中 Y_{it} 为企业 i 在时间 t 的产量,K_{it}、L_{it} 与 M_{it} 分别为资本、劳动力与中间投入品,π_{it} 为企业生产率。假设企业对后一期生产率(v_{it})的预期取决于前一期生产率的实现值,那么企业 i 的投资可以写为生产率与资本存量对数 $k_{it} = \ln K_{it}$ 的单调递增函数。仿照 Van Biesebroeck (2005)、Amiti 和 Konings (2007) 对 OP 方法的拓展,我们将企业的出口决策也放进其投资函数。

$$I_{it} = \tilde{I}(\ln K_{it}, v_{it}, EF_{it}) \tag{3A.2}$$

其中 EF_{it} 为衡量企业 i 在时间 t 是否出口的虚拟变量。因此,I_{it} 的反函数可以写作

$$v_{it} = \tilde{I}^{-1}(\ln K_{it}, I_{it}, EF_{it}) \; [1] \tag{3A.3}$$

---

[1]　Olley 和 Pakes (1996) 证明了在对企业的生产技术作少量假设的情况下,投资函数可写作生产力的单调增函数。

　　由此,不可见的企业生产率取决于企业的资本存量、投资与出口状态。对 TFP 的估计方程现在可写作

$$\ln Y_{it} = \beta_0 + \beta_m \ln M_{it} + \beta_l \ln L_{it} + g(\ln K_{it}, I_{it}, EF_{it}) + \varepsilon_{it} \qquad (3A.4)$$

其中 $g(\ln K_{it}, I_{it}, EF_{it}) \equiv \beta_k \ln K_{it} + \tilde{I}^{-1}(\ln K_{it}, I_{it}, EF_{it})$。参照 Olley 和 Pakes (1996)、Amiti 和 Konings (2007) 的方法,我们采用资本(对数)、投资(对数)、出口虚拟变量的四阶多项式来对 $g(\cdot)$ 进行近似。[①]

$$g(k_{it}, I_{it}, EF_{it}) = (1 + EF_{it}) \sum_{h=0}^{4} \sum_{q=0}^{4} \delta_{hq} k_{it}^h I_{it}^q \qquad (3A.5)$$

在估计出 $\hat{\beta}_m$ 与 $\hat{\beta}_l$ 之后,我们计算式(3A.4)的残差 $R_{it} \equiv \ln Y_{it} - \hat{\beta}_m \ln M_{it} - \hat{\beta}_l \ln L_{it}$。

　　下一步我们估计资本存量的系数 β_k。为纠正之前所提到的样本选择偏误,Amiti 和 Konings (2007) 建议估计一个企业存活的概率模型(自变量为资本与投资的高阶多项式),并将估计的存活概率放入方程进行控制。因此,我们估计以下方程:

$$R_{it} = \beta_k \ln K_{it} + \tilde{I}^{-1} g_{it-1}(-\beta_k \ln K_i, t-1, \hat{pr}_{i,t-1}) + \varepsilon_{it} \qquad (3A.6)$$

其中 $\hat{pr}_{i,t-1}$ 表示企业在下一年退出概率的估计值。由于我们并不清楚投资函数的反函数 $\tilde{I}^{-1}(\cdot)$ 的真实函数形式,因此我们用 g_{it-1} 与 $\ln K_{i,t-1}$ 的四阶多项式对其进行近似。此外,式(3A.6)要求式中两个资本项前面的系数相同。因此,我们采用非线性最小二乘(non-linear least squares)的方法进行估计(Pavcnik, 2002; Arnold, 2005)

　　最后,在得到资本系数 $\hat{\beta}_k$ 之后,我们计算每个行业 j 中企业 i 的 TFP:

$$TFP_{ijt}^{OP} = \ln Y_{it} - \hat{\beta}_m \ln M_{it} - \hat{\beta}_k \ln K_{it} - \hat{\beta}_l \ln L_{it} \qquad (3A.7)$$

第四章

附录 4A　增加 Olley 和 Pakes(1996)的 TFP 衡量

　　在这里我们详细描述 Olley 和 Pakes(1996)估计企业 TFP 的方法并做些扩展。首先,我们对投入和产出采用不同的价格缩减指数。投入平减指数和产出平减指数的数据来自 Brandt 等(2012),其中产出平减指数是根据《中国统计年鉴》的参考价格构建的,而投入平减指数是根据产出平减指数和中国的国家投入产出表构建的。

　　接下来,我们用永续盘存方法构建实际投资变量。我们使用中国企业层

[①]　用更高阶的多项式来近似 g(·)并不会大幅改变估计结果。

面数据集提供的企业实际折旧率,而非任意数字。

我们使用标准的柯布-道格拉斯(Cobb-Douglas)生产函数:

$$Y_{it} = \pi_{it} L_{it}^{\beta_1} K_{it}^{\beta_k} M_{it}^{\beta_m} \tag{4A.1}$$

其中 Y_{it} 是企业 i 在 t 年的产出,K_{it}、L_{it} 和 M_{it} 代表劳动力、资本和中间品投入。通过假设对未来的生产率冲击的预期 v_{it} 依赖于其当时的价值,企业 i 的投资被构建为未观测到的生产率和 Log 资本的增函数,表示为 $k_{it} = \ln K_{it}$。与一些研究者(如 Van Biesebroeck,2005;Amiti and Konings,2007)的做法相同,鉴于大多数企业的出口决策都是在前一时期确定的,我们将企业的出口决策作为投资函数的一个额外论据。

$$I_{it} = \tilde{I}(k_{it}, v_{it}, X_{it}) \tag{4A.2}$$

X_{it} 是一个用来衡量企业 i 是否在 t 年出口的假设。因此 I_{it} 的反函数是

$$v_{it} = \tilde{I}^{-1}(k_{it}, I_{it}, X_{it}) \tag{4A.3}$$

无法观测到的生产力也取决于 Log 资本和企业的出口决策。因此,估计方程可以被写为

$$y_{it} = \beta_0 + \beta_m m_{it} + \beta_l l_{it} + g(k_{it}, I_{it}, X_{it}) + \varepsilon_{it} \tag{4A.4}$$

$g(k_{it}, I_{it}, X_{it})$ 被定义成 $\beta_k k_{it} + \tilde{I}^{-1}(k_{it}, I_{it}, X_{it})$。遵照 Olley 和 Pakes(1996)及 Amiti 和 Konings (2007)的方法,四次多项式被用于 Log 资本、Log 投资和企业出口假设以近似得到 $g(\cdot)$。另外,我们也加入了一个 WTO 假设(2001 年以后是 1,2001 年以前是 0)来表示方程 $g(\cdot)$。

$$g(k_{it}, I_{it}, X_{it}, WTO_t) = (1 + WTO_t + X_{it}) \sum_{h=0}^{4} \sum_{q=0}^{4} \delta_{hq} k_{it}^h I_{it}^q \tag{4A.5}$$

在发现了估计系数 $\hat{\beta}_m$ 和 $\hat{\beta}_l$ 后,我们计算了由如下方程定义的残值:

$$R_{it} \equiv y_{it} - \hat{\beta}_m m_{it} - \hat{\beta}_l l_{it} \tag{4A.6}$$

下一步是计算 β_k 的无偏估计系数。我们假设企业的生产力符合外生的马尔科夫过程,$v_{it} = h(v_{it} - 1) + \eta_{it}$。为了纠正因企业退出而造成的选择偏差,Amiti 和 Konings(2007)建议在 Log 资本和 Log 投资中估计一个高阶多项式的生存指标的概率,这样可以准确估计以下方程:

$$R_{it} = \beta_k k_{it} + h(\hat{g}_{it-1} - \beta_k k_{i,t-1}, \hat{pr}_{i,t-1}) + \varepsilon_{it}^* \tag{4A.7}$$

其中 $\hat{pr}_{i,t-1}$ 代表企业下一年退出出口市场的可能性,$\varepsilon_{it}^* = \varepsilon_{it} + \eta_{it}$ 代表复合误差项。因为 h 反函数的真实方程形式还无法得知,应使用四次多项式 g_{it-1} 和 $k_{i,t-1}$ 去估计它。此外,式(4A.6)也要求第一项和第二项的 Log 资本的估计系数相同。因此应使用非线性最小二乘法(Pavcnik,2002;Arnold and Hussinger,2005)。最终,Olley 和 Pakes 一旦算出估计系数 $\hat{\beta}_k$,便可得到每

个 j 行业的 i 企业的 TFP：

$$\mathrm{TFP}_{ijt}^{\mathrm{OP}} = y_{it} - \hat{\beta}_m m_{it} - \hat{\beta}_k k_{it} - \hat{\beta}_l l_{it} \tag{4A.8}$$

附录 4B 行业进口渗透率的构建

我们通过行业进口渗透率来控制行业级别的进口竞争。进口渗透率定义为行业进口总值与行业吸收总量的比值。吸收总量通过"生产－出口＋进口"来衡量。用等式表示为

$$\mathrm{IMP-PEN}_{it} = \frac{\mathrm{IM}_{it}}{Y_{it} - \mathrm{EX}_{it} + \mathrm{IM}_{it}} \tag{4B.1}$$

"$\mathrm{IMP-PEN}_{it}$"是行业 i 在 t 年的进口渗透率，IM_{it} 是中国从世界的进口量，EX_{it} 是中国向世界的出口量，Y_{it} 是国内总产值。进口和出口数据来自 COMTRADE 的 6 位 HS 级别。我们将 HS 6 产品映射到 2 位中国行业分类（GB/T 4754-2002），并将进出口值汇总到 2 位 CIC 行业级别。最后，我们使用式(4A.1)计算 2001—2007 年每个 2 位 CIC 行业的进口渗透率。国内总产值数据来源于《中国统计年鉴》。

附录 4C 升值对不同出口强度的企业的影响

表 4C-1 出口强度分类下的就业、利润和销售增长差异

(单位：%)

出口强度(expint)	就业	利润	销售额
0＜expint＜0.1	−7.501	−18.609	−18.608
0.1＜expint＜0.4	−8.842	−37.040	−16.482
0.4＜expint＜1	−11.258	−42.231	−18.191
expint ＝1	−13.562	−14.354	−13.390

注：本表根据出口强度报告升值期与升值前期之间的就业、利润和销售额的增长差异。每个条目＝升值期间的增长率－升值前期的增长率。

表 4C-2 出口强度分类下方程式(4.5)的回归结果

	(1) ΔLog 研发	(2) Δ 研发假设	(3) Δ 新产品销售占比	(4) Δ 新产品假设
EXPINT04$_f$	0.032*	0.017***	0.008***	0.018***
	(1.85)	(3.07)	(3.75)	(3.33)
TFP	0.091***	0.011***	0.003***	0.010***
	(8.84)	(6.63)	(4.63)	(6.73)
Log 雇佣	0.098***	0.005***	0.001**	0.004**
	(7.72)	(2.66)	(2.00)	(2.35)

（续表）

	(1) ΔLog 研发	(2) Δ 研发假设	(3) Δ 新产品销售占比	(4) Δ 新产品假设
Log 资本	0.065***	0.006***	0.001***	0.002**
	(9.96)	(5.90)	(3.69)	(2.06)
进口渗透	0.092***	0.004	0.003***	0.001
	(4.57)	(1.42)	(2.92)	(0.49)
行业进口	0.017	0.003*	0.002***	0.003**
	(1.51)	(1.93)	(5.00)	(2.33)
行业国内销售	−0.019	−0.002	−0.001**	−0.003**
	(−1.22)	(−1.16)	(−2.52)	(−2.04)
常量	−1.296***	−0.138***	−0.028***	−0.033
	(−6.23)	(−6.17)	(−3.25)	(−1.59)
观测量	51 510	51 510	51 249	51 249
R^2	0.019	0.005	0.003	0.004

注:本表报告了 2004 年不同出口强度企业的估计结果。因变量是升值期和升值前期平均创新力的差异。EXPINT 04_f 是 2004 年出口强度。t 值在括号里。*、** 和 *** 表示在 10%、5% 和 1% 水平上显著。

附录 4D　企业异质性

表 4D-1　持续出口商和退出者的企业特性

企业特性	持续出口商	退出者
TFP	4.132	4.019
Log 雇佣	5.721	5.250
Log 销售	10.963	10.591

注:本表比较了 2004 年持续出口商和出口退出者的企业特性。持续出口商:企业在 2004 年有出口且在 2005—2007 年持续向外出口。退出者:企业在 2004 年有出口,但在 2005—2007 年退出了出口市场且不再出口。

表 4D-2　2005 年持续出口商的出口增长和出口强度

年份	出口增长	出口强度
2001	—	59.293
2002	59.012	60.131
2003	44.994	63.909
2004	81.987	63.912
2005	20.198	64.273
2006	9.072	63.966
2007	3.143	63.128

第九章

附录 9A　测算微观层面出口质量所需变量计算方法及数据来源

本附录详细阐述依照式(9.6)计算出口质量时,所需的各个变量 p_{ijgt}^{*}、φ_{it} 和 w_t,以及 α_{jg}、θ_g 和 σ_g 的计算方法和来源,具体做法与余淼杰和张睿(2017)一致。

(1)出口离岸单价(p_{ijgt}^{*})的计算

出口离岸单价的数据来自 2000—2006 年中国企业层面的海关进出口贸易数据库,这一数据由中国海关总署所统计和维护。该数据库中记录了每个企业每笔进出口交易的交易价值、交易数量、HS 8 位的产品类别、出口目的地等详细信息。如 Yu(2015)所发现的,中国的加工贸易出口在出口总量中占相当的份额。需要说明的是,由于加工贸易出口生产使用的全部中间品和部分资本品均来自进口,其投入品成本水平 w_t 与国内投入品的成本水平差别很大,难以获得。因此为了避免投入品成本水平不准确造成的对产品质量的估计误差,引起分析上的困难,我们仅保留一般贸易出口的数据进行测算分析。

由于海关数据所记录的出口离岸价值是以美元计价的,因此我们利用当月平均美元对人民币的汇率将每笔交易的出口离岸价值转换为以人民币计价。我们构造企业—目的地—产品—年份层面的离岸单位价值 uv_{ijgt},将 i 企业在 t 年中出口到 j 国的属于产品类别 g 的离岸价值(数量)加总得到总价值(总数量),将总价值除以总数量即得到出口离岸单价,如下式所示:

$$uv_{ijgt} = \frac{\text{value}_{ijgt}}{\text{quantity}_{ijgt}} \tag{9A.1}$$

其中 value_{ijpt} 为 i 企业在 t 年向 j 国出口的属于产品类别 g 的出口离岸价值,quantity_{ijgt} 为相应的出口数量,uv_{ijgt} 是出口离岸单价。产品类别 g 以 HS 6 位产品分类码为准。

(2)企业生产率(φ_{it})的计算

我们测算企业全要素生产率(TFP)作为 φ_{it} 的度量。传统上,企业 TFP 的度量采用索洛剩余方法,即假设企业的生产技术满足柯布-道格拉斯(Cobb-Douglas)生产函数形式,即 $Y_{it} = \varphi_{it} K_{it}^{\alpha} L_{it}^{\beta} M_{it}^{\gamma}$。其中 Y_{it} 为企业的总产出,K_{it}、M_{it} 和 L_{it} 分别表示企业的资本存量、中间投入和劳动力投入。将等号两边取自然对数,即可通过最小二乘法进行估计,其残差值即为 $\ln(\varphi_{it})$ 的估计值。然而,传统的最小二乘法存在瞬时偏差和选择偏误,因此会导致对 TFP 的不准确估计。因此我们参照 Amiti 和 Konings(2007)、Yu(2015)的做法,使用 Olley 和 Pakes(1996)所提出的半参数方法对 TFP 进行估计,以克服瞬时偏差和选择偏误,准确测算企业生产率。

我们利用制造业企业数据库构造企业层面的 TFP。该数据库为年度面板数据,包含了所有的国有工业企业,以及年销售额在 500 万元以上的非国有工业企业。数据库包括了财务报表的主要信息和生产方面的信息。我们参考了 Cai 和 Liu(2009)、Feenstra 等(2014)的方法进行了数据清理。参照 Ahn 等(2011),我们也将仅从事贸易活动的企业从样本中剔除。

依照中国的实际情况,我们又考虑几个方面的问题:第一,由于每个行业中的企业生产技术不同,因此我们分行业对企业的生产函数进行估计,行业的划分基于国民经济行业分类的 2 位数代码(CIC 2 位代码)。第二,由于每个企业的产出均以货币单位计价,因此为了克服价格指数变化所带来的测量误差(De Loecker,2011),我们利用行业层面上的产出价格平减指数对企业的产出进行平减,同时也对中间品投入进行价格平减。价格平减指数的构造方法参照了 Brandt 等(2012)的研究。需要指出的是,Brandt 等(2012)利用产出价格平减指数和投入产出表构造中间投入的价格平减指数,而由于投入产出表仅考虑了来自国内的投入品使用,因此所构造出的中间投入价格平减指数相对更适用于一般贸易出口,而不适用于加工贸易出口,这也是我们仅考虑一般贸易出口样本的重要原因。第三,如 Yu(2015)所考虑的,中国在 2001 年年底正式加入了 WTO,这一需求层面的正向冲击会增大 TFP 估计中的瞬时偏差,因此我们将“是否已加入WTO”这一虚拟变量包括到估计方程中,以更准确地估计 TFP。第四,不同的所有制对企业 TFP 也有所影响。尤其在中国,国有企业的决策并非完全基于利润最大化,而往往受到国家的影响(Hsieh and Klenow,2009)。因此我们将国有企业这一虚拟变量也包括到估计方程中。第五,在估算企业真实资本存量时,我们采用与 Brandt 等(2012)一致的方法,即永续盘存法。但不同的是我们使用企业的真实折旧额进行计算,而非对折旧率进行假设。

(3) 海关数据与工业企业数据库的合并

计算出企业的出口离岸单价和全要素生产率之后,我们需要对这两部分的数据进行合并。由于工业企业数据库的法人代码与海关数据中的法人代码并不一致,因此无法通过法人代码进行合并。我们参照 Yu(2015)的方法,采用海关数据和工业企业数据库中的企业名称和年份进行这两个数据库之间的匹配合并;同时,为了提高匹配度,我们也利用两个数据库企业的邮政编码和电话号码的后七位数字进行匹配。

（4）投入品成本水平（w_t）的计算

我们接下来构造式（9.6）中的投入品成本水平 w_t。我们允许每个 CIC 2 位码行业每年的投入品成本水平不同，因此实际上我们计算的是每个 CIC 2 位码行业 k 每年的投入品成本水平 w_{kt}。Feenstra 和 Romalis（2014）假设企业在生产过程中只需要劳动力一种投入品，但实际上企业的投入品还包括中间投入和资本品，因此单纯使用表示劳动力成本的工资水平代替 w_{kt} 并不恰当。我们将 w_{kt} 定义为包含有三种投入要素价格的投入品成本水平：

$$\ln(w_{kt}) = \alpha'_k \ln(w^L_{kt}) + \beta'_k \ln(w^K_{kt}) + \gamma'_k \ln(w^M_{kt}) \quad (9A.2)$$

如式（9A.2）所示，企业的投入品成本水平实际上包含了劳动、资本和中间投入三部分的成本 w^L_{kt}、w^K_{kt} 和 w^M_{kt}，以及其相应的份额 α'_k、β'_k 和 γ'_k。由于我们仅研究一般贸易出口，因此生产用的所有（或绝大部分）中间投入均来自国内市场。如前所述，我们对产出和中间投入均进行价格平减，且所有行业的产出同时作为本行业和其他行业的中间投入，因此在均衡中 $w^M_{kt} = 1$，有

$$\ln(w_{kt}) = \alpha'_k \ln(w^L_{kt}) + \beta'_k \ln(w^K_{kt}) \quad (9A.2')$$

其中 α'_k 与 β'_k 分别表示行业 k 中，劳动成本和资本成本在投入品成本水平中所占的比例。我们将每个 CIC 2 位码行业 k 中每年出口企业的应付工资总额和应付福利总额加总并予以价格平减，除以该行业每年出口企业的总雇员人数，即得到 CIC 2 位码行业 k 每年的劳动成本，即

$$w^L_{kt} = \frac{\text{Wage}_{kt} + \text{Compensation}_{kt}}{\text{Employee}_{kt}} \quad (9A.3)$$

我们将每个 CIC 2 位码行业 k 中每年出口企业的折旧总额加总并予以价格平减，除以该行业每年出口企业的总真实资本存量，即得到 CIC 2 位码行业 k 每年的资本成本，即

$$w^K_{kt} = \frac{\text{Depreciation}_{kt}}{\text{Capital}_{kt}} \quad (9A.4)$$

在生产函数满足柯布-道格拉斯（Cobb-Douglas）形式 $Y_{it} = \varphi_{it} K_{it}^\alpha L_{it}^\beta M_{it}^\gamma$ 的前提下，α'_k 与 β'_k 的具体数值可根据生产函数的投入品弹性计算得到，具体为

$$\alpha'_k = \frac{\alpha_k}{\alpha_k + \beta_k + \gamma_k}$$
$$\beta'_k = \frac{\beta_k}{\alpha_k + \beta_k + \gamma_k} \quad (9A.5)$$

各个 CIC 2 位码行业的 α_k、β_k 和 γ_k 估计值可以从估计企业全要素生产率的过程中得到。据此可以计算 α'_k 和 β'_k，进而依据(9A.2')式计算每个 CIC 2 位码行业 k 每年的投入品成本水平。

(5) 结构性参数(α_{jg}、θ_g 和 σ_g)的计算

为了最大限度地保证产品质量估计值的完整性，并允许我们能够描述质量跨时和跨国的差异，我们利用 Feenstra 和 Romalis(2014)所估计出的每个国家每种 SITC 第二版 4 位码产品层面上的结构性参数 α_{jg}、θ_g 和 σ_g 的数值，直接依据式(9.6)计算产品质量。[①] 具体来说，我们利用 WITS 所提供的不同产品分类系统转换表，将 HS 6 位产品码与 SITC 第二版 4 位码进行匹配，从而得到每个 HS 6 层面上相应的 α_{jg}、θ_g 和 σ_g 参数值。对于部分 HS 6 位产品码，其对应的 SITC 第二版 4 位的结构性参数值为缺失，于是我们将这些 HS 6 位产品码所对应的 SITC 第二版 3 位码内的平均 α_{jg}、θ_g 和 σ_g 参数值作为其对应的参数值，从而最大限度地保证样本的完整性。

第十章

附录 10A　Feenstra 和 Romalis(2014)进出口质量的测算方法

本附录详细介绍了如何利用 Feenstra 和 Romalis(2014)的方法构造产品—国家层面的贸易产品质量。

(1) 理论框架

假设在某种产品上，k 国消费者面对着来自不同出口国 i 的一系列差异化品种。k 国消费者的偏好由式(10A.1)式定义的支出函数所刻画。

$$E^k = U^k \left[\int_i (p_i^k / (z_i^k)^{\alpha^k})^{(1-\sigma)} \, \mathrm{d}i \right]^{1/(1-\sigma)} \tag{10A.1}$$

其中 U^k 为 k 国消费者通过消费产品类别中的不同品种得到的总效用；p_i^k 和 z_i^k 分别为 k 国消费者所面对的 i 国出口品种的 CIF 价格和产品质量；σ 为品种间的替代弹性；α^k 为刻画 k 国消费者对于质量偏好的参数，令 $\alpha^k = 1 + \lambda \ln(U^k)$，则 k 国效用(收入)水平越高，对于质量的偏好就越明显。消费者的需求函数 q_i^k 可定义为

$$q_i^k = \frac{\partial E^k}{\partial p_i^k} = \frac{\partial E^k}{\partial P_i^k} \times \frac{1}{(z_i^k)^{\alpha^k}} \tag{10A.2}$$

---

① Feenstra 和 Romalis(2014)利用 UN Comtrade 数据库，采用校准估计(calibration)的方法估计每个国家每个 SITC 第二版 4 位码产品层面上的 α_{jg}、θ_g 和 σ_g 数值，这些数值均来自 Feenstra 的个人网站(http://www.robertfeenstra.info/data/)。具体的校准过程请参照 Feenstra 和 Romalis(2014)。

其中定义 $P_i^k \equiv p_i^k / (z_i^k)^{a^k}$ 为"质量调整后价格"。

在供给层面，出口国 i 的企业 j 通过决策 FOB 价格 p_{ij}^{*k} 和产品质量 z_{ij}^k 最大化其利润，其最优化问题如下：

$$\max_{p_{ij}^{*k}, z_{ij}^k} \left[p_{ij}^{*k} - c_{ij}(w_i, z_{ij}^k) \right] \frac{\tau_i^k q_{ij}^k}{\text{tar}_i^k} = \max_{P_{ij}^k, z_{ij}^k} \left\{ P_{ij}^k - \tau_i^k \frac{\left[c_{ij}(w_i, z_{ij}^k) + T_i^k \right]}{(z_{ij}^k)^{a^k}} \right\} \frac{Q_{ij}^k}{\text{tar}_i^k}$$

其中 τ_i^k、T_i^k 和 tar_i^k 分别对应从价(ad valorem)贸易成本、单位(per-unit)贸易成本和关税，满足 $p_{ij}^k = \tau_i^k(p_{ij}^{*k} + T_i^k)$。$Q_{ij}^k \equiv q_{ij}^k(z_{ij}^k)^{a^k}$ 为"质量调整后产量"。$c_{ij}(w_i, z_{ij}^k)$ 为生产质量为 z_{ij}^k 的产品的单位成本，与成本率 w_i 有关。令 $c_{ij}(w_i, z_{ij}^k) = w_i(z_{ij}^k)^{1/\theta}/\varphi_{ij}$，其中 φ_{ij} 为 i 国企业 j 的生产率，$0 < \theta < 1$ 为刻画质量提升过程中规模报酬递减效应的参数。求解企业的优化问题可得到质量 z_{ij}^k 表达式，即

$$\ln(z_{ij}^k) = \theta \left[\ln(\kappa_1^k p_{ij}^{*k}) - \ln\left(\frac{w_i}{\varphi_{ij}}\right) \right], \quad \kappa_1^k = \frac{a^k \theta(\sigma-1)}{1 + a^k \theta(\sigma-1)} \quad (10\text{A}.3)$$

FOB 和 CIF 价格分别满足 $p_{ij}^{*k} = T_i^k \left[\left(\frac{1}{1-a^k \theta}\right)\left(\frac{\sigma}{\sigma-1}\right) - 1 \right] \equiv \bar{p}_i^{*k}$，$p_{ij}^k = \tau_i^k T_i^k \left[\left(\frac{1}{1-a^k \theta}\right)\left(\frac{\sigma}{\sigma-1}\right) \right] \equiv \bar{p}_i^k$。

因此质量调整后价格 P_{ij}^k 满足 $P_{ij}^k = \bar{p}_i^k \left[\frac{w_i / \varphi_{ij}}{\kappa_1^k \bar{p}_i^{*k}} \right]^{a^k \theta}$。

在企业生产率存在异质性的设定下，设 i 国企业生产率的分布满足帕累托分布，φ_i 为生产率分布的下界，有 $G_i(\varphi) = 1 - \left(\frac{\varphi}{\varphi_i}\right)^{-\gamma}$。

定义 i 国企业 j 对 k 国的出口额(包含各项贸易成本)为 $X_{ij}^k \equiv P_{ij}^k Q_{ij}^k$，则 i 国对 k 国的总出口额 X_i^k 为

$$X_i^k = M_i \int_{\varphi_i^k}^{\infty} X_{ij}^k g_i(\varphi) d\varphi = \widehat{X_i^k} M_i \left(\frac{\widehat{\varphi_i^k}}{\varphi_i}\right)^{-\gamma} \kappa_2^k \quad \kappa_2^k \equiv \frac{\gamma}{\gamma - a^k \theta(\sigma-1)}$$

$$(10\text{A}.4)$$

其中 $\widehat{X_i^k}$ 和 $\widehat{\varphi_i^k}$ 为 i 国出口到 k 国零利润企业的出口额和生产率；M_i 为 i 国潜在进入企业的数目。与 Melitz(2003)一致，i 国企业出口到 k 国需要支付一定的固定成本，设固定成本 f_i^k 满足式(10A.5)：

$$f_i^k = \left(\frac{w_i}{\widehat{\varphi_i^k}}\right) \left(\frac{Y^k}{p^k}\right)^{\beta_0} e^{\beta' F_i^k} \quad \beta_0 > 0 \quad (10\text{A}.5)$$

其中 Y^k 和 p^k 为 k 国的总支出和价格指数，F_i^k 则包含一系列影响固定成本的双

边变量,包括语言相似度等。对于零利润的出口企业,其毛利润为 $\widehat{X_i^k}/(\sigma\,\mathrm{tar}_i^k)$,则

$$\frac{\widehat{X_i^k}}{\sigma\,\mathrm{tar}_i^k}=f_i^k=\left(\frac{w_i}{\widehat{\varphi_i^k}}\right)\left(\frac{Y^k}{p^k}\right)^{\beta_0}e^{\beta' F_i^k} \tag{10A.6}$$

另外,我们可求解 i 国企业出口到 k 国的平均质量调整后价格,即

$$\overline{P_i^k}=\left[\int_{\widehat{\varphi_i^k}}^{\infty}\frac{P_i^k(\varphi)^{(1-\sigma)}}{M_i[1-G_i(\widehat{\varphi_i^k})]}\delta_i(\varphi)\,\mathrm{d}\varphi\right]^{\frac{1}{1-\sigma}}$$

$$=(\kappa_2^k)^{\frac{1}{1-\sigma}}\overline{P_i^k}=(\kappa_2^k)^{\frac{1}{1-\sigma}}\overline{p_i^k}\left[\frac{w_i/\widehat{\varphi_i^k}}{\kappa_1^k\,\overline{p_i^{*k}}}\right]^{\alpha^k\theta} \tag{10A.7}$$

结合式(10A.4)、式(10A.6)和式(10A.7),有

$$\overline{P_i^k}=\frac{(\kappa_2^k)^{\frac{1}{1-\sigma}}\overline{p_i^k}}{(\kappa_1^k\,\overline{p_i^{*k}})^{\alpha^k\theta}}\left[\frac{X_i^k/\kappa_2^k\,\mathrm{tar}_i^k}{M_i(w_i/\varphi_i)^{\gamma}}\left(\frac{Y^k}{p^k}\right)^{\beta_0}e^{-\beta' F_i^k}\right]^{\alpha^k\theta/(1+\gamma)} \tag{10A.8}$$

Feenstra 和 Romalis(2014)进一步证明式(10A.8)中($X_i^k/\kappa_2^k\,\mathrm{tar}_i^k$)/[$M_i(w_i/\varphi_i)^{\gamma}$]满足引力方程的形式:

$$\frac{X_i^k}{M_i(w_i/\varphi_i)^{\gamma}}=(Y^k)^{(1+\gamma)}\left[\sigma\kappa_2^k\,\mathrm{tar}_i^k\left(\frac{Y^k}{p^k}\right)^{\beta_0}e^{\beta F_i^k}\right]^{-\gamma}\left(\frac{\overline{P_i^k}}{P^k}\right)^{-(\sigma-1)(1+\gamma)}$$

$$\tag{10A.9}$$

(2) 双边贸易产品质量

我们构造 i 国出口到 k 国的平均出口质量 $\overline{z_i^k}$,其中 $\overline{P_i^{*k}}$ 和 $\overline{P_i^k}$ 分别为质量调整后的 FOB 和 CIF 价格:

$$\ln(\overline{z_i^k})=\ln(\overline{p_i^{*k}})-\ln(\overline{P_i^{*k}})=\ln(\overline{p_i^k})-\ln(\overline{P_i^k})$$

在给定进口国 k 的情况下,不同出口国 i 和 j 的平均出口质量之比满足

$$\ln\left(\frac{\overline{z_i^k}}{\overline{z_j^k}}\right)=\ln\left(\frac{\overline{p_i^{*k}}}{\overline{p_j^{*k}}}\right)-\ln\left(\frac{\overline{P_i^{*k}}}{\overline{P_j^{*k}}}\right)$$

根据式(10A.8)和式(10A.9),$\ln(\overline{z_i^k})-\ln(\overline{z_j^k})$ 可进一步表述为

$$\ln\left(\frac{\overline{z_i^k}}{\overline{z_j^k}}\right)=\frac{\kappa_1^k}{(\sigma-1)}\left[(\sigma-1)\ln\left(\frac{\overline{p_i^k}}{\overline{p_j^k}}\right)+\ln\left(\frac{\overline{p_i^{*k}}}{\overline{p_j^{*k}}}\right)+\beta'(F_i^k-F_j^k)+\sigma\ln\left(\frac{\mathrm{tar}_i^k}{\mathrm{tar}_j^k}\right)\right]$$

$$\tag{10A.10}$$

在给定进口国 k 的前提下,令全世界出口到 k 国的平均产品质量为 $\overline{z_{\mathrm{world}}^k}$,则可得到 i 国出口到 k 国相对于平均水平的质量 $\overline{Qe_i^k}$,即

$$\ln(\overline{Qe_i^k})=\frac{\kappa_1^k}{(\sigma-1)}\left[(\sigma-1)\ln(\overline{p_i^k})+\ln(\overline{p_i^{*k}})+\beta' F_i^k+\sigma\ln(\mathrm{tar}_i^k)\right]$$

$$-\ln\left(\overline{z_{\text{world}}^k}\right) \tag{10A.10$'$}$$

同样地,在给定出口国 i 的情况下,不同进口国 k 和 l 的平均进口质量之比满足

$$\ln\left(\overline{\frac{z_i^k}{z_i^l}}\right) = \ln\left(\overline{\frac{p_i^k}{p_i^l}}\right) - \ln\left(\overline{\frac{P_i^k}{P_i^l}}\right)$$

根据式(10A.8)和式(10A.9), $\ln\left(\overline{z_i^k}\right) - \ln\left(\overline{z_i^l}\right)$ 可进一步表述为式(10A.11):

$$\ln\left(\overline{\frac{z_i^k}{z_j^k}}\right) = \frac{\overline{\alpha}\theta}{(1+\gamma)}\left[(1+\gamma)\ln\left(\frac{\kappa_1^k \overline{p_i^{*k}}}{\kappa_1^l \overline{p_i^{*l}}}\right) - \ln\left(\frac{X_i^k/\text{tar}_i^k}{X_i^l/\text{tar}_i^l}\right) + \beta_0\ln\left(\frac{Y^k/p^k}{Y^l/p^l}\right)\right.$$

$$\left. + \beta'(F_i^k - F_i^l)\right] + \left[\frac{\overline{\alpha}\theta}{(1+\gamma)} + \frac{1}{(\sigma-1)}\right]\ln\left(\frac{\kappa_2^k}{\kappa_2^l}\right) \tag{10A.11}$$

在给定出口国 i 的前提下,令 i 出口到全世界的平均产品质量为 $\overline{z_i^{\text{world}}}$,则可得到 k 国从 i 国进口相对于平均水平的质量 $\overline{Qi_i^k}$:

$$\ln\left(\overline{Qi_i^k}\right) = \frac{\overline{\alpha}\theta}{(1+\gamma)}\left[(1+\gamma)\ln\left(\kappa_1^k \overline{p_i^{*k}}\right) - \ln\left(\frac{X_i^k}{\text{tar}_i^k}\right) + \beta_0\ln\left(\frac{Y^k}{p^k}\right) + \beta'F_i^k\right]$$

$$+ \left[\frac{\overline{\alpha}\theta}{(1+\gamma)} + \frac{1}{(\sigma-1)}\right]\ln\left(\kappa_2^k\right) - \ln\left(\overline{z_i^{\text{world}}}\right) \tag{10A.11$'$}$$

拓展到不同的产品 g,我们有双边贸易质量满足:

$$\ln\left(\overline{Qe_{ig}^k}\right) = \frac{\kappa_{1g}^k}{(\sigma_g-1)}\left[(\sigma_g-1)\ln\left(\overline{p_{ig}^k}\right) + \ln\left(\overline{p_{ig}^{*k}}\right)\right.$$

$$\left. + \beta_g'F_i^k + \sigma\ln\left(\text{tar}_{ig}^k\right)\right] - \ln\left(\overline{z_{\text{world},g}^k}\right) \tag{10A.10$''$}$$

$$\ln\left(\overline{Qi_{ig}^k}\right) = \frac{\overline{\alpha}_g\theta_g}{(1+\gamma_g)}\left[(1+\gamma_g)\ln\left(\kappa_{1g}^k \overline{p_{ig}^{*k}}\right) - \ln\left(\frac{X_{ig}^k}{\text{tar}_{ig}^k}\right) + \beta_{0g}\ln\left(\frac{Y^k}{p^k}\right) + \beta_g'F_i^k\right]$$

$$+ \left[\frac{\overline{\alpha}_g\theta_g}{(1+\gamma_g)} + \frac{1}{(\sigma_g-1)}\right]\ln\left(\kappa_{2g}^k\right) - \ln\left(\overline{z_{ig}^{\text{world}}}\right) \tag{10A.11$''$}$$

(3) 国家—产品层面出口质量和进口质量

以上我们计算出了双边贸易质量,如式(10A.10″)和式(10A.11″)所示。根据式(10A.10)和式(10A.11),我们可进一步计算在给定一种产品 g 内,不同出口国 i 和 j 出口到同一目的国 k 的平均 FOB 质量调整后价格之比 $\ln\left(\overline{\frac{P_{ig}^{*k}}{P_{jg}^{*k}}}\right)$ 如下所示:

$$\ln\left(\overline{\frac{P_{ig}^{*k}}{P_{jg}^{*k}}}\right) = \ln\left(\overline{\frac{p_{ig}^{*k}}{p_{jg}^{*k}}}\right) - \ln\left(\overline{\frac{z_{ig}^k}{z_{jg}^k}}\right) \tag{10A.12}$$

同样可以得到在给定一种产品 g 内,不同给定的情况下,不同进口国 k

和 l 从同一出口国 i 的平均 CIF 质量调整后价格之比 $\ln\left(\overline{\frac{P_{ig}^{k}}{P_{ig}^{l}}}\right)$ 如下所示：

$$\ln\left(\overline{\frac{P_{ig}^{k}}{P_{ig}^{l}}}\right)=\ln\left(\overline{\frac{p_{ig}^{k}}{p_{ig}^{l}}}\right)-\ln\left(\overline{\frac{z_{ig}^{k}}{z_{ig}^{l}}}\right) \tag{10A.13}$$

接下来我们需要对 $\ln\left(\overline{\frac{P_{ig}^{*k}}{P_{jg}^{*k}}}\right)$ 和 $\ln\left(\overline{\frac{p_{ig}^{*k}}{p_{jg}^{*k}}}\right)$，以及 $\ln\left(\overline{\frac{P_{ig}^{k}}{P_{ig}^{l}}}\right)$ 和 $\ln\left(\overline{\frac{p_{ig}^{k}}{p_{ig}^{l}}}\right)$ 进行加总，以得到国家—产品层面的出口质量和进口质量。以出口质量为例，我们首先计算在产品类别 g 内，i 和 j 两个国家的 Laspeyres 出口价格指数比 pl_{ijg}^{*} 和 Paasche 出口价格指数比 pa_{ijg}^{*}：

$$\mathrm{pl}_{ijg}^{*} = \sum_{k} s_{jg}^{*k} \cdot \left(\overline{\frac{p_{ig}^{*k}}{p_{jg}^{*k}}}\right)$$

$$\mathrm{pa}_{ijg}^{*} = \sum_{k} s_{ig}^{*k} \cdot \left(\overline{\frac{p_{ig}^{*k}}{p_{jg}^{*k}}}\right)$$

其中 $s_{jg}^{*k} = X_{jg}^{k} / \sum_{k} X_{jg}^{k}$ 为在产品类比 g 内，j 国出口到 k 国占 j 国全部出口 FOB 价值的比例。将 $\overline{p_{ig}^{*k}}$ 和 $\overline{p_{jg}^{*k}}$ 替换为质量调整后价格 $\overline{P_{ig}^{*k}}$ 和 $\overline{P_{jg}^{*k}}$，可得到两国的 Laspeyres 质量调整后出口价格指数比（记为 PL_{ijg}^{*}）和 Paasche 质量调整后出口价格指数比（记为 PA_{ijg}^{*}）。接下来对两个价格指数比取几何平均，得到 Fisher 出口价格指数比 pf_{ijg}^{*}：

$$\mathrm{pf}_{ijg}^{*} = (\mathrm{pl}_{ijg}^{*} \cdot \mathrm{pa}_{ijg}^{*})^{0.5}$$

同理也可得到 Fisher 质量调整后出口价格指数比（记为 PF_{ijg}^{*}）。最后进行如式（10A.14）所示的 GEKS 加总：

$$p_{ikg}^{*\,\mathrm{GEKS}} = \prod_{j=1}^{C} pf_{ijg}^{*} \times pf_{jkg}^{*} \tag{10A.14}$$

我们得到产品类别 g 上 i 国和 k 国之间的 GEKS 加总出口价格指数之比。同理可得两国之间在产品类别 g 上的 GEKS 加总质量调整后出口价格指数之比 $P_{ikg}^{*\,\mathrm{GEKS}}$。取 k 国为美国作为参照国，则由此可得 i 国在 SITC 第二版产品类别 g 上的出口质量指数 $\overline{Qe_{ig}}$：

$$\ln(\overline{Qe_{ig}}) = \ln(p_{i,\mathrm{US},g}^{*\,\mathrm{GEKS}}) - \ln(P_{i,\mathrm{US},g}^{*\,\mathrm{GEKS}}) \tag{10A.15}$$

类似地，我们利用以上的方法，可以依次得到 GEKS 加总进口价格指数比 p_{ikg}^{GEKS} 和 GEKS 加总质量调整后进口价格指数比 P_{ikg}^{GEKS}，以及 i 国在 SITC 第二版产品类别 g 上的进口质量指数 $\overline{Qi_{ig}}$：

$$\ln(\overline{Qi_{ig}}) = \ln(p_{i,\mathrm{US},g}^{\mathrm{GEKS}}) - \ln(P_{i,\mathrm{US},g}^{\mathrm{GEKS}}) \tag{10A.16}$$

附录 10B　Khandelwal、Schott 和 Wei(2013)的出口产品质量测算方法

本附录介绍了如何运用 Khandelwal、Schott 和 Wei(2013)所提出的出口质量测算方法测算出口国 i 出口到进口国 k 的产品 g 的质量。

假设进口国 k 在产品 g 上的偏好满足以下形式。

$$U_g^k = \left[\int_i Q_{ikg}^{\frac{\eta_g}{\sigma_g}} \times X_{ikg}^{\frac{\sigma_g-1}{\sigma_g}} \, di \right]^{\frac{\sigma_g}{\sigma_g-1}} \tag{10B.1}$$

其中 U_g^k 为 k 国消费者消费产品类别 g 所得的效用，X_{ikg} 和 Q_{ikg} 分别为 k 国消费者所消费的来自 i 国品种的数量和质量，σ_g 为类别 g 内不同品种之间的替代弹性，η_g 则衡量了消费者对质量的偏好程度。在预算约束(10B.2)下

$$\int_i p_{ikg} \times Q_{ikg} \, di = Y_{kg} \tag{10B.2}$$

可得 k 国消费者在产品类别 g 内对于来自 i 国品种的需求为(10B.3)：

$$X_{ikg} = Q_{ikg}^{\eta_g} \times p_{ijg}^{-\sigma_g} \times P_{kg}^{\sigma_g-1} \times Y_{kg} \tag{10B.3}$$

其中 P_{kg} 为 k 国产品类别 g 中所有品种的综合价格指数。将式(10B.3)取对数，则有

$$\ln(X_{ikg}) = \eta_g \ln(Q_{ikg}) - \sigma_g \ln(p_{ikg}) + (\sigma_g-1)\ln(P_{kg}) + \ln(Y_{kg}) \tag{10B.4}$$

定义有效质量指数为 $\varepsilon_{ikg} = \eta_g \ln(Q_{ikg})$，经过简单代数变换有

$$\ln(X_{ikg}) + \sigma_g \ln(p_{ikg}) = \mu_{kg} + \varepsilon_{ikg} \tag{10B.4'}$$

其中 $\mu_{kg} = (\sigma_g-1)\ln(P_{kg}) + \ln(Y_{kg})$。式(10B.4')的直观经济学含义为，给定两种品种的价格相等，那么销售量更大的品种的质量应该更高。在实证应用中，在 X_{ikg} 和 p_{ikg} 可观测的情况下，研究者多采用 Broda 和 Weinstein(2006) 所估计的每种 SITC 产品的替代弹性 σ_g 代入式(10B.4')，并采用进口国固定效应和产品的固定效应代替 μ_{kg}，即变为

$$\ln(X_{ikg}) + \sigma_g \ln(p_{ikg}) = \mu_k + \mu_g + \varepsilon_{ikg} \tag{10B.4''}$$

估计式(10B.4'')所得的回归残差 $\hat{\varepsilon}_{ikg}$ 即为 KSW 方法估计得到的有效质量指数，我们在正文中表 10-5 的列(1)中使用这一指数以度量 i 国出口到 k 国产品 g 的质量。需要注意的是，由于式(10B.4'')采用了进口国固定效应 μ_k 和产品固定效应 μ_g 消除不可观测的变量和参数，因此得到的有效质量指数 $\hat{\varepsilon}_{ikg}$ 仅在同一进口国—产品类别内可比，而无法进行跨产品或跨进口目的国的比较，这也是我们使用 $\hat{\varepsilon}_{ikg}$ 在给定进口国 k 和产品 g 情况下，探讨不同出口国 i 的司法质量对于合约密集型产品相对出口质量的影响的考虑。

第十一章

附录 11A 成本加成的度量

(1) 生产函数中的参数估计

根据 De Loecker 和 Warzynski(2012)及 Ackerberg 等(2006)的研究成果,本章采用如下方法估计加工贸易企业的出口成本加成。首先,考虑柯布-道格拉斯(Cobb-Douglas)生产函数:

$$\ln Q_{it} = \alpha_l \ln l_{it} + \alpha_k \ln k_{it} + \alpha_m \ln m_{it} + \ln \varphi_{it} + \vartheta_{it} \qquad (11A.1)$$

其中 $\ln Q_{it}$ 为 i 企业在 t 时期观测的产出的对数。$\ln l_{it}$、$\ln k_{it}$ 和 $\ln m_{it}$ 则分别为其在 t 期的劳动、资本和中间品投入的对数。$\ln \varphi_{it}$ 为其全要素生产率的对数,φ_{it} 为真实产出和观测到的产出数据间的测量误差。

第一步,估计期望产出和测量误差。考虑企业的全要素生产率是其投资 i_{it}、资本存量 k_{it} 和其他企业层面特征变量 z_{it} 的函数。即

$$\ln \varphi_{it} = h(\ln i_{it}, \ \ln k_{it}, \ z_{it}) \qquad (11A.2)$$

将式(11A.2)代入式(11A.1),令

$$\varphi_{it} = \alpha_l \ln l_{it} + \alpha_k \ln k_{it} + \alpha_m \ln m_{it} + h(\ln i_{it}, \ \ln k_{it}, \ z_{it}) \qquad (11A.3)$$

将式(11A.3)代入式(11A.1),$\ln Q_{it} = \varphi_{it}(\ln l_{it}, \ \ln k_{it}, \ \ln m_{it}, \ z_{it}) + \vartheta_{it}$。采用四阶多项式对 h(•)函数进行拟合,再用普通最小二乘方法对式(11A.1)进行估计,得到期望产出值 $\overline{\Phi_{it}}$ 和回归残差 $\overline{\vartheta_{it}}$。并将 $\overline{\vartheta_{it}}$ 作为企业产出的测量误差估计值。值得一提的是,我们参考 Brandt(2012),采用永续盘存法来计算企业的资本存量。

第二步,根据企业全要素生产率的变化规律,估计产出方程的所有参数。给定 α_l、α_k、α_m,则 i 企业在 t 期的全要素生产率为 $\ln \varphi_{it}(\alpha) = \overline{\Phi_{it}} - \alpha_l \ln l_{it} - \alpha_k \ln k_{it} - \alpha_m \ln m_{it}$。假设企业 t 期的全要素生产率和其 $t-1$ 期的生产率满足函数关系

$$\ln \varphi_{it} = g_t(\ln \varphi_{it-1}) + \xi_{it} \qquad (11A.4)$$

其中 ξ_{it} 为 i 企业 t 期的生产率面临的异质性冲击,且它与滞后一期的劳动和中间品投入、当期的资本投入无关。即

$$E\left\{\xi_{it}(\alpha)\begin{pmatrix}\ln l_{it-1}\\ \ln k_{it}\\ \ln m_{it-1}\end{pmatrix}\right\} = 0 \qquad (11A.5)$$

根据式(11A.5)提供的矩条件,我们采用标准 GMM 方法来估计生产方程的参数。同时,由 Bootstrap 方法获得各个参数的标准误。

(2)成本加成

考虑到观测到的产出数据和真实产出存在测量误差,假设观测到的产出数据和真实产出满足 $\ln Q_{it} = \ln y_{it} + \vartheta_{it}$。企业 i 在 t 期最小化生产成本,考虑如下拉格朗日方程:

$$L(l_{it}, m_{it} k_{it}, \lambda_{it}) = w_t l_{it} + p_t^M m_{it} + r_t k_{it} + \lambda_{it}(y_{it} - y_{it}(\bullet)) \qquad (11A.6)$$

其中 w_t、p_t^M 和 r_t 分别为工资、中间投入品价格和资本的租金。λ_{it} 为拉格朗日乘子。$y_{it}(\cdot)$ 为产出函数。由一阶条件可得

$$\frac{\partial L}{\partial l_{it}} = w_t - \lambda_{it} \frac{\partial y_{it}(\cdot)}{\partial l_{it}} = 0 \tag{11A.7}$$

对式(11A.7)变形可得

$$\frac{\partial y_{it}(\cdot)}{\partial l_{it}} \frac{l_{it}}{y_{it}(\cdot)} = \frac{1}{\lambda_{it}} \frac{w_t l_{it}}{y_{it}(\cdot)} \tag{11A.8}$$

由于 $\lambda_{it} = \partial L / \partial y_{it}$，即成本最小化命题中拉格朗日乘子的经济含义为给定产出水平下的边际成本。将该条件代入式(11A.8)可得

$$\frac{\partial y_{it}(\cdot)}{\partial l_{it}} \frac{l_{it}}{y_{it}(\cdot)} = \frac{p_t}{\lambda_{it}} \frac{w_t l_{it}}{p_t y_{it}(\cdot)} = (1 + \mu_{it}) \frac{w_t l_{it}}{p_t y_{it}(\cdot)}$$

$$1 + \mu_{it} = \frac{\partial y_{it}(\cdot)}{\partial l_{it}} \frac{l_{it}}{y_{it}(\cdot)} \Big/ \frac{w_t l_{it}}{p_t y_{it}(\cdot)} = \alpha_l \Big/ \frac{w_t l_{it}}{p_t Q_{it}(\cdot) / e^{\vartheta_{it}}} \tag{11A.9}$$

即企业 i 在 t 期的成本加成为其产出的劳动弹性和劳动产出份额的比值。

结合生产函数估计参数，可得 $1 + \widehat{\mu_{it}} = \widehat{\alpha_l} \Big/ \dfrac{w_t l_{it}}{p_t Q_{it}(\cdot) / e^{\widehat{\vartheta_{it}}}}$。值得一提的是，考虑到行业异质性，不同行业生产函数的参数可能不同，因而需要分行业估计。

参 考 文 献

1. Acemoglu,D. K. ,Robinson,J. ,and Johnson,S. (2001) ,"The Colonial Origins of Comparative Development: An Empirical Investigation", *American Economic Review*,91(5),1369—1401.

2. Ackerberg,D. ,Caves,K. ,and Frazer,G. (2006) ,"Structural Identification of Production Functions",working paper,University of California,Los Angeles.

3. Aghion, P. , Bloom, N. , Blundell, R. , Griffith, R. , and Howitt, P. (2005) , "Competition and Innovation: An Inverted-U Relationship", *The Quarterly Journal of Economics*,120,701—728.

4. Ahn,J. ,Khandelwal,A. K. ,and Wei,S. J. (2011) ,"The Role of Intermediaries in Facilitating Trade", *Journal of International Economics*,84(1), 73—85.

5. Alchian,A. A. ,and Allen,W. R. (1967) ,*University Economics*,Belmont,Cal. : Wadsworth.

6. Alessandria,G. ,and Kaboski,J. P. (2011) ,"Pricing-to-Market and the Failure of Absolute PPP", *American Economic Journal: Macroeconomics*, 3(1), 91—127.

7. Alvarez,Fernando,and Robert E. L. Jr. (2007) ,"General Equilibrium Analysis of The Eaton-Kortum Model of International Trade", *Journal of Monetary Economics*,54,1726—1768.

8. Alvarez,R. ,and López,R. (2005) ,"Exporting and performance: evidence from Chilean plants", *Canadian Journal of Economics*, 38 (4), 1384—1400.

9. Amiti,M. and Davis,D. R. (2012) ,"Trade,Firms,and Wages: Theory and Evidence",*Review of Economic Studies*,79(1),1—36.

10. Amiti,M. and Konings,J. (2007) ,"Trade Liberalization,Intermediate

Inputs, and Productivity: Evidence from Indonesia", *American Economic Review*, 97(5), 1611—1638.

11. Amiti, M. , and Khandelwal, A. K. (2013), "Import Competition and Quality Upgrading", *Review of Economics and Statistics*, 95(2), 476—490.

12. Amiti, M. , Itskhoki, O. , and Konings, J. (2014), "Importers, Exporters, and Exchange Rate Disconnect", *American Economic Review*, 104 (7), 1942—1978.

13. Antoniades, A. (2015), "Heterogeneous Firms, Quality, and Trade", *Journal of International Economics*, 95(2), 263—273.

14. Arkolakis, C. (2010), "Market Penetration Costs and the New Consumers Margin in International Trade", *Journal of Political Economy*, 118(6), 1151—1199.

15. Arnold, J. M. and Hussinger, K. (2005), "Export Behavior and Firm Productivity in German Manufacturing: A Firm-Level Analysis", *Review of World Economics (Weltwirtschaftliches Archiv)*, 141(2), 219—243.

16. Auer, R. , and Chaney, T. (2009), "Exchange Rate Pass-Through in a Competitive Model of Pricing-to-Market", *Journal of Money, Credit and Banking*, 41(s1), 151—175.

17. Auer, R. , Chaney, T. , and Sauré, P. (2014), "Quality Pricing-to-Market", CEPR Discussion Papers.

18. Aw, B. Y. , Roberts, M. J. , and Xu, D. Y. (2008), "R&D Investments, Exporting, and the Evolution of Firm Productivity", *American Economic Review*, 98(2), 451—456.

19. Aw, B. Y. , Roberts, M. J. , and Winston, T. (2007), "Export Market Participation, Investments in R&D and Worker Training , and the Evolution of Firm Productivity", *The World Economy*, 30(1), 83—104.

20. Baldwin, R. , and Harrigan, J. (2011), "Zeros, Quality, and Space: Trade Theory and Trade Evidence", *American Economic Journal: Microeconomics*, 3(2), 60—88.

21. Bas, M. , and Strauss-Kahn, V. (2015), "Input-trade Liberalization, Export Prices and Quality Upgrading", *Journal of International Economics*, 95(2), 250—262.

22. Bastos, P. , and Silva, J. (2010), "The Quality of a Firm's Exports: Where You Export to Matters", *Journal of International Economics*, 82(2),

99—111.

23. Bastos,P. ,Silva,J. ,and Verhoogen,E. (2018) ,"Export Destinations and Input Prices", *American Economic Review*,108(2), 353—392.

24. Baum,C. F. ,Schaffer, M. E. ,and Stillman,S. (2007) ,"Enhanced Routines for Instrumental Variables/GMM Estimation and Testing ", *Stata Journal*, 7(4),465—506.

25. Bergin,P. R. ,Feenstra,R. C. ,Hanson,G. H. (2009) ,"Offshoring and Volatility: Evidence from Mexico's Maquiladora Industry", *American Economic Review*, 99,1664—1671.

26. Berkowitz,D. ,Moenius,J. ,and Pistor,K. (2006) ,"Trade,Law,and Product Complexity",*Review of Economics and Statistics*,88(2),363—373.

27. Berman, N. , Martin, P. , and Mayer, T. (2012) , "How do Different Exporters React to Exchange Rate Changes?",*Quarterly Journal of Economics*,127(1),437—492.

28. Bernard,A. B. ,and Jensen,B. J. (2004) ,"Exporting and Productivity in the USA", *Oxford Review of Economic Policy*,20(3),343—357.

29. Bernard,A. B. ,and Jensen,J. B. (1999) ,"Exceptional Exporter Performance: Cause, Effect, or Both?", *Journal of International Economics*, 47 (1),1—25.

30. Bernard, A. B. , Eaton, J. , Jensen, J. B. , and Kortum, S. (2003), "Plants and Productivity in International Trade",*American Economic Review*, 93(4),1268—1290.

31. Bernard, A. B. , Jensen, J. B. and Schott, P. K. (2006), " Trade Costs,Firms and Productivity", *Journal of Monetary Economics*, 53 (5), 917—937.

32. Bernard,A. B. ,Redding S. ,and Schott,P. (2010) ,"Multiple-Product Firms and Product Switching. " *American Economic Review*,100(1),70—97.

33. Bernard,A. B. , Redding,S. J. , and Schott,P. K. (2011) ,"Multiproduct Firms and Trade Liberalization", *The Quarterly Journal of Economics*,126 (3),1271—1318.

34. Bernard,A. ,Jensen,B. , Redding,S. and Schott,P. (2007) ,"Firms in International Trade",*Journal of Economic Perspectives*,21(3),105—130.

35. Berry,S. (1994) ,"Estimating Discrete Choice Models of Product Differentiation", *The Rand Journal of Economics* 25(2),242—261.

36. Berry,S. ,Levisnsohn,J. ,and Pakes, A. (1995),"Automobile Prices in Market Equilibrium",*Econometrica*,63(4),841—890.

37. Bertrand,Marianne,Esther D. ,and Sendhil,M. (2004),"How Much Should We Trust Differences-in-Differences Estimates?",*The Quarterly Journal of Economics*,119(1),249—275.

38. Bloom,N. ,Draca,M. ,and Van Reenen,J. (2016),"Trade Induced Technical Change? The Impact of Chinese Imports on Innovation,IT and Productivity", *Review of Economic Studies*,83(1),87—117.

39. Bown,C. ,and Crowley, M. (2013),"Self-Enforcing Trade Agreements: Evidence from Time-Varying Trade Policy",*American Economic Review*,103(2),1071—1090.

40. Brambilla,I. ,Khandelwal,A. ,and Schott,P. (2010),"China's Experience under the Multifiber Arrangement (MFA) and the Agreement on Textiles and Clothing (ATC)",in Robert Feenstra and Shang-Jin Wei,eds. ,*China's Growing Role in World Trade*,University of Chicago Press.

41. Brandt,L. ,Van Biesebroeck,J. ,and Zhang,Y. (2012),"Creative Accounting or Creative Destruction? Firm-Level Productivity Growth in Chinese Manufacturing",*Journal of Development Economics*,97,339—351.

42. Bresnahan,T. (1993),"Competition and Collusion in the American Automobile Industry: The 1955 price war",*Journal of Industrial Economics*,35,457—482.

43. Broda,C. ,and Weinstein,D. E. (2006),"Globalization and the Gains from Variety",*Quarterly Journal of Economics*,121(2),541—585.

44. Bustos, P. (2011),"Trade Liberalization,Exports and Technology Upgrading: Evidence on the Impact of MERCOSUR on Argentinean Firms",*American Economic Review*,101(1),304—340.

45. Cai,H. ,and Liu,Q. (2009),"Competition and Corporate Tax Avoidance: Evidence from Chinese Industrial Firms",*Economic Journal*,119(537),764—795.

46. Cameron, A. C. and Trivedi , P. K. (2005),*Microeconometrics: Methods and Applications*,Cambridge University Press.

47. Campa,J. M. ,and Goldberg L. S. (2005),"Exchange Rate Pass-Through into Import Prices",*Review of Economics and Statistics*, 87, 679—690.

48. Chen, N., and Juvenal, L. (2016), "Quality, Trade, and Exchange Rate Pass-through", *Journal of International Economics*, 100(5), 61—80.

49. Clerides, S. K., and Lach S., and Tybout, J. R. (1998), "Is Learning By Exporting Important? Micro-Dynamic Evidence From Colombia, Mexico, And Morocco", *The Quarterly Journal of Economics*, 113(3), 903—947.

50. Cohen, W. M. and Levinthal, D. A. (1989), "Innovation and Learning: The Two Faces of R&D", *Economic Journal*, 99(397), 569—596.

51. Cohen, W. M., and Levinthal, D. A. (1990), "Absorptive Capacity: A New Perspective on Learning and Innovation", *Administrative Science Quarterly*, 35 (1), Special Issue: Technology, Organizations, and Innovation, 128—152.

52. Crozet, M., Head, K., and Mayer, T. (2012), "Quality Sorting and Trade: Firm-level Evidence for French Wine", *Review of Economic Studies*, 79(2), 609—644.

53. Dai, M., and Yu, M. (2013), "Firm R&D, Absorptive Capacity, and Learning by Exporting: Firm-Level Evidence from China", *The World Economy*, 1131—1145.

54. Dai, M., Maitra, M., and Yu, M. (2016), "Unexceptional Exporter Performance in China? The Role of Processing Trade", *Journal of Development Economics*, 121, 177—189.

55. Dai, M., Xu, J., and Shi, B. (2013), "The Shocks from the Exchange Rate of RMB, and the Employment in Manufacturing Industry: The Experience Evidence from the Data on Firms", *Management World Magazine (Guanli shijie)*, 11, 14—27. (In Chinese)

56. Dai, M., Yu, M., and Maitra, M. (2014), "The Productivity Puzzle of Chinese Exporters: The Role of Processing Trade", *China Economic Quarterly (Jingjixue jikan)*, 2, 675—698. (In Chinese)

57. Damijan, J. P., and Kostevc, C. (2005), "Performance on Exports: Continuous Productivity Improvements or Capacity Utilization", LICOS Discussion Papers 16305.

58. De Loecker, J. (2007), "Do Exports Generate Higher Productivity? Evidence from Slovenia", *Journal of International Economics*, 73(1), 69—98.

59. De Loecker, J. (2010), "A Note on Detecting Learning by Exporting", NBER working paper.

60. De Loecker,J. (2011),"Product Differentiation,Multiproduct Firms, and Estimating the Impact of Trade Liberalization On Productivity",*Econome trica*,79(5),1407—1451.

61. De Loecker,J. , and Warzynski,F. (2012),"Markups and Firm-Level Export Status",*American Economic Review*,102(6),2437—2471.

62. De Loecker,J. ,Goldberg,P. K. ,Khandelwal,A. K. and Pavcnik,N. (2015),"Prices,Markups and Trade Reform", *Econometrica*,forthcoming.

63. Dhingra,S. (2013),"Trading Away Wide Brands for Cheap Brands", *American Economic Review*,103(6),2554—2584.

64. Dingel,J. I. (2016),"The Determinants of Quality Specialization", *Review of Economic Studies*,forthcoming.

65. Eaton,J. ,and Fieler,C. (2017),"The Gravity of Unit Values",Mimeo.

66. Eaton,J. ,Kortum,S. ,and Kramarz,F. (2011),"An Anatomy of International Trade：Evidence from French firms", *Econometrica*, 79 (5), 1453—1498.

67. Eckle,C. , and Neary,P. (2010),"Multi-product Firms and Flexible Manufacturing in the Global Economy",*Review of Economic Studies*,77 (1), 188—217.

68. Egger,H. , and Egger,P. (2005),"The Determinants of EU Processing Trade", *World Economy*,28(2),147—168.

69. Ekholm, Karolina, Andreas, M. , and Karen-Helene Ulltveit-Moe (2012),"Manufacturing Restructuring and The Role of Real Exchange Rate Shocks",*Journal of International Economics*,86,101—117.

70. Essaji, A. , and Fujiwara, K. (2012), "Contracting Institutions and Product Quality",*Journal of Comparative Economics*,40(2),269—278.

71. Faber,B. ,and Fally,T. (2017),"Firm Heterogeneity in Consumption Baskets：Evidence from Home and Store Scanner Data",NBER Working Paper No. w23101.

72. Fajgelbaum,P. D. ,Grossman,G. M. ,and Helpman,E. (2011),"Income Distribution,Product Quality,and International Trade",*Journal of Political Economy*,119(4),721—765.

73. Fan,H. ,and Guo,G. (2015),"Relationship between Export Price, Export Quality,and Productivity：Evidence from China",*Journal of World Economy*,2,58—85. (in Chinese)

74. Fan,H. ,Li,Y. A. ,and Yeaple,S. R. (2015),"Trade Liberalization, Quality, and Export Prices", *Review of Economics and Statistics*, 97 (5), 1033—1051.

75. Fan,H. ,Li,Y. A. ,and Yeaple,S. R. (2018),"On the Relationship Between Quality and Productivity: Evidence from China's Accession to the WTO", *Journal of International Economics*,110, 28—49.

76. FDI with Heterogeneous Firms",American Economic Review,94(1), 300—316.

77. Feenstra, R. C. (2000),"World Trade Flows, 1980 — 1997, with Production and Tariff Data",UC—Davis, Center for International Data Website.

78. Feenstra,R. C. (1988),"Quality Change under Trade Restraints in Japanese Autos", *Quarterly Journal of Economics*,103(1),131—146.

79. Feenstra,R. C. (1994),"New Product Varieties and the Measurement of International Prices",*American Economic Review*,157—177.

80. Feenstra,R. C. (2010), *Offshoring in The Global Economy: Microeconomic Structure and Macroeconomic Implications.* , Cambridge, MA: Mit Press,2010.

81. Feenstra,R. C. , and Hanson,G. H. (2005),"Ownership and Control in Outsourcing to China: Estimating the Property-Rights Theory of the Firm",*Quarterly Journal of Economics*, 120(2),729—761.

82. Feenstra, R. C. , and Ma, H. (2008),"Optimal Choice of Product Scope for Multiproduct Firms Under Monopolistic Competition", *The Organization of Firms in a Global Economy*,Harvard University Press,Cambridge.

83. Feenstra,R. C. ,and Romalis,J. (2014),"International Prices and Endogenous Quality",*Quarterly Journal of Economics*,129(2),477—527.

84. Feenstra,R. C. ,and Wei,S. (2009),Introduction to "China's Growing Role in World Trade",National Bureau of Economic Research Working paper 14716.

85. Feenstra,R. C. ,Hong,C. ,Ma,H. ,and Spencer,B. J. (2013),"Contractual Versus Non-contractual Trade : The role of institutions in Chin",*Journal of Economic Behavior & Organization*,94,281—294.

86. Feenstra,R. C. ,Li,Z. ,and Yu,M. (2014),"Exports and Credit Constraints under Incomplete Information: Theory and Evidence from China",*Re-*

view of Economics and Statistics, 96(4), 729—744.

87. Feenstra, R., Li, Z., and Yu, M. (2010), "Exports and Credit Constraint under Private Information: Theory and Appliaction to China", mimeo, University of California, Davis.

88. Fieler, A. C., Eslava, M., and Xu, D. Y. (2018), "Trade, Quality Upgrading, and Input Linkages: Theory and Evidence from Colombia", *American Economic Review*, 108(1), 109—146.

89. Galdón-Sánchez, J. E., and Schmitz, J. Jr. (2002), "Competitive Pressure and Labor Productivity: World Iron-Ore Markets in the 1980's", *American Economic Review*, 92(4), 1222—1235.

90. Garetto, S. (2014), "Firms' Heterogeneity and Incomplete Pass-Through", Boston University, No. WP2014006.

91. Ge, Y., Lai, H., and Zhu, S. C. (2011), "Intermediates Imports and Gains from Trade Liberalization", Mimeo, Michigan State University.

92. Gereffi, G., and Memedovic, O. (2003), "The Global Apparel Value Chain: What Prospects for Upgrading by Developing Countries", Vienna: United Nations Industrial Development Organization.

93. Ghironi, F., Melitz, M. (2005), "International Trade and Macroeconomic Dynamics with Heterogeneous Firms", *The Quarterly Journal of Economics*, 3, 865—915.

94. Girma, S. (2002), "Absorptive Capacity and Productivity Spillovers from FDI: A threshold regression analysis", Research Paper 2002/08, Leverhulme Centre for Research on Globalisation and Economic Policy, University of Nottingham.

95. Girma, S., Greenaway, A., and Kneller, R. (2004), "Does Exporting Increase Productivity? A Microeconometric Analysis of Matched Firms", *Review of International Economics*, 12, 855—866.

96. Goldberg, P. K., and Knetter, M. M. (1997), "Goods Prices and Exchange Rates: What Have We Learned?", *Journal of Economic Literature*, 35(3), 1243—1272.

97. Goldberg, P. K., and Pavcnik, N. (2007), "Distributional Effects of Globalization in Developing Countries", *Journal of Economic Literature*, 45(1), 39—82.

98. Goldberg, P. K., and Verboven, F. (2001), "The Evolution of Price

Dispersion in the European Car Market", *Review of Economic Studies*, 68(4), 811—848.

99. Goldberg, P. K., Khandelwal, A. K., Pavcnik, N., and Topalova, P. (2010), "Imported Intermediate Inputs and Domestic Product Growth: Evidence from India", *Quarterly Journal of Economics*, 125(4), 1727—1767.

100. Goldberg, P. K., Khandelwal, A., Pavcnik, N., Topalova, P. (2010), "Multi-Product Firms and Product Turnover in the Developing World: Evidence From India", *The Review of Economics and Statistics*, 92(4), 1042—1049.

101. Gopinath, G., and Rigobon, R. (2008), "Sticky Borders", *Quarterly Journal of Economics*, 123, 531—575.

102. Greenaway, D., and Kneller, R. (2008), "Exporting, productivity and agglomeration", *European Economic Review*, 52(5), 919—939.

103. Griffith, R., Redding, S., and Reenen, J. V. (2004), "Mapping the Two Faces of R&D: Productivity Growth in a Panel of OECD Industries", *The Review of Economics and Statistics*, 86(4), 883—895.

104. Grossman, G. M., and Helpman, E. (1993), *Innovation and Growth in the Global Economy*, MIT Press Books, The MIT Press, 1edi, volume 1, NO. 0262570971.

105. Grossman, G. M., and Helpman, E. (1991), "Quality Ladders in the Theory of Growth", *The Review of Economic Studies*, 58 (1), 43—61.

106. Grossman, G. M., and Helpman, E. (1994), "Protection for Sale", *American Economic Review*, 84(4), 833—850.

107. Gwartney, J. D., and Lawson, R. (2003), "Economic Freedom of the World 2003 Annual Report", The Fraser Institute.

108. Görg, H. (2000), "Fragmentation and Trade: Us Inward Processing Trade in the EU", *Weltwirtschaftliches Archiv*, 136(3), 403—422.

109. Hahn, C. H. (2004), "Exporting and Performance of Plants: Evidence from Korean Manufacturing", NBER Working Papers 10208.

110. Hall, R. E., Blanchard, O. J., and Hubbard, R. G. (1986), "Market Structure and Macroeconomic Fluctuations", Brookings Papers On *Economic Activity*, 285—338.

111. Hallak, J. C. (2006), "Product Quality and the Direction of Trade", *Journal of International Economics*, 68(1), 238—265.

112. Hallak,J. C. ,and Schott,P. K. (2011),"Estimating Cross-Country Differences in Product Quality", *Quarterly Journal of Economics*, 126(1), 417—474.

113. Hallak,J. ,Sivadasan,J. (2009),"Firms' Exporting Behavior under Quality Constraints",NBER Working Paper,No. 14928.

114. Harrigan,J. ,Ma,X. ,and Shlychkov, V. (2015),"Export Prices of US Firms",*Journal of International Economics*,97(1),100—111.

115. Harrison, A. E. (1994),"Productivity,Imperfect Competition and Trade Reform: Theory and Evidence",*Journal of International Economics*,36(1),53—73.

116. Heckman,J. J. (1979),"Sample Selection Bias as a Specification Error",*Econometrica*,47(1),153—161.

117. Helpern, L. ,Koren, M. , and Szeidl, A. (2010),"Imported Inputs and Productivity",University of California,Berkeley,Mimeo.

118. Hsieh,C. ,and Klenow,P. J. (2009),"Misallocation and Manufacturing TFP in China and India", *Quarterly Journal of Economics*, 124(4), 1403—1448.

119. Hu,Albert G. Z. ,J. G. H. ,and Qian J. (2005),"R&D and Technology Transfer: Firm-Level Evidence from Chinese Industry", *The Review of Economics and Statistics*,87(4),780—786.

120. Hummels,D. ,and Klenow,P. J. (2005),"The Variety and Quality of a Nation's Exports",*American Economic Review*,95(3),704—723.

121. Hummels, D. , and Skiba, A. (2004),"Shipping the Good Apples Out? An Empirical Confirmation of the Alchian-Allen Conjecture",*Journal of Political Economy*,112(6),1384—1402.

122. Hummels,D. ,Ishii,J. ,and Yi,K. (2001),"The Nature and Growth of Vertical Specialization in World Trade",*Journal of International Economics*,54,75—96.

123. Iacovone,L. ,Keller,F. ,and Rauch,F. (2011),"Innovation Responses to Import Competition",Mimeo,Princeton University.

124. Iacovone,L. ,Rauch,F. ,Winters,L. A. (2013)," Trade as an Engine of Creative Inflationary Pressure,and Industry Dynamics in Europe", *European Economic Review*,59,141—166.

125. Imbens and Woodridge(2007),"Estimation of Average Treatment

Effects Under Unconfoundedness", "What's New in Econometrics" Lecture Notes series.

126. Irarrazabal,A. ,Moxnes,A. ,and Opromolla,L. D. (2011),"The Tip of the Iceberg: A Quantitative Framework for Estimating Trade Costs", *Review of Economics and Statistics*,97(4),777—792.

127. Johnson, R. C. (2012), "Trade and Prices with Heterogeneous Firms", *Journal of International Economics*, 86(1), 43—56.

128. Johnson,R. C. ,and Noguera,G. (2012),"Accounting for Intermediates: Production Sharing and Trade in Value Added", *Journal of International Economics*,86,224—236.

129. Ju,J. (2003),"Oligopolistic Competition,Technology Innovation,and Multiproduct Firms", *Review of International Economics*,11 (2),346—359.

130. Kauffmann,D. ,Kraay,A. ,and Mastruzzi,M. (2004),"Governance Matters III: Governance Indicators for 1996,1998,2000, and 2002", *World Bank Economic Review*,18(2),253—287.

131. Kee,H. L. ,and Tang , H. (2016),"Domestic Value Added in Exports: Theory and Firm Evidence from China", *American Economic Review*, 106(6),1402—1436.

132. Keller,W. , and Yeaple,S. R. (2009),"Multinational Enterprises, International Trade , and Productivity Growth: Firm-Level Evidence from the United States",*Review of Economics and Statistics*,91(4),821—831.

133. Khandelwal,A. K. ,Schott,P. K. ,and Wei,S. J. (2013),"Trade Liberalization and Embedded Institutional Reform: Evidence from Chinese Exporters", *American Economic Review*, 103(6),2169—2195.

134. Khandelwal,A. (2010),"The Long and Short Quality Ladders",*Review of Economic Studies*, 77,1450—1476.

135. Kim,L. ,and Nelson,R. R. (2000), *Technology ,Learning and Innovation: Experiences of Newly Industrializing Economies*. Cambridge: Cambridge University Press.

136. Kinoshita, Y. (2001), "R&D and Technology Spillovers Through FDI: Innovation and Absorptive Capacity",CEPR Discussion Papers 2775.

137. Koopman,R. ,Wang,Z. and Wei,S. (2012),"Estimating Domestic Content in Exports When Processing Trade is Pervasive", *Journal of Development Economics*,99(1),178—189.

138. Koopman,R. ,Wang,Z. ,and Wei,S. (2014),"Tracing Value-added and Double Counting in Gross Exports", *American Economic Review*, 104, 459—494.

139. Kugler,M. ,and Verhoogen,E. (2009),"Plants and imported Inputs: New Facts and an Interpretation", *American Economic Review*, *Papers and Proceedings*,99,501—507.

140. Kugler, M. , and Verhoogen, E. (2012),"Prices, Plant Size, and Product Quality", *Review of Economic Studies*,79(1),307—339.

141. Levchenko, A. (2007), "Institutional quality and international trade", *Review of Economic Studies*,74(3),791—819.

142. Levinsohn,J. and Petrin,A. (2003),"Estimating Production Functions Using Inputs to Control for Unobservables", *Review of Economic Studies*,70(2),317—341.

143. Levinsohn, J. (1993), "Testing the Imports-as-Market-Discipline Hypothesis", *Journal of International Economics*, 35(1),1—22.

144. Li,H. ,Ma,H. ,and Xu,Y. (2015),"How Do Exchange Rate Movements Affect Chinese Exports? —A Firm-level Investigation", *Journal of International Economics*,97(1),148—161.

145. Li,K. ,Jiang,W. ,and Song,L. (2014),"The Puzzle of the Variation of China's Export Quality: Micro-level Explanation from Market Entry", *China Social Science*,3,80—103. (in Chinese)

146. Lileeva, A. , and Trefler, D. (2010),"Improved Access to Foreign Markets Raises Plant-Level Productivity: For some Plants", *Quarterly Journal of Economics*, 125(3),1051—1099.

147. Liu,Y. ,Zhou,J. ,and Xu. (2010),"The Dynamic Impact of RMB Exchange Rate Movements on China's Trade Balance", *Economic Research Journal* (*Jingji yanjiu*),5,32—40. (In Chinese)

148. Lu,J. ,and Lu,Y. ,and Tao ,Z. (2010),"Exporting behavior of foreign affiliates: Theory and evidence", *Journal of International Economics*,81 (2),197—205.

149. Lu, X. , and Dai G. (2005),"The Influence of Fluctuation of Real RMB Exchange Rate to Chinese Import and Export: 1994 —2003", *Economic Research Journal* (*Jingji yanjiu*),5,31—39. (In Chinese)

150. Lu,Y. , and Yu,L. (2015),"Trade Liberalization and Markup Dis-

persion: Evidence from China's WTO Accession", *American Economic Journal: Applied Economics*, 7(4), 221—253.

151. Lu, Y., Tao, Z., and Zhang, Y. (2013), "How Do Exporters Respond to Antidumping Investigations?", *Journal of International Economics*, 91(2), 290—300.

152. Ma, Y., Qu, B., and Zhang, Y. (2010), "Judicial Quality, Contract Intensity and Trade: Firm-level Evidence from Developing and Transition Countries", *Journal of Comparative Economics*, 38(2), 146—159.

153. Manova, K. and Yu, Z. (2012), "Firms and Credit Constraints along the Global Value Chain: Processing Trade in China", National Bureau of Economic Research, NBER Working Paper No. 18561.

154. Manova, K., and Zhang, Z. (2012), "Export Prices Across Firms and Destinations", *Quarterly Journal of Economics*, 127(1), 379—436.

155. Martin, J. (2012), "Markups, Quality, and Transport Costs", *European Economic Review*, 56(4), 777—791.

156. Martin, J., and Mejean, I. (2014), "Low-wage Country Competition and the Quality Content of High-wage Country Exports", *Journal of International Economics*, 93(1), 140—152.

157. Martins, P., and Yang, Y. (2009), "The Impact of Exporting on Firm Productivity: A Meta-analysis of the learning-by-exporting Hypothesis", *Review of World Economics*, 145(3), 431—445.

158. Mayer, T., Melitz, M. J., and Ottaviano, G. I. (2014), "Market Size, Competition, and the Product Mix of Exporters", *American Economic Review*, 104(2), 495—536.

159. Melitz, M. J. and Ottaviano, G. I. (2008), "Market Size, Trade, and Productivity", *Review of Economic Studies*, 75(1), 295—316.

160. Melitz, M. J. (2003), "The Impact of Trade on Intra-industry Reallocations and Aggregate Industry Productivity", *Econometrica*, 71(6), 1695—1725.

161. Melitz, M. J., and Polanec, S. (2015), "Dynamic Olley-Pakes Productivity Decomposition with Entry and Exit", *RAND Journal of Economics*, 46(2), 362—375.

162. Nucci, F., and Pozzolo, A. (2001), "Investment and The Exchange Rate: An Analysis with Firm Level Panel Data", *European Economic Review*,

45,259—283.

163. Nucci, F., and Pozzolo, A. (2010), "The Exchange Rate, Employment and Hours: What firm-level Data Say", *Journal of International Economics*, 82(2),112—123.

164. Nunn, N. (2007). "Relationship-Specificity, Incomplete Contracts, and the Pattern of Trade", *Quarterly Journal of Economics*, 122 (2), 569—600.

165. Nunn, N., and Trefler, D. (2014), "Domestic Institutions as a Source of Comparative Advantage", *Handbook of International Economics*, 4, 263—315.

166. Olley, S., and Pakes, A. (1996), "The Dynamics of Productivity in the Telecommunications Equipment Industry", *Econometrica*, 64 (6), 1263—1297.

167. Park, A., Yang, D. Shi, X., and Jiang, Y. (2006), "Exporting and Firm Performance: Chinese Exporters and the Asian Financial Crisis", Working Papers 549, Research Seminar in International Economics, University of Michigan.

168. Pavcnik, N. (2002), "Trade Liberalization, Exit, and Productivity Improvements: Evidence from Chilean Plants", *Review of Economic Studies*, 69(1), 245—276.

169. Qiu, L., and Yu, M. (2013), "Multiproduct Firms, Export Product Scope, and Trade Liberalization: The Role of Managerial Efficiency", CCER working paper, Peking University.

170. Raith, M. (2003), "Competition, Risk, and Managerial Incentives", *American Economic Review*, 93, 1425—1436.

171. Rauch, J. E. (1999), "Networks Versus Markets in International Trade", *Journal of international Economics*, 48(1), 7—35.

172. Redding, S. J., and Weinstein, D. E. (2017), "Aggregating from Micro to Macro Patterns of Trade", NBER Working Paper No. 24051.

173. Rodríguez-López, J. A. (2011), "Prices and Exchange Rates: A Theory of Disconnect", *Review of Economic Studies*, 78(3), 1135—1177.

174. Schmidt, K. M. (1997), "Managerial Incentives and Product Market Competition", *Review of Economic Studies*, 64: 191—213.

175. Schott, P. K. (2004), "Across-Product versus Within-Product

Specialization in International Trade", *Quarterly Journal of Economics*, 119(2),647—678.

176. Shi, B. (2013), "Heterogeneity of Chinese Exporter's Export Quality: Measurement and Facts", *China Economic Quarterly*, 13(1), 263—284. (in Chinese)

177. Shi, B., and Shao, W. (2014), "Measuring Chinese Exporter's Export Quality and Determinants: Micro-level Perspective of Cultivating New Export Competitive Advantage", *Management World*, 9, 90—106. (in Chinese)

178. Stock, J. H., Wright, J. H., and Yogo, M. (2002), "A Survey of Weak Instruments and Weak Identification in Generalized Method of Moments", *Journal of Business & Economic Statistics*, 20(4), 518—529.

179. Tang, H., and Zhang, Y. (2012), "Exchange Rates and the Margins of Trade: Evidence from Chinese Exporters", ESifo Economic Studies 2012, ifs006v1—ifs006.

180. Teshima, K. (2008), *Import Competition and Innovation at the Plant Level: Evidence from Mexico*, Mimeo, Columbia University.

181. Tian, W., and Yu, M. (2014), "Input Trade Liberalization and Firm R&D: Empirical Evidence from Chinese Firms", *The Journal of World Economy* (*Shijie jingji*), 6, 90—112. (In Chinese)

182. Topalova, P., and Khandelwal, A. (2011), "Trade Liberalization and Firm Productivity: The Case of India", *Review of Economics and Statistics*, 93(3), 995—1009.

183. Trefler, D. (2004), "The Long and Short of the Canada-U. S. Free Trade Agreement", *American Economic Review*, 94(4), 870—895.

184. United Nations Industrial Development Organization, Industrial Development Report. (2013), Sustaining Employment Growth: The Role of Manufacturing and Structural Change.

185. VanBiesebroeck, J. (2005), "Exporting Raises Productivity in Sub—Saharan African Manufacturing Firms", *Journal of International Economics*, 67(2), 373—391.

186. Verhoogen, E. A. (2008), "Trade, Quality Upgrading, and Wage Inequality in the Mexican Manufacturing Sector", *Quarterly Journal of Economics*, 79(1), 489—530.

187. Wagner, J. (2002) "The causal effects of exports on firm size and labor productivity: first evidence from a matching approach", *Economics Letters*, 77(2), 287—292.

188. Wang, Y., Dai, M., and Xu, J. (2015), "Exchange Rate, Product Quality and Export Price", *Journal of World Economy*, 5, 17—35. (in Chinese)

189. Wang, Y., Wang, Y., and Li, K. (2014), "Judicial Quality, Contract Intensity and Exports: Firm-Level Evidence", *China Economic Review*, 31(12), 32—42.

190. Wang, Z., and Wei S. (2008), "What Accounts For The Rising Sophistication of China's Exports?", National Bureau of Economic Research Working Paper 13771.

191. Woodridge, J. (2002), *Econometric Analysis of Cross Section and Panel Data*, Cambridge, MA: The MIT Press.

192. Wooldridge, J. M. (2008), "Instrumental Variables Estimation of the Average Treatment Effect in the Correlated Random Coefficient Model", *Advances in Econometrics*, 21, 93—117.

193. Xie, Z., and Zhang, X. (2015), "The Patterns of Patents in China", *China Economic Journal*, 8(2), 122—142.

194. Xing, Y., (2012) "Processing Trade, Exchange Rates and China's Bilateral Trade Balances", *Journal of Asian Economics*, 23, 540—547.

195. Xu, J., Tong, J., and Mao, Q. (2015), "RMB Exchange Rate, Product Quality and Export Behavior", *Journal of Financial Research*, 3, 1—17. (in Chinese)

196. Yang, Y., and Sushanta, M. (2010), "Export Premium, Self-selection, and Learning-by-exporting: Evidence from Matched Chinese Firms", *The World Economy*, 33(10), 1218—1240.

197. Yang, Y., and Mallick, S. (2010), "Export Premium, Self—selection and Learning—by—exporting: Evidence from Chinese Matched Firms", *The World Economy*, 33(10), 1218—1240.

198. Yeaple, S. R. (2005), "A Simple Model of Firm Heterogeneity, International Trade, and Wages", *Journal of International Economics*, 65(1), 1—20.

199. Yu,M. (2011),"Processing Trade,Productivity,and Tariff Reductions: Evidence from Chinese Products", *China Economic Quarterly*, 4,1251—1280.

200. Yu,M. (2015),"Processing Trade,Tariff Reductions and Firm Productivity: Evidence from Chinese Firms", *Economic Journal*, 125 (585),943—988.

201. Yu,M., and Tian,W. (2012),"China's Processing Trade: A Firm-Level Analysis",in H. Mckay and L. Song,eds, *Rebalancing and Sustaining Growth in China*, 111—148,Canberra: Australian National University Press.

202. Yu,M., and Li,L. (2016),"Trade Liberalization and Quality Upgrading of Imported Intermediate Inputs: Product-level Evidence from China", *China Economic Quarterly*,15(3),1011—1029. (in Chinese)

203. Yu,M., and Wang,Y. (2015),"RMB Exchange Rate Movement and Exporters' Product Decision", *Journal of Financial Research* (*Jinrong yanjiu*),4,19—33. (In Chinese)

204. Zahra,S. A., and Gerard,G. (2002),"Absorptive Capacity: A Review,Reconceptualization,and Extension", *The Academy of Management Review*,27(2),185—203.

205. Zhang,J., Zheng,W., and Zhai,F. (2014),"Has China's Export Quality been Increasing?", *Economic Research Journal*, 10,46—59. (in Chinese)

206. Zhang,R., and Zhang,X. (2016),"Capital Structure Premium in Multinational SOEs: Evidence from China", *Review of Development Economics*,20(1),283—293.

207. Zhang,X., Yang Y., and Wang,S. (2011),"China Has Reached the Lewis Turning Point", *China Economic Review*, 22(4),542—554.

208. 陈斌开、傅雄广和万晓莉(2010),"人民币汇率、出口品价格与中国出口竞争力",《金融研究》,第12期。

209. 陈学彬、李世刚和芦东(2007),"中国出口汇率传递率和盯市能力的实证研究",《经济研究》,第12期。

210. 陈媛媛和王海宁(2011),"出口贸易、后向关联与全要素生产率",《财贸研究》,第1期。

211. 戴觅、王雅琦和徐建炜(2015),"汇率、产品质量与出口价格,"

《世界经济》,第 5 期。

212. 戴觅、余淼杰和 Maitra Madhura(2014),"中国出口企业生产率之谜:加工贸易的作用",《经济学》(季刊),第 2 期。

213. 樊海潮和郭光远(2015),"出口价格、出口质量与生产率间的关系:中国的证据",《世界经济》,第 2 期。

214. 胡冬梅、潘世明和郑尊信(2010),"汇率传递与出口商品价格决定:基于深圳港 2000—2008 年高度分解面板数据的经验分析",《世界经济》,第 6 期。

215. 李春顶和唐丁祥(2010),"出口与企业生产率:新—新贸易理论下我国的数据检验(1997—2006 年)",《国际贸易问题》,第 9 期。

216. 李坤望、蒋为和宋立刚(2014),"中国出口产品品质变动之谜:基于市场进入的微观解释",《中国社会科学》,第 3 期。

217. 李坤望和王有鑫(2013),"FDI 促进了中国出口产品质量升级吗?——基于动态面板系统 GMM 方法的研究",《世界经济研究》,第 5 期。

218. 刘伟丽和陈勇(2012),"中国制造业的产业质量阶梯研究",《中国工业经济》,第 11 期。

219. 罗长远、智艳和王钊民(2015),"中国出口的成本加成率效应:来自泰国的证据",《世界经济》,第 8 期。

220. 钱学锋、潘莹和毛海涛(2015),"出口退税、企业成本加成与资源误置",《世界经济》,第 8 期。

221. 盛丹(2013),"国有企业改制、竞争程度与社会福利——基于企业成本加成率的考察",《经济学》(季刊),第 4 期。

222. 盛丹和王永进(2012),"中国企业低价出口之谜——基于企业加成率的视角",《管理世界》,第 5 期。

223. 施炳展(2010),"中国出口增长的三元边际",《经济学》(季刊),第 9 卷第 4 期。

224. 施炳展(2013),"中国企业出口产品质量异质性:测算与事实",《经济学》(季刊),第 13 卷第 1 期。

225. 施炳展(2015),"FDI 是否提升了本土企业出口产品质量",《国际商务研究》,第 2 期。

226. 施炳展、王有鑫和李坤望(2013),"中国出口产品品质测度及其决定因素",《世界经济》第 9 期。

227. 施炳展和邵文波(2014),"中国企业出口产品质量测算及其决定因素:培育出口竞争新优势的微观视角",《管理世界》,第 9 期。

228. 孙林、卢鑫和钟钰（2014），"中国出口产品质量与质量升级研究"，《国际贸易问题》，第 5 期。

229. 田巍和余淼杰（2013），"企业出口强度与进口中间品贸易自由化：来自中国的实证研究"，《管理世界》，第 1 期。

230. 王雅琦、戴觅和徐建炜（2015），"汇率、产品质量与出口价格"，《世界经济》，第 5 期。

231. 文争为（2010），"中国制造业出口中 PTM 行为的经验研究"，《世界经济》，第 7 期。

232. 许家云、佟家栋和毛其淋（2015），"人民币汇率、产品质量与企业出口行为"，《金融研究》，第 3 期。

233. 余淼杰（2010a），"中国的贸易自由化与制造业企业生产率"，《经济研究》，第 11 期。

234. 余淼杰（2010b），"中国的贸易自由化与制造业企业生产率：来自企业层面的实证分析"，《经济研究》，第 12 期。

235. 余淼杰（2011），"加工贸易、企业生产率和关税减免：来自中国产品面的证据"，《经济学》（季刊），已接受。

236. 余淼杰、崔晓敏和张睿（2016），"司法质量、不完全契约与贸易产品质量"，《金融研究》，第 12 期。

237. 余淼杰和李乐融（2016），"贸易自由化和进口中间品质量升级：来自中国海关产品层面的证据"，《经济学》（季刊），第 15 卷第 3 期。

238. 余淼杰和王雅琦（2015），"人民币汇率变动与企业出口产品决策"，《金融研究》，第 4 期。

239. 余淼杰和张睿（2017），"中国制造业出口质量的准确衡量：挑战与解决方法"，《经济学》（季刊），第 2 期。

240. 余淼杰和张睿（2017a），"人民币升值对出口质量的提升效应：中国企业的经验实证"，《管理世界》，已接受。

241. 张杰、李勇和刘志彪（2008），"出口与中国本土企业生产率"，《管理世界》，第 11 期。

242. 张庆昌（2011），"工资、出口贸易与全要素生产率：1979—2009"，《财经研究》，第 4 期。

图书在版编目（CIP）数据

企业创新、产品质量升级与国际贸易 / 余淼杰著. —北京：北京大学出版社，
2018.12

ISBN 978-7-301-30049-7

Ⅰ. ①企… Ⅱ. ①余… Ⅲ. ①制造工业 – 出口贸易 – 研究 – 中国 Ⅳ. ①F426.4

中国版本图书馆 CIP 数据核字（2018）第 251839 号

书　　　名	企业创新、产品质量升级与国际贸易	
	QIYE CHUANGXIN、CHANPIN ZHILIANG SHENGJI YU	
	GUOJI MAOYI	
著作责任者	余淼杰　著	
责 任 编 辑	任雪莹	
标 准 书 号	ISBN 978-7-301-30049-7	
出 版 发 行	北京大学出版社	
地　　　址	北京市海淀区成府路 205 号　100871	
网　　　址	http://www.pup.cn	
微信公众号	北京大学经管书苑（pupembook）	
电 子 信 箱	em@pup.cn　　QQ：552063295	
电　　　话	邮购部 010-62752015　发行部 010-62750672　编辑部 010-62752926	
印 刷 者	涿州市星河印刷有限公司	
经 销 者	新华书店	
	787 毫米×1092 毫米　16 开本　17.25 印张　307 千字	
	2018 年 12 月第 1 版　2018 年 12 月第 1 次印刷	
定　　　价	58.00 元